रामधारी सिंह 'दिनकर' रचनावली-1

[स्फुट काव्य : राष्ट्र और समाज]

रामधारी सिंह 'दिनकर' रचनावली

1

संपादक
नंदकिशोर नवल
तरुण कुमार

लोकभारती प्रकाशन

लोकभारती प्रकाशन
पहली मंजिल, दरबारी बिल्डिंग, महात्मा गांधी मार्ग
प्रयागराज-211 001
वेबसाइट : www.lokbhartiprakashan.com
ईमेल : info@lokbhartiprakashan.com
शाखाएँ : 1-बी, नेताजी सुभाष मार्ग, दरियागंज
नई दिल्ली-110 002
अशोक राजपथ, साइंस कॉलेज के सामने
पटना-800 006
36 ए, शेक्सपियर सरणी, कोलकाता-700 017

पहला संस्करण : 2011
दूसरा संस्करण : 2021

बी.के. ऑफसेट
नवीन शाहदरा, दिल्ली-110 032 द्वारा मुद्रित

RAMDHARI SINGH DINKAR
RACHNAWALI-1
Edited by Nandkishor Nawal, Tarun Kumar

ISBN : 978-81-8031-590-9

मूल्य : ₹5000
(14 खंडों का पूरा सेट)

रामधारी सिंह 'दिनकर'

गोष्ठी में काव्यपाठ करते हुए

भवानी प्रसाद मिश्र एवं अन्य साथियों के साथ

पंडित जवाहरलाल नेहरू की उपस्थिति में काव्यपाठ करते हुए दिनकर जी

राजकमल प्रकाशन, पटना में रेणु जी की पुस्तक 'मैला आंचल' पर आयोजित गोष्ठी में

सुधांशु जी व अन्य साथियों के साथ गोष्ठी में

ज्ञप्ति

राष्ट्रकवि रामधारी सिंह दिनकर का काव्य-साहित्य गुण और परिमाण दोनों ही दृष्टियों से विपुल है। उनकी कविता पुस्तकें अनेक प्रकार की हैं। उन्हें उनके प्रथम संस्करण के वर्ष के साथ एक क्रम से नीचे दिया जा रहा है। उनमें जो प्रबन्ध-काव्य हैं, उनके बारे में भी सूचित कर दिया गया है। जिन पुस्तकों के बारे में वैसी कोई सूचना नहीं है, उन्हें स्फुट कविताओं का संग्रह समझना चाहिए। 'द्वन्द्वगीत' रुबाइयों का संग्रह है और 'उर्वशी तथा अन्य शृंगारिक कविताएँ', जैसा कि नाम से ही स्पष्ट है, 'उर्वशी' के साथ कुछ स्फुट शृंगारिक कविताओं का संकलन है। निस्सन्देह इस पुस्तक में 'उर्वशी' का संक्षिप्त रूप ही दिया जा सका है। पूरी सूची इस तरह है–

1. विजय-सन्देश (1928)
2. प्रण-भंग (प्रबन्ध-काव्य) (1929)। इस पुस्तक का परिवर्धित संस्करण 'प्रण-भंग तथा अन्य कविताएँ' के नाम से कवि के मरणोपरान्त 1976 में प्रकाशित हुआ।
3. रेणुका (1935)
4. हुंकार (1940)
5. रसवन्ती (1940)
6. द्वन्द्वगीत (1940)
7. कुरुक्षेत्र (प्रबन्ध-काव्य) (1946)
8. धूपछाँह (1946)
9. सामधेनी (1947)
10. बापू (1947)
11. धूप और धुआँ (1951)
12. रश्मिरथी (प्रबन्ध-काव्य) (1952)
13. नील कुसुम (1954)

14. दिल्ली (1954)
15. नीम के पत्ते (1954)
16. नए सुभाषित (1957)
17. उर्वशी (प्रबन्ध-काव्य) (1961)
18. परशुराम की प्रतीक्षा (1963)
19. कोयला और कवित्व (1964)
20. मृत्ति-तिलक (1964)
21. हारे को हरिनाम (1970)

बालोपयोगी कविताएँ

1. मिर्च का मजा (1951)
2. सूरज का ब्याह (1955)

पुनः सृजन

1. सीपी और शंख (1957)
2. आत्मा की आँखें (1964)

संकलन

1. इतिहास के आँसू (1951)
2. चक्रवाल (1956)
3. कविश्री (1957)
4. आज के लोकप्रिय हिन्दी कवि : रामधारी सिंह दिनकर (1960)
5. दिनकर की सूक्तियाँ (1965)
6. दिनकर के गीत (1973)
7. संचयिता (1973)
8. रश्मिलोक (1974)
9. उर्वशी तथा अन्य शृंगारिक कविताएँ (1974)

'विजय-सन्देश' दिनकरजी की पहली कविता-पुस्तक है, जो विलुप्त थी। यहाँ तक कि कवि को ठीक-ठीक उसका नाम तक याद नहीं रह गया था। दिनकरजी ने 'रश्मिलोक' की 'मेरी काव्य-यात्रा' शीर्षक किंचित् विस्तृत भूमिका में लिखा है, "सन् 1928 ई. में मेरी 'बारदोली-विजय' नामक एक पुस्तिका निकली थी, जिसमें बारदोली-सत्याग्रह से प्रेरित दस-बारह गीत थे। 'प्रण-भंग' की एक प्रति किसी तरह मेरे संग्रह में बच रही है और अपनी प्रारम्भिक कविताओं के साथ मैं उसे दुबारा

छपवाना भी चाहता हूँ। किन्तु, 'बारदोली-विजय' की कोई भी प्रति अब मेरे पास नहीं है। याद करने पर केवल दो टुकड़े मन में गूँजते हैं। ''जगत्तारिणि, खद्दरधारिणी, वंदे। विलसन-मद-मारिणि वंदे।'' दिनकर-साहित्य के अध्येताओं के लिए यह अत्यन्त हर्षदायक समाचार है कि दिनकर-साहित्य के जुनूनी शोधकर्ता डॉ. दिवाकर ने अन्ततः उक्त पुस्तिका को एक ग्रामीण पुस्तकालय से ढूँढ निकाला है। दिलचस्प है कि कवि उसकी उद्धृत पंक्तियों को भी ठीक से याद नहीं रख सका था। उक्त पुस्तिका का सही नाम 'बारदोली-विजय' नहीं, बल्कि 'विजय-सन्देश' है। निस्सन्देह इसकी कविताएँ अब तक प्राप्त दिनकरजी की सर्वाधिक प्रारम्भिक कविताएँ हैं, जिनमें हम उन्हीं के शब्द लेकर कहें, तो एक उदीयमान कवि के रेंगने की रेखाएँ देखने को मिलती हैं। 'प्रण-भंग तथा अन्य कविताएँ' की भूमिका में दिनकरजी ने लिखा है कि '' 'प्रण-भंग' के प्रथम प्रकाशन के बाद मैंने अपनी कविताओं का एक संग्रह 'रश्मिमाला' नाम से निकालना चाहा था। किंतु, अच्छा हुआ कि उसके प्रकाशन में बाधा पड़ गई। परिणाम यह हुआ कि सन् 1935 ई. में जब 'रेणुका' प्रकाशित होने लगी, 'रश्मिमाला' की केवल तीन या चार कविताएँ ही उसमें जा सकीं। जो कविताएँ उस समय रोक ली गई थीं, वे अब वर्तमान संग्रह में जा रही हैं।'' इस तरह इस पुस्तक में 'विजय-सन्देश' के बाद की स्फुट कविताएँ भी संगृहीत हैं। उनके अवलोकन से स्पष्ट हो जाता है कि कवि अपने साधना-पथ पर थोड़ा आगे बढ़ चुका है, जिससे उसकी भाषा व्यवस्थित होने लगी है और उसकी कविता भी 'रूप' लेने लगी है।

'हुंकार' के प्रकाशन-काल को लेकर किंचित् मतभेद की स्थिति है। विद्वानों ने उसका रचना-काल 1939 निश्चित किया है, जबकि उसमें संगृहीत 'आलोकधन्वा' शीर्षक कविता 'चक्रवाल' और 'रश्मिलोक' इन दोनों संकलनों के अनुसार 1940 की हैं। ऐसी स्थिति में उसका प्रकाशन-काल 1939 के बदले 1940 मानना ही संगत है। इसका साक्ष्य हमें 'चक्रवाल' की विस्तृत भूमिका में भी एक स्थान पर मिलता है, जहाँ दिनकरजी कहते हैं, 'जिन दिनों 'हुंकार' की कविताएँ लिखी जा रही थीं, उन्हीं दिनों मैं 'रसवन्ती' और 'द्वन्द्वगीत' की भी रचना कर रहा था और अजब संयोग की बात है कि सन् 1939-40 ई. में ये तीनों पुस्तकें एक वर्ष के भीतर-भीतर प्रकाशित हो गईं।'

'रेणुका' के सम्बन्ध में यह ज्ञातव्य है कि उसके प्रथम संस्करण और बाद के संस्करणों में काफी फर्क है। दिनकरजी ने प्रथम संस्करण की कई कविताओं को निकाल ही नहीं दिया है, उसमें कई नई कविताएँ जोड़ भी दी हैं। जो कविताएँ निकाल दी गई हैं, उसका एक उदाहरण 'श्रांत-जीवन' शीर्षक कविता है और दूसरा 'सायं-चिन्ता' शीर्षक कविता। जोड़ी गई कविताएँ अनेक हैं, यथा 'प्रेम का सौदा', 'बागी', 'राजा-रानी', 'गीतवासिनी', 'याचना' और 'सुन्दरता और काल'। उन्होंने कुछ कविताओं का शीर्षक भी बदल दिया है। 'रेणुका' के बाद के संस्करणों में उसकी 'हिमालय के प्रति' कविता 'हिमालय' हो गई है और 'बोधिसत्त्व' कविता 'चक्रवाल' तक आते-आते 'बुद्धदेव'। जो कविताएँ निकाल दी गई हैं, उन्हें भी कवि के विकास को समझने की दृष्टि से रचनावली में शामिल कर लिया गया है। 'हुंकार' में भी कई कविताएँ 'रेणुका' से लेकर दी गई हैं, निश्चय ही शीर्षकों में किंचित् हेर-फेर के साथ, उदाहरणार्थ 'हुंकार' की 'कविता की पुकार' शीर्षक कविता उसमें 'वन-फूलों की ओर' शीर्षक से है। 'द्वन्द्वगीत' की कुछ रुबाइयाँ 'रेणुका' में 'धूल के हीरे' शीर्षक से दी गई थीं। बाद में वे 'रेणुका' से हटा दी गईं, जब 'द्वन्द्वगीत' प्रकाशित हुआ। इस कृति में 1954 के संस्करण में कुछ और रुबाइयाँ जोड़कर इसे पूर्णतर किया गया। आज इसका जो संस्करण सुलभ है, उसकी आरम्भिक ग्यारह रुबाइयाँ बाद की रचना हैं। 'सामधेनी' के बाद के संस्करणों में सिर्फ 'अतीत के द्वार पर' कविता के साथ जो '8' की संख्या दी हुई थी, वह हटा दी गई है। 'बापू' में बापू की हत्या के बाद परिवर्धन किया गया और उसमें दो कविताएँ जोड़ी गईं—'वज्रपात!' और 'अघटन घटना, क्या समाधान?'।

'दिल्ली' नामक पुस्तिका में दिल्ली से सम्बन्धित दिनकरजी की चार कविताएँ संगृहीत हैं। उनमें से पहली कविता 'हुंकार' की 'दिल्ली' शीर्षक कविता है, जो इसमें आकर 'नई दिल्ली के प्रति' हो गई है, और दूसरी 'सामधेनी' से ली गई कविता 'दिल्ली और मास्को'। दो कविताएँ 'हक की पुकार' और 'भारत का यह रेशमी नगर' नई हैं। 'नीम के पत्ते' की कुल पन्द्रह कविताओं में से पाँच कविताएँ ही नई हैं—'रोटी और स्वाधीनता', 'मैंने कहा, लोग यहाँ तब भी हैं मरते?', 'पहली वर्षगाँठ, 'नेता' और 'जनता'। बाकी कविताएँ इसकी 'धूप और धुआँ' से ली गई हैं। सूचितव्य है कि 'धूप और धुआँ' की 'भारतीय

सेना का प्रयाण-गीत' शीर्षक कविता इसमें 'स्वाधीन भारत की सेना' शीर्षक से दी गई है। 'नीलकुसुम' में भी अनेक कविताएँ पुरानी हैं। इसमें 'सामधेनी' की छठी संख्या की कविता 'चाँद और कवि' के नाम से दी गई है और सातवीं संख्या की कविता 'दर्पण' के नाम से। 'नई आवाज', 'इच्छा हरण', 'तुम क्यों लिखते हो?', 'जनतंत्र का जन्म', 'स्वर्ग के दीपक', 'संस्कार', 'शबनम की जंजीर' और 'लोहे के पेड़ हरे होंगे' शीर्षक कविताएँ 'धूप और धुआँ' से ली हुई हैं। 'परशुराम की प्रतीक्षा' की तीन कविताएँ भी 'सामधेनी' से लेकर दी गई हैं—'जवानियाँ', 'हिम्मत की रौशनी' और 'जवानी का झंडा'। 'हिम्मत की रौशनी', 'सामधेनी' में 'साथी' शीर्षक से संगृहीत है। 'मृत्ति-तिलक' भी इसी तरह की पुस्तक है। इसकी भी अनेक कविताएँ 'धूप और धुआँ' से गृहीत हैं, यथा 'वीर-वन्दना', 'अमृत-मन्थन', 'भारत का आगमन', 'हे राम!', 'भाइयो और बहनो!', 'बापू', 'बलि की खेती', 'मृत्ति-तिलक' और 'एक भारतीय आत्मा के प्रति'।

दिनकर-काव्य के नौ संकलन मिलते हैं, जिनमें से सिर्फ एक 'लोकप्रिय हिन्दी कवि' वाले संकलन की कविताओं का चयन और सम्पादन मन्मथनाथ गुप्त ने किया है। बाकी संकलनों का चयन और सम्पादन स्वयं कविकृत है। 'दिनकर की सूक्तियाँ' नामक संकलन की भूमिका में दिनकरजी ने लिखा है कि उसे तैयार अन्य दो व्यक्तियों ने किया था, लेकिन उसे अन्तिम रूप उन्होंने स्वयं दिया। इन संकलनों की विशेषता यह है कि उनमें से भी किसी-किसी में नई कविताएँ मिलती हैं। 'इतिहास के आँसू' की दस कविताओं में से दो कविताएँ नई या अद्यावधि असंकलित थीं। उनमें से पहली है 'मगध महिमा' नामक पद्य-नाटिका और दूसरी 'वैशाली' नामक कविता। 'कविश्री' में कोई नई कविता तो नहीं है, लेकिन उसमें 'सामधेनी' की पहली कविता 'अचेतन मृत्ति, अचेतन शिला' 'प्रतीक्षा' शीर्षक से दी गई है। 'चक्रवाल' में सिर्फ एक कविता नई है—'भग्न मन्दिर बन रहा है', जो उसकी अन्तिम कविता है। इसके सम्बन्ध में कवि ने सूचना दी है कि यह 'नीलकुसुम' से संकलित है, जबकि 'नीलकुसुम' के किसी भी संस्करण में यह कविता नहीं है। मेरा अनुमान है कि 'चक्रवाल' में इस कविता को रखते समय कवि ने सोचा होगा कि उसे 'नीलकुसुम' के अगले संस्करण में दे देंगे, लेकिन फिर यह बात उसके दिमाग से निकल गई

और वह संग्रह पूर्व रूप में ही छपता रहा। मन्मथनाथ गुप्तवाले संस्करण में भी एक नई कविता है—ओ द्विधाग्रस्त शार्दूल बोल!', जो 'जनता' साप्ताहिक में 'अभिताभ' के नाम से छपी थी और जिसका विषय महात्मा गाँधी थे, जो आन्दोलन छेड़ने को लेकर सोच-विचार में पड़े थे। अन्तिम ऐसा संकलन, जिसमें दिनकरजी के पाँच नए गीत हैं, है 'दिनकर के गीत'। उन पाँचों गीतों में से पहला गीत है 'गुरु-स्तवन' और दूसरे चार गीत उर्वशी के प्रति पुरूरवा की उक्ति हैं। ये गीत 'उर्वशी' में जान-बूझकर नहीं दिए गए थे।

रचनावली के काव्य-खंडों के सम्पादन के सम्बन्ध में पहले मैंने सोचा था कि दिनकरजी की कविता-पुस्तकों को काल-क्रम से संयोजित कर अलग-अलग खंड की अलग-अलग भूमिका लिख दूँगा, लेकिन सम्पादन-कार्य शुरू करने पर जब वस्तुस्थिति सामने आई, यानी जब मैंने देखा कि अनेक संग्रहों में कविताएँ दूसरे संग्रहों से ली गई हैं और इस तरह कविता-संग्रहों के प्रकाशन में तो एक काल-क्रम है, लेकिन कविताओं के संग्रह में नहीं, तो मुझे अपना विचार बदलना पड़ा। अन्त में मैंने तय किया कि प्रबन्ध-काव्यों को छोड़कर स्फुट कविताओं के सभी संग्रहों की जिल्द तोड़ दी जाए और कविताओं को उनके काल-क्रम से सजाया जाए। यह कार्य असम्भव नहीं था, लेकिन उससे कवि का वास्तविक रूप, जो कि प्रचुर विशाल और व्यापक है, प्रकट होने से रह जाता था। यह ठीक है कि उससे कवि के निर्माण और विकास की प्रक्रिया सूचित होती थी और उसकी काव्य-सम्वेदना की संश्लिष्टता का भी एहसास होता था। किसी बड़े कवि को बनते देखना भी एक दिलचस्प अनुभव है, ठीक एक अंकुर के क्रमशः विकसित होकर वट-वृक्ष का रूप लेने की तरह। लेकिन इस तरह कविताओं को देने से दिनकरजी का असली कविरूप, जो जनता के मन-प्राणों में बसा है, आँखों से ओझल रह जाता था। उसके साथ-साथ उसके जो कई महत्त्वपूर्ण आयाम हैं, वे भी गड्डमड्ड हो जाते थे। दिनकर-काव्य के कुछ अदृष्ट पहलू भी हैं, जो उनके बड़ेपन के निर्माण में महत्त्वपूर्ण भूमिका निभाते हैं। मैं रचनावली में उन्हें खासतौर से लोगों की दृष्टि में लाना चाहता था, जिसमें वे 'बादलों में छिपे अपर दिनकर' को जान सकें। उक्त तरीके से काव्य-खंडों के सम्पादन से इस उद्देश्य की भी सिद्धि न होती थी।

लिहाजा मैंने दिनकर-काव्य के पाँच खंड बनाए—आरम्भिक चार

खंड उनकी स्फुट कविताओं के और अन्तिम खंड उनके प्रबन्ध-काव्यों का। आरम्भिक चार खंडों में संकलित कविताओं को भी इस तरह विभाजित किया गया है—1. राष्ट्र और समाज, 2. प्रेम और शृंगार तथा अन्यान्य विषय, 3. आत्म और अध्यात्म और 4. पुनः सृजन। राष्ट्र और समाज नामक खंड को पहला खंड इसलिए बनाया गया कि दिनकर काव्य में सबसे प्रबल स्वर राष्ट्रीयता और सामाजिकता का है। दूसरे खंड में पहले प्रेम और शृंगार-विषयक कविताएँ हैं और बाद में अन्याय-विषयक। प्रेम और शृंगार-विषयक कविताओं में भी दिनकर का उतना ही प्रबल स्वर देखने को मिलता है। जैसे पहले स्वर के बिना 'कुरुक्षेत्र' की कल्पना नहीं की जा सकती, वैसे ही दूसरे स्वर के बिना 'उर्वशी' की। मुख्यतः इन दोनों स्वरों को मिलाकर ही कवि का वह स्वर निर्मित हुआ है, जो जितना ही उदात्त है, उतना ही मधुर; जितना ही परुष है, उतना ही कोमल। लेकिन दिनकरजी को सही अर्थों में बड़ा कवि बनानेवाली कविताएँ वे हैं, जिनका किसी एक विषय से सम्बन्ध नहीं है। ऐसी कविताएँ भी संख्या में विपुल हैं और वे राष्ट्रीय सामाजिक कविताओंवाले कवि की छवि को तोड़कर उसे और ऊँचा कद प्रदान करती हैं। दूसरे खंड के परिशिष्ट में दिनकरजी की क्रमशः किशोरोपयोगी और बालोपयोगी कविताएँ दी गई हैं। ये कविताएँ भी उनके एक रूप को सामने लाती हैं, जो उस परम्परा की देन था, जिसमें बड़े कवि भी किशोर और बाल-साहित्य का सृजन किया करते थे। ऐसे सृजेताओं में हरिऔध ही नहीं, निराला भी हैं, जिन्होंने किशोरों के लिए गद्य में चार जीवनियाँ लिखी थीं और बच्चों के लिए 'सीखभरी कहानियाँ' नामक एक पुस्तक। तीसरे खंड में पहले कवि की आत्मविषयक कविताएँ हैं, जो संख्या में अच्छी-खासी हैं, और बाद में अध्यात्म-विषयक कविताएँ। इससे एक यह तथ्य प्रत्यक्ष होता है कि दिनकरजी का आत्मीय स्वर जितना प्रबल है, उतना आध्यात्मिक स्वर नहीं। पाठक देखेंगे कि 'हारे को हरिनाम' में आध्यात्मिक कविताओं की संख्या अपेक्षाकृत कम है।

चतुर्थ खंड है—पुनः सृजन। तात्पर्य यह कि इसमें दिनकरजी की वैसी कविताएँ संकलित की गई हैं, जो देश-विदेश के दूसरे कवियों की कविताओं से प्रेरित हैं। इन कविताओं में वस्तुतः कवि ने मूल का भाषान्तर नहीं किया है, बल्कि उसे पुनः सृजित किया है। स्वभावतः

अपनी कविता के विदेशी प्रेमियों और विद्वानों के कहने पर दिनकरजी कथित भाषान्तरित वा अनूदित कविताओं को अपनी मौलिक कविता कहकर सुनाने और संकलनों में संकलित करने लगे थे। ज्ञातव्य है कि 'सीपी और शंख' और 'आत्मा की आँखें' के बहुत पहले से वे देशी-विदेशी कविताओं की छाया लेकर कविताएँ लिखते आ रहे थे। प्रत्येक खंड और उपखंड की कविताएँ रचनाकाल के क्रम से दी गई हैं। यहाँ भी 'सीपी और शंख' के पहले की कविताएँ सबसे पहले दी गई हैं। चौथे खंड के अन्त में जो अरविन्द की कविताएँ हैं, वे 'चेतना की शिखा' से लेकर दी गई हैं। उसके पहले बॉदलेयर की एक कविता है, जिसका स्रोत 'शुद्ध कविता की खोज' है। इन कविताओं में भी कमोबेश कवि का अपना व्यक्तित्व प्रतिबिम्बित है, जो सर्वप्रथम भाषा से पहचाना जाता है। कविताओं के अन्त में मूल कवि और कभी-कभी मूल कविता का भी उल्लेख है। 'आत्मा की आँखें' की सारी कविताएँ जी.एच. लारेंस की कविताओं की छाया लेकर लिखी गई हैं। चौथे खंड के परिशिष्ट में दिनकरजी के सभी कविता-संग्रहों की भूमिकाएँ, समर्पण, उनके आरम्भ में दी गई कविताओं के उद्धरण आदि दिए गए हैं। उनमें से अनेक भूमिकाओं में कविताओं के सम्बन्ध में महत्त्वपूर्ण सूचनाएँ ही नहीं मिलती हैं, बहुत बार उन्हें समझने और उन्हें विशेष परिप्रेक्ष्य में देखने से सम्बन्धित मूल्यवान् सूत्र भी प्राप्त होते हैं। दिनकरजी कवि के साथ-साथ आलोचक भी थे, इसलिए जब वे भूमिकाएँ विस्तार से लिखते थे, तो अपनी कविता के साथ-साथ हिन्दी कविता की क्रमागत परम्परा और अपने युगीन परिवेश पर भी प्रकाशपात करते थे। उदाहरण के लिए 'चक्रवाल' की विस्तृत भूमिका अवलोकनीय है।

पाँचवें खंड में क्रम से दिनकरजी के चारों प्रबन्ध-काव्य--'प्रण-भंग', 'कुरुक्षेत्र', 'रश्मिरथी' और 'उर्वशी'—यथावत् दिए गए हैं। पहले विचार था कि 'प्रण-भंग' को इस खंड के परिशिष्ट में देना ठीक होगा, लेकिन जब इस लघु काव्य को मैंने ध्यान से पढ़ा, तो मुझे यह एक तरुण कवि की अत्यन्त ताजा और मार्मिक कृति प्रतीत हुई। सबसे बड़ी बात यह कि यह 'कुरुक्षेत्र' और 'रश्मिरथी' इन दोनों महार्घ कृतियों की भूमि तैयार करती है, क्योंकि इसका कथानक भी महाभारत से ही लिया गया है। इस तरह यह दिनकर के प्रबन्धकार-रूप के विकासक्रम में प्रथम सोपान है, सो इसे इस खंड के आरम्भ में ही देना उपयुक्त लगा।

दिनकरजी ने 'चक्रवाल' की भूमिका में लिखा है कि आरम्भ में उन्होंने रामनरेश त्रिपाठी के खंड-काव्य 'पथिक' और मैथिलीशरण के खंड-काव्य 'जयद्रथ-वध' के अनुकरण पर क्रमशः 'वीरबाला' और 'मेघनाद-वध' नामक दो खंड-काव्य भी लिखना शुरू किया था, लेकिन तीन-चार सर्गों तक चलने के बाद वे दोनों ही अवरुद्ध हो गए और बाद में उनके पास उनकी पांडुलिपि भी नहीं रही। 'जयद्रथ-वध' के अनुकरण पर ही बाद में उन्होंने 'प्रण-भंग' की रचना की, जो सौभाग्यवश पूर्ण हुआ और आज दिनकर के प्रथम प्रबन्ध-काव्य के रूप में मान्य एवं समादृत है।

यहाँ एक बात का जिक्र जरूरी है। किसी भी महत्त्वपूर्ण कवि की कविता में स्वर-विशेष की प्रधानता के बावजूद उसमें अन्य स्वर भी छिपे होते हैं। उदाहरणार्थ राष्ट्र और समाज की कविता में यदि कवि का आत्मीय स्वर न हो, या आत्मविषयक कविता में ही कहीं सामाजिक प्रतिध्वनि लुप्त हो, तो ऐसी कविताएँ बेकार होंगी। पहली कविता जहाँ बेअसर होगी, वहीं दूसरी कविता उसके रचयिता के ही काम की। ऐसी स्थिति में कविता का बहुस्वरित होना जरूरी है। मैंने प्रधानता के हिसाब से ही कविताओं का विभाजन किया है, इसलिए यह विभाजन आत्यन्तिक नहीं है। यह सर्वथा सम्भव है कि किसी पाठक को उसमें भिन्न स्वर प्रधान प्रतीत हो और वह उस कविता की उपयुक्त जगह अन्य खंड में पाए। दिनकर की कविता राष्ट्रीय-सामाजिक हो, या प्रेम-शृंगार की या फिर आत्मीय और आध्यात्मिक, सभी कविताओं में कमोबेश दूसरे स्वर भी सुनाई पड़ते हैं। यही बात उस कविता को अपनी जमीन से ऊपर उठाकर आकाश में गुँजाती है, जिसकी लहरियाँ सभी दिशाओं में फैल जाती हैं। इस प्रसंग में टी.एस. इलियट के प्रसिद्ध लेख 'दि थ्री व्यायसेज ऑफ पोएट्री' को याद किया जा सकता है, जिसमें उन्होंने कविता के तीन स्वरों की चर्चा की है। पहले को उन्होंने स्वगत कहा है, यानी वह स्वर, जो आत्मसंलाप का पर्याय हो। दूसरा स्वर कवि का वह स्वर है, जिसमें वह श्रोताओं को सम्बोधित करता है। तीसरा स्वर काव्य-नाटक के चरित्रों का स्वर है, जिसमें कवि वह कहता है, जो वह स्वयं नहीं, बल्कि काल्पनिक चरित्रों के सम्वादों के माध्यम से ही कह सकता है, निस्सन्देह उनकी सीमाओं के भीतर। अन्त में इलियट कहते हैं, "जो बात महत्त्वपूर्ण है, वह यह कि अन्ततः सारे स्वर एक संगति में सुनाई पड़ने चाहिए, और जैसा कि मैंने निवेदन

किया, मुझे इसमें सन्देह है कि किसी सच्ची कविता में सिर्फ एक ही स्वर श्रव्य हो सकता है।"

स्फुट कविताओं के संकलनवाले प्रत्येक खंड की प्रत्येक कविता के नीचे उसकी रचना का वर्ष देने की कोशिश की गई है। इसका आधार दिनकरजी की कविताओं के वे संग्रह तो रहे ही हैं, जिनके नीचे उनका रचना-काल दिया हुआ है, मुख्य रूप से ये दो संकलन भी रहे हैं—'चक्रवाल' और 'रश्मिलोक'। जहाँ संग्रहों की कविताओं के नीचे अंकित रचना-काल और संकलनों में संकलित कविताओं के नीचे दिए गए रचना-काल में फर्क पड़ा है, वहाँ संग्रहों को ही प्रामाणिक माना गया है। एक-दो उदाहरण ही पर्याप्त होंगे। 'रेणुका' के परवर्ती संस्करणों में 'मिथिला' शीर्षक कविता का रचना-काल 1934 दिया गया है, जबकि 'इतिहास के आँसू' में 1933। इसी तरह उसकी 'बोधिसत्त्व' कविता 'चक्रवाल' और 'रश्मिलोक' में भी 'बुद्धदेव' शीर्षक से तो संकलित है ही, दोनों जगह उसका रचना-काल 'रेणुका' के रचना-काल 1934 की जगह 1933 दिया गया है। 'नीम के पत्ते' में भी 'नेता' शीर्षक कविता का रचना-काल 1950 बतलाया गया है, जबकि 'चक्रवाल' में 1952 सूचित है। ऐसी स्थिति में, जैसा कि कहा गया, उसी रचना-काल को मान्यता दी गई है, जो मूल पुस्तकों में दिया गया है। जिन विद्वानों ने दिनकरजी की स्फुट कविताओं का रचना-काल श्रमपूर्वक निर्धारित किया है, उनसे अनेक भूलें हुई हैं। सबसे दिलचस्प भूल यह हुई है कि उन्होंने कविता के स्थान पर उनके शीर्षकों से ही परिचित होने के कारण भिन्न शीर्षकोंवाली एक ही कविता को भिन्न-भिन्न कविता मान लिया है, जैसे 'हुंकार' की 'आमुख' शीर्षक कविता 'चक्रवाल' में 'वर्तमान का निमन्त्रण' शीर्षक से संकलित है, तो उसे भी उन्होंने एक स्वतन्त्र कविता मानकर दोनों कविताओं का रचना-काल निर्धारित किया है। इसे खुदा का शुक्र ही कहेंगे कि इससे कोई फर्क नहीं पड़ा है, क्योंकि भिन्न शीर्षकोंवाली इस कविता का दोनों जगह रचना-काल एक ही है। लेकिन अन्यत्र ऐसा नहीं हुआ है। 'व्यष्टि' शीर्षक से दिनकरजी की कविता पहले 'धूप और धुआँ' में संगृहीत और वहाँ से 'नीम के पत्ते' में संकलित हुई। दोनों पुस्तकों में इस कविता का शीर्षक और रचना-काल एक ही है, लेकिन उक्त विद्वानों ने कविता को न जानने के कारण 'चक्रवाल' में जब यह कविता 'समष्टिवादी' शीर्षक से संकलित हुई, तो उसे भिन्न

कविता मान लिया और उसके नीचे दिए गए संदिग्ध रचना-काल 1948 को भी स्वाभाविक रूप से स्वीकार कर लिया। जिन स्फुट कविताओं का रचना-काल कहीं नहीं मिला है, उनका रचना-काल पुस्तक के नामोल्लेख के बाद 'प्र.सं.' अर्थात् 'प्रथम संस्करण' के द्वारा सूचित किया गया है। मतलब यह कि वह कविता पुस्तक के प्रथम संस्करण निकलने के पहले रची गई। इसका एक मतलब यह भी है कि वह पिछली पुस्तक के प्रकाशन के बाद रची गई, लेकिन यह पक्की बात नही है, क्योंकि दिनकरजी कविताओं की प्रकृति परखकर ही उन्हें संग्रहों में देते थे, भले उसके लिए उन्हें थोड़ा इन्तजार करना पड़े। ऐसी स्थिति में उस संग्रह के ठीक पहले प्रकाशित संग्रह भिन्न प्रकृति का हुआ, तो वह कविता और पहले की हो सकती है।

रचनावली में दिनकरजी की कुछ असंकलित कविताएँ भी दी गई हैं, जिनका एक स्रोत तो 'दिनकर की डायरी' है। डायरी से ली गई चार कविताओं के शीर्षक मुझे लगाने पड़े हैं, यथा 'नन्दिग्राम के भरत', 'युद्ध' और 'बापू'। 'युद्ध' शीर्षक से दो कविताएँ हैं। दोनों ही छोटी हैं और इन दोनों का ही मुझे एक ही शीर्षक देना पड़ा है। एक कवित्त 'शोणित में घोल निज', 'रश्मिलोक' की भूमिका से गृहीत है। दिनकरजी की तीन महत्त्वपूर्ण असंकलित कविताएँ—'साँपों से होगी मही मुक्त, हिंसा से मुक्त पवन होगा!', 'रजत-रश्मि' और 'मोम का गीत'—मुझे उनके पौत्र अरविन्द कुमार सिंह ने सुलभ कराईं। 'युद्धान्त' शीर्षक कविता की तलाश मैंने कवि कमला प्रसाद की सूचना पर शुरू की। मुझे अतिशय प्रसन्नता है कि वह कविता भी बड़ी आसानी से सिन्हा लायब्रेरी के पुस्तकाध्यक्ष डॉ. रामशोभित प्रसाद सिंह और प्रधान लिपिक अखिलेश्वर प्रसाद सिन्हा ने 'धर्मयुग' (साप्ताहिक) की फाइल से ढूँढकर मुझे उपलब्ध करा दी। रामशोभित बाबू स्वयं श्रेष्ठ शोधकर्ता हैं, इसलिए हमेशा मेरी सहायता करते रहे हैं। अखिलेश्वर बाबू भी कभी इसमें पीछे नहीं रहे। मैं इन सभी व्यक्तियों का अनुगृहीत हूँ, क्योंकि उन्होंने दिनकर रचनावली को पूर्णतर बनाने में योग दिया है। ये सभी मेरे हार्दिक धन्यवाद के पात्र हैं।

काव्य-खंडों का सम्पादन-कार्य इतनी पूर्णता से कभी सम्भव न था, यदि पटना विश्वविद्यालय के हिन्दी विभाग के शोधप्रज्ञ योगेश प्रताप शेखर ने अतिशय एकाग्रता और तल्लीनता से लगातार मेरा सहयोग

न किया होता। उन्होंने बीच-बीच में मुझे सामान्य जिज्ञासुओं और शोधकर्ता की दृष्टि से कई मूल्यवान् सुझाव भी दिए, जिन्हें मानने को मैं कई बार विवश हुआ। उनकी यह क्षमता विकसित होती रही, तो भविष्य में हिन्दी ¯¯नसे बहुत लाभान्वित होगी। मैं उन्हें साधुवाद देता हूँ। उनके साथ दिनकरजी की असंकलित कविताओं, सूची, भूमिकाओं आदि का कंप्यूटर से शुद्ध-शुद्ध प्रिन्ट आउट निकलवाने में तरुण कवि राकेश रंजन ने अत्यधिक रुचि ली है। वे भी मेरे साधुवाद के पात्र हैं। हिन्दी कवि डॉ. निर्मल कुमार चक्रवर्ती ने शारदा-सदन पुस्तकालय, लालगंज (वैशाली) से घोर श्रम करके मुझे दिनकरजी की एकाधिक कविता-पुस्तकों के प्राचीन संस्करण सुलभ कराए। दिनकरजी कुछ दिन लालगंज में भी रहे थे। इस दृष्टि से उन्होंने उनके प्रति अपना दायित्व-निर्वाह किया। तथापि वे मेरे लिए धन्यवादार्ह हैं। इस अवसर पर मैं युवा कवि संजय शांडिल्य और चिरंजीव विकास को भी स्मरण करता हूँ, क्योंकि इन्होंने भी मुझे यत्किंचित् सहयोग दिया है और प्रेस और मेरे बीच सम्पर्क-सूत्र का काम किया है।

दिनकरजी का मेरे ऊपर बहुत ऋण है। मैं उन्हीं की कविताएँ पढ़कर किशोर से तरुण और फिर वयस्क हुआ। उनकी कविताएँ मेरी रगों में बहती हैं और उनका मस्तीभरा लहजा आज भी मुझे उतना ही प्रभावशाली लगता है। विशेष रूप से रचनावली के काव्य-खंडों का सम्पादन करके, जिससे उनका रूप एक विराट् कवि के रूप में उभरता है, जैसे मुझ पर उनका जो पहाड़-जैसा ऋण था, वह बहुत कुछ उतर गया है। मैं एक नई स्फूर्ति का अनुभव कर रहा हूँ, क्योंकि कवि के उक्त विराट् रूप ने मेरे भीतर नए सिरे से एक अव्याख्येय ऊर्जा और ताजगी का संचार किया है। हिन्दी संसार इसमें थोड़ा-भी भागीदार हुआ, तो मैं अपने श्रम को सार्थक समझूँगा।

अन्त में दिनकरजी के साहित्य के स्वत्वाधिकारी केदार बाबू और अरविन्द तथा रचनावली के प्रकाशक अशोक महेश्वरी के प्रति भी मैं आभार प्रदर्शित करता हूँ, जिन्होंने मेरी क्षमता और योग्यता में विश्वास करके मुझे रचनावली के सम्पादन का गुरु कार्य सौंपा। इति।

—नंदकिशोर नवल

घाघा घाट रोड
महेन्द्रू, पटना-800006
रक्षाबन्धन, 16 अगस्त, 2008

भूमिका

'विजय-सन्देश' की कविताएँ इस बात का प्रमाण हैं कि दिनकरजी की कवि-प्रतिभा का प्रथम उन्मेष राष्ट्रीय कविताओं में हुआ। ये सारी कविताएँ बारदोली के किसान-संघर्ष से प्रेरित हैं, जो सरदार वल्लभ भाई पटेल के नेतृत्व में चला था और जिसमें किसानों की विजय हुई थी। दिनकरजी ने स्वयं लिखा है कि जब उन्होंने लिखना शुरू किया, तो "सारे देश का एक कर्त्तव्य था जो स्वातन्त्र्य-संग्राम को सबल बनाने का कर्त्तव्य था और सारे देश की एक मनोदशा थी जो क्रोध से क्षुब्ध, आशा से चंचल और मजबूरियों से बेचैन थी।... मैं अपने समय के हाथ में निश्छल वंशी बनकर पड़ गया।" कवि की यह राष्ट्रीय भावना निरन्तर गहन से गहनतर होती गई और उसमें विस्तार तथा व्यापकता का समावेश होता गया। अन्ततः जनता ने उससे प्रभावित होकर मैथिलीशरण के बाद उसे 'राष्ट्रकवि' के विरुद्ध से अभिनन्दित किया।

दिनकरजी की राष्ट्रीयता पर जब हम विचार करते हैं, तो पता चलता है कि वह उग्र राष्ट्रीयता है, जिसके पीछे लोकमान्य तिलक जैसे नेताओं और भगत सिंह तथा चन्द्रशेखर आजाद जैसे बलिदानियों की प्रेरणा थी। इस राष्ट्रीय भावना की एक और विशेषता है—अतीत का गौरव-गान, जो किसी हद तक हिन्दी कविता की क्रमागत परम्परा की देन है। आचार्य रामचन्द्र शुक्ल ने लिखा है कि चित्तौर और पानीपत जैसे नामों में ही हिन्दू हृदय के लिए अनेक भावों की व्यंजना भरी है। उसके लिए ये नाम ही काव्य हैं। लेकिन इस प्रसंग में दो बातें याद रखने लायक हैं। एक तो यह कि दिनकरजी की राष्ट्रीयता धर्मनिरपेक्ष या गैर साम्प्रदायिक है, जिसका प्रमाण उनकी 'दिल्ली' शीर्षक कविता देती है, जिसमें उन्होंने शेरशाह से लेकर औरंगज़ेब तक के शासन को अपना शासन कहा है। वे नहीं मानते

कि कथित मुगल-काल में भारत पराधीन था। दूसरी बात यह कि अपनी कविताओं में उन्होंने इतिहास का इस्तेमाल तथ्य-रूप में न करके मिथक के रूप में किया है। यह कविता द्वारा इतिहास का मिथकीकरण है, जो इतिहास की तुलना में अधिक प्रभावशाली यानी जनता के चित्त को आन्दोलित करनेवाला होता है। नई कविता के बाद के वर्षों में श्रीकान्त वर्मा ने 'मगध' नामक अपने संग्रह में ऐसी ही कविताएँ लिखीं, जो बहुत पसन्द की गईं।

15 अगस्त, 1947 को जब देश स्वतन्त्र हुआ, तो दिनकरजी ने 'अरुणोदय'—जैसी कविता लिखकर स्वतन्त्रता का स्वागत किया, लेकिन एक वर्ष में ही उससे उनका मोहभंग हो गया, जिसका प्रमाण उनकी 'पहली वर्षगाँठ' शीर्षक कविता है। गाँधी-नेहरू के नेतृत्व में देश को स्वतन्त्र बनाने वाला राजनीतिक दल स्वतन्त्रता-प्राप्ति के बाद सत्ता-भोग में लिप्त हो गया और जनता के दुख-दर्द की परवाह छोड़कर गर्हित से गर्हित भ्रष्टाचार पर उतर आया। स्वतन्त्र भारत में उन्होंने दिल्ली को विषय बनाकर दो कविताएँ लिखीं—'हक की पुकार' और 'भारत का यह रेशमी नगर', जिसमें पीड़ा से भरे हुए कवि के स्वर की कड़वाहट हमें कँपा देती है। अब वे कांग्रेस के भीतर प्रतिपक्ष की भूमिका निभाने लगे और असंख्य कविताएँ लिखीं, जो स्वतन्त्र भारत की जनता और नेता इन दोनों की दहला देनेवाली तसवीर पेश करती हैं।

एक बात और है। वह यह कि दिनकरजी की राष्ट्रीयता कोई अमूर्त वस्तु नहीं है। वे बहुत पहले इस बात को समझ गए थे कि राष्ट्र का मतलब होता है उसमें रहनेवाली साधारण जनता। इस कारण उनकी पहली प्रतिबद्धता भारतीय जनता के प्रति थी। स्वाभाविक रूप से उनकी राष्ट्रीय भावना उन्हें समाज तक ले गई और उनमें राष्ट्रीयता के साथ-साथ सामाजिकता का स्वर भी प्रबल होता गया। 'कविता की पुकार' और 'हाहाकार' जैसी उनकी आरम्भिक कविताओं में यह प्रत्यक्ष है। 'स्वर्ग के दीपक' और 'नींव का हाहाकार' जैसी परवर्ती कविताएँ उन्हीं का सीधा विकास हैं। इस सामाजिकता के अनेक पहलू हैं, जिनमें से एक मार्मिक पहलू है हमारे समाज में स्त्रियों की अवस्था। 'राजा-रानी' जैसी कविताओं में इस तरफ भी दिनकरजी का ध्यान काफी पहले गया था। इसका उत्कर्ष

हमें उनके प्रबन्ध-काव्य 'उर्वशी' के नारी-चरित्र औशीनरी में देखने को मिलता है। द्वितीय विश्वयुद्ध के मूल में हिटलर का राष्ट्रवाद था। इसका परिणाम यह हुआ कि 'अन्तर्राष्ट्रीय चिन्तन-जगत् में 'राष्ट्रीयता' एक बदनाम शब्द हो गया। दिनकरजी इस बात से परिचित थे, इसलिए उन्होंने बाद के दिनों में 'राष्ट्र-देवता का विसर्जन' शीर्षक कविता लिखी, जिसमें उन्होंने कहा कि यदि राष्ट्रीयता अन्तर्राष्ट्रीयता से विरोध पालती है, तो अच्छा है कि अब वह विदा हो जाए। तात्पर्य यह कि स्पृहणीय राष्ट्रीयता दूसरे देशों के हितों पर कुठाराघात करके नहीं, बल्कि उनके साथ मैत्री और शान्ति के आधार पर जीवित रहती है। दिनकरजी साधारण जनता को दिलोजान से प्यार करते थे और उसकी शक्ति में भी उनका विश्वास था, जो 'जनता' और 'जनता जगी हुई है' जैसी उनकी कवितओं में दिखलाई पड़ता है। आज मुझे यह कहने में कोई दुविधा नहीं है कि जनता को इस कदर प्यार करनेवाला कवि उनके बाद नागार्जुन और मुक्तिबोध के अलावा क़ोई और नहीं हुआ।

शुरू से ही दिनकरजी में कई बातों को लेकर एक द्वंद्व की स्थिति देखने को मिलती है। यह द्वंद्व हिंसा और अहिंसा तथा मार्क्स और गाँधी को लेकर भी है। धीरे-धीरे उनका झुकाव महात्मा गाँधी की ओर हुआ, जिसका सर्वोत्कृष्ट निदर्शन उनकी 'बापू' शीर्षक लम्बी कविता है। लेकिन अहिंसा को उन्होंने एकमात्र मूल्य के रूप में कभी स्वीकार नहीं किया। इसका सबूत यह है कि जब चीन ने भारत पर आक्रमण किया, तो उन्होंने 'परशुराम की प्रतीक्षा' की कविताएँ लिखीं और उसमें हिंसा और अहिंसा सम्बन्धी अपना दर्शन पूरे तर्क और युक्ति के साथ उपस्थित किया, जिसका कोई भी कायल हो जाएगा। इस अर्थ में इस कृति में सिर्फ 'राष्ट्रव्यापी मन्यु को सम्पूर्ण और निर्भीक वाणी' नहीं दी गई है, बल्कि यह कृति उससे कुछ अधिक है। यहाँ कवि का यह आत्मकथ्य काबिले-गौर है, "मैं जीवन-भर गाँधी और मार्क्स के बीच झटके खाता रहा हूँ। इसीलिए उजले को लाल से गुणा करने पर जो रंग बनता है वही रंग मेरी कविता का रंग है।"

दिनकरजी के मन में स्वतन्त्र भारत की एक परिकल्पना थी, जिसे उन्होंने 1948 में लिखी गई अपनी कविता 'भारत का आगमन'

में इस रूप में रखा : 'निज से विरत, सकल मानवता के हित में अनुरत-से,/भारत! राजभवन में आओ, सचमुच, आज भरत-से।' इस कविता की पूरक कविता है, 'किसको नमन करूँ मैं?' जिसमें उन्होंने भारत को एक भूखंड-मात्र नहीं, बल्कि एक मूल्य बतलाया है, जो एकता और प्रेम का वाचक है और जो देश-विशेष का पर्याय नहीं है। अपनी परिकल्पना को साकार करने के लिए वे मरते दम तक संघर्ष करते रहे, जो उनकी एकदम आखिरी दौर की कविताओं में भी प्रत्यक्ष है।

संक्षेप में राष्ट्र और समाज से सम्बन्धित दिनकरजी का विपुल काव्य भारतीय स्वतन्त्रता-संग्राम, उसकी आशा-निराशाभरी अनेक मंजिलों, साम्प्रदायिकता के उभार, स्वतन्त्रता-प्राप्ति, महात्मा गाँधी की कुर्बानी, भूदान-आन्दोलन, सत्ताधारी दल के भोगवाद, राष्ट्रीय पुनर्निमाण की गति की मन्थरता, जनता की दुर्दशा, पूँजीवाद के बढ़ाव, भारत-सोवियत-मैत्री, चीनी आक्रमण, बांग्लादेश की मुक्ति और अमरीकीकरण की प्रक्रिया की शुरुआत आदि का ज्वलन्त अभिलेख है, जो कभी धूमिल होनेवाला नहीं है।

भारतीय स्वतन्त्रता-आन्दोलन इतिहास का वह दौर था, जिसमें हिन्दी कविता में देशभक्ति आवेश का विषय बन गई थी, जैसे मध्ययुग में भक्ति। दिनकरजी स्वतन्त्रता-आन्दोलन के प्रवक्ता कवि थे, इसलिए उनमें देशभक्ति का आवेश सबसे प्रचंड रूप में अभिव्यक्त हुआ। वह दौर हिन्दी में 'जवानी के काव्य' का भी दौर था। इसने कवि के आवेश के कृपाण पर सान चढ़ाया। लेकिन दिनकर को इसलिए श्रेय देना चाहिए कि उनकी कविता आवेश के विस्फोट से नष्ट-भ्रष्ट नहीं हो गई। कारण यह कि उनमें जैसा तीव्र आवेश था, वैसी ही गहन वैचारिकता भी थी। इससे उनकी प्रत्येक कविता की एक वैचारिक संरचना है, जो ऊपर से दिखलाई नहीं पड़ती। वह उनके आवेश को सँभाले रहती है। आवेश को सँभालनेवाली दूसरी चीज उनकी भाषा है, जिसमें न कभी कोई शब्द अनुपयुक्त होता है और न कोई वाक्य अव्यवस्थित। वह कविता अराजकतावादी क्रान्ति का रूप प्रस्तुत करनेवाली 'विपथगा' जैसी कविता हो या जनतन्त्र की धारणा प्रस्तुत करनेवाली 'जनतन्त्र का जन्म' शीर्षक कविता या फिर स्वतन्त्रता की संकल्पना उपस्थित

करनेवाली 'रोटी और स्वाधीनता' शीर्षक कविता। निश्चय ही आवेश को विचार में और विचार को आवेश में बदलनेवाला ऐसा कवि कविता के इतिहास में विरल है। जैसे-जैसे समय बीतता गया, कवि का यथार्थ-बोध परिपक्व होता गया और वह .श्चिमी आधुनिक कविता के सम्पर्क में आता गया, उसमें आवेश की मात्रा कम होती गई, लेकिन वैचारिक ऊर्जा की प्रखरता बनी रही। भाषा भी 'आसिन के जल' की भाँति पारदर्शी हो उठी, पर कवि का मस्तीभरा लहजा, जो शायद उसकी कविता का सबसे बड़ा आकर्षण है, अन्त-अन्त तक बना रहा। रचनावली के इस खंड को ध्यान से पढ़नेवाले पाठक दिनकर के राष्ट्रीय और सामाजिक काव्य से तो परिचित होंगे ही, उसके साथ-साथ उस काव्य के विकासमान रूप से भी परिचित होंगे, जो राष्ट्र की आत्मा को वाणी देनेवाले कवि में बड़ी सहजता से दिखलाई पड़ता है।

—नंदकिशोर नवल

17 अगस्त, 2008

अनुक्रम

फेंकता हूँ, लो, तोड़-मरोड़
अरी निष्ठुरे! बीन के तार;
उठा चाँदी का उज्ज्वल शंख
फूँकता हूँ भैरव-हुंकार।

चल रहे ग्राम-कुंजों में पछिया के झकोर,
दिल्ली, लेकिन, ले रही लहर पुरवाई में।
है विकल देश सारा अभाव के तापों से;
दिल्ली सुख से सोई है नरम रजाई में।

मातृ-वन्दना

जय जय जन्मभूमि महान।
शुभ सुयश सम्पन्न जय हो।
अखिल सुख आसन्न जय हो।
सौख्य सुषमा सदन जय हो।
जयति मुकुट जहान।
जय जय जन्मभूमि महान॥

कारिणी कल कान्ति जय हो।
धारिणी धृति, शान्ति जय हो।
वारिणी वर भ्रान्ति जय हो।
जय प्रमोद-वितान।
जय जय जन्मभूमि महान॥

जय सदय-हिय जगत-पालनि।
बलवती जय वैरि-घालनि।
शक्ति-सह जय शठहिं-शूलनि।
जयति सह सम्मान।
जय जय जन्मभूमि महान॥

सकल-शुभ गुण ऐनि जय हो।
मधुर-मृदु-मुद-वैनि जय हो।
मातु मंगल-दैनि जय हो।
जय विनय वर खान।
जय जय जन्मभूमि महान॥

जयति जय जय भरत अम्बे।
उपल पति उष्णीष उत्तर,
उत्तुंग उरु, अमले।
पद प्रछालन ऊर्म्मि उपजत-
अम्बुनिधि अतुले।
जयति जय जय भरत अम्बे।

वाम ब्रह्मा, श्याम शोभित-
संकलित सुभले।
पश्चिमी पंचशाख परस-
अफगान-क्षिति सकले।
जयति जय जय भरत अम्बे॥

ग्रीव पर गलहार शोभित,
गंग शुचि सुजले।
जंघ जुटत सुघाट पश्चिम-
पूर्व शुभ युगले।
जयति जय जय भरत अम्बे॥

गोद गुरुवर गाँधि, मोती,
मालवी सबले।
लसत लाड़िल लाजपति-
लावण्य-निधि निखिले।
जयति जय जय भरत अम्बे॥

सरसिज-सुमन सरजा सँवा-
रति माल मंजु भले।
वांछित विफल नहिं होय,
दे वर सदय-हिय वरदे।
जयति जय जय भरत अम्बे॥

(विजय सन्देश, 1928)

बारदोली-वन्दना

वीर बारदोली वन्दे।
अखिल-सृष्टि-शिर-मुकुट, लोकतारिणि-खद्दरधारिणि वन्दे।
वीर बारदोली वन्दे।

(1)

खल-दल गंजनि,
अरि-वल-भंजनि,
संतत सुभग स्व जन-मन-रंजनि,
दुर्दमनीय 'महिष' पर दुर्गे! कठिन क्रान्तिकारिणि वन्दे।
वीर बारदोली वन्दे।

(2)

शठ गण शूलनि
रण मधि झूलनि,
सकल शक्ति लै अरि उन्मूलनि,
दर्पी-दर्प-दलन हित संगर-शक्ति-चन्द्र-धारिणि वन्दे।
वीर बारदोली वन्दे।

(3)

विगत सकल सुख,
विकल ग्रथित-दुख,
कठिन क्लेश बिच दिपत विमल मुख,
द्मन-दिवाकर-तप्त-सुतनु-धृत सौम्य-शान्ति-धारिणि वन्दे।
वीर बारदोली वन्दे।

(4)

लोक लालिनी,
कृषक पालिनी,
विश्व-विदित-यश-विभव शालिनी।

भव्य-भाव भरणी, भूतल की भूरि-भ्रान्ति-वारिणि वन्दे।
वीर बारदोली वन्दे।

(5)

बलि-रति जोड़िनि
रिपु-रद तोड़िनि
अरि गौरव-गिरि-गर्व्व मड़ोरनि।
कठिन-कर्म्म सारिणि तू सत्वर विल्सन-मद-मारिणि वन्दे।
वीर बारदोली वन्दे।
मस्तक उठा देश को सच्ची समरकला दिखलाई है।
वीर बारदोली वालों की गाओ विजय बधाई है।

(विजय-सन्देश, 1928)

विजय-गायन

(1)

रखी लाज भारत की इस दम हँसुए, खुरपी वालों ने।
शस्त्र विना ही युद्ध किया है इन माई के लालों ने॥
दिखा दिया स्वेच्छाचारी को शुभ सत्याग्रह की क्षमता।
तोप, तमंचे, जेल करेंगे कब यारो! इसकी समता॥
बता दिया अवसर पर कैसे मिलता भाई-भाई है।
वीर बारदोली वालों की गाओ विजय बधाई है॥

(2)

ध्रुव-सा अचल धैर्य दिखलाया, त्याग भरत-सा प्रगटाया।
बालि-सुवन का पैज देख सारा जग अचरज में आया॥
नीच, निठुर, नृशंस के सम्मुख शीश माँ का नत होवे।
मान रहे तो प्राण, न तो यह तन भी जीवनगत होवे॥
बनें हवन शिर असी सहस बलि की बारी यदि आई है।
वीर बारदोली वालों की गाओ विजय बधाई है॥

(3)

तेग, तोप, तलवार उधर थी, इधर निरीहों की थी आह।
उधर मिटा देने की धुन थी, इधर प्रबल मिटने की चाह॥
इधर उठी हुंकार, सृष्टि सारी वह डावाँडोल हुई।
प्रलय कारिणी ध्वनि जनसत्ता की अतिशय अनमोल हुई॥
ठोंक ताल दुन्दुभी बजा शासन की हस्ति हिलाई है।
वीर बारदोली वालों की गाओ विजय बधाई है॥

(4)

निरे निहत्थे हैं पर क्यों डर जाएँ तेरी फटकारों से।
गगन गूँज जावेगा भीषण असी सहस हुंकारों से॥
दमन, जेल से डरे कौन? पाशवी शक्ति में क्यों भूला?
भारतीय बच्चे झूलेंगे फाँसी का प्यारा झूला॥
बलि-वेदी पर चढ़ कर जग में अनुपम कीर्ति कमाई है।
वीर बारदोली वालों की गाओ विजय बधाई है॥

(5)

जनसत्ता ही राजशक्ति है उठो! उठो!! आँखें खोलो।
सदियों की भूलों पर रो लो आँसू में आँखें धो लो॥
बारदोली-आदर्श खड़ा है, एक अनेकों से हो लो।
'सत्याग्रह स्वाधीन करेगा', 'जन्म-भूमि की जय' बोलो॥'
वही धन्य, जिसने स्वदेश हित गरदन भी कटवाई है।
वीर बारदोली वालों की गाओ विजय बधाई है॥

(विजय-सन्देश, 1928)

जन-सत्ता

(1)

प्रकृति-देवि-शृंगार सदन सम था इक कानन।
कलित कुञ्ज थे कहीं, कहीं थे शैल सुहावन॥

खिलते थे तृण-कुसुम और झरने झरते थे।
सघन हरित द्रुम-वृन्द सभी के मन हरते थे॥

(2)

कुछ कपोत आ वहाँ नित्य चारे करते थे।
फुदक चहक नित जीवन को सुख से भरते थे॥
उड़ते नभ में कभी-कभी भू पर आते थे।
विपिन बीच आनन्द सदा वे सरसाते थे॥

(3)

एक दिवस उस वन में वधिकों का दल आया।
जाल बिछा खग छलने को दाने फैलाया॥
लालच बुरी बलाय विहग दाने खाने को—
आए पर फँस गए शीश धुन पछताने को॥

(4)

उधर कपोतों के हतने की घात लगाए।
वधिक-वृन्द थे छिपे झाड़ियों में सचुपाए॥
स्वार्थ-सिद्धि-तल्लीन उदर अपने भरने को।
थे वे उद्यत स्निग्ध खगों के वध करने को॥

(5)

दयाहीन थे कुटिल, कुचाली उन्हें न हिय था।
दुर्बल-दल का सर्वनाश ही उनको प्रिय था॥
इधर कपोतों को जीवन का मोह बड़ा था।
डरते थे वे हाय, शीश पर काल खड़ा था॥

(6)

वधिक-वृन्द विकराल, उन्हें घेरा क्षण भर में।
रोने लगे कपोत रहा उपचार न कर में॥
करता कौन सहाय उन्हें यह विपिन गहन था।
या धन देता कौन उसे जो खुद निर्धन था।

(7)

दलितों का हित कौन? जगत यह स्वारथ-रत है।
यहाँ न पर-उपकार सभी परमार्थ-विगत है॥
आत्मबली थे विहग यदपि साहाय्यहीन थे।
स्वावलम्बमय, दृढ़-प्रतिज्ञ थे यदपि दीन थे॥

(8)

निराधार-आधार-ईश का उनको बल था।
निज गौरव का परम प्यार ही कवच अचल था॥
'है अनित्य यह देह हमें ध्रुव ही मरना है।
फिर भीरुता-कलंक नाम पर क्यों धरना है॥'

(9)

ठाना प्रण द्रुत यही मोह निज तन का छोड़ा।
विहगों ने उन्मत्त-वृत्ति से नाता जोड़ा॥
किया शक्ति आह्वान कपोतों ने ठाना प्रण।
'गिरें गाज दल बीच तोड़ छोड़ेंगे बन्धन॥'

(10)

एक एक से मिले बढ़ा उन्माद प्रेम का।
उठा विकट तूफान ऐक्य के सौम्य नेम का॥
'कर दो जीवनदान ताकि रक्खो प्रण अपना।'
बना त्वरित परतन्त्र-भाव उनका सच सपना॥

(11)

'जन-सत्ता' जग पड़ी मची हा हा त्रिभुवन में।
शक्ति-शृंग गिर गया वधिक सकुचाये मन में॥
हुआ जयति उच्चार उड़े खग पाश उड़ाते।
चले मुक्ति की ओर गगन में शंख बजाते॥

(12)

नहीं झुकाया शीश नीच का जन-सत्ता ने।
दिया दर्प कर चूर निठुर का जन-सत्ता ने॥
हुए वधिक हैरान जमी जड़ जन-सत्ता की।
मिला अनय जा धूल हाँक सुन जन-सत्ता की॥

(विजय-सन्देश, 1928)

बारदोली में

(1)

जगा हिन्दोस्ताँ भय, भीति खोकर बारदोली में।
लगा नय की अनय को सख़्त ठोकर बारदोली में॥

(2)

गगन है गूँजता, सागर उमड़ते भीम नादों से।
जगे हम आज गहरी नींद सोकर बारदोली में॥

(3)

न पशुता चल सकी आखिर गिरे सब मुँह की खा करके।
चले हम एकता-दीपक सँजोकर बारदोली में॥

(4)

कटेंगी बेड़ियाँ माँ की, अभी स्वाधीन हम होंगे।
डटे हैं जब विजय के बीज़ बोकर बारदोली में॥

(5)

करेंगे जिस्मो जाँ कुरबाँ, टरे तेरे नहीं टारे।
मरें क्यों जुल्म का पर बोझ ढोकर बारदोली में॥

(6)

तड़पते हम गरीबों को कुचल ले और कुछ हँसकर।
रुला छोड़ेंगे तुझको हम भी रोकर बारदोली में॥

(7)

उठेगा हिन्द सारा, जय करेगा स्वत्व का संगर।
चुके कर ऐक्य-माला ज्यों पिरोकर बारदोली में॥

(8)

जहाँ पर इब्तिदा तेरी, वहीं पर इन्तिहा होगी।
....॥

(विजय-सन्देश, 1928)

अचरज

(1)

थी खबर किसको किसानों की हरे! हुंकार की।
हो चलेगी धार भोथी, तेग वो तलवार की॥

(2)

झूम कर यों हंस (?) भी झण्डे तले आ जाएँगे।
धज्जियाँ उड़ जाएँगी यों दर्प की दीवार की॥

(3)

'कर नहीं हाँ शीश देंगे' पैज ये ठन जाएगा।
मत्त गज परवा करेगा सिंह की ललकार की॥

(4)

कत्ल पर बाँधे कमर हम भी डटे हैं सामने।
धार बतला दें इधर हम भी जरा तलवार की॥

(5)

लाख भी थे ये कहाँ पर वीरता कहते इसे।
शत्रुओं के खंजरों की धार हो बेकार की॥

(6)

उड़ गए थे होश, विल्सन ने कहा था काँपकर।
'जान आफत में पड़ी है आज दिन सरकार की॥'

(विजय-सन्देश, 1928)

विजयी पटेल

(1)

जय अरि-दल-करि-वृन्द हेतु हरि जयति वीर वर।
जय खल-दल-कृषि-उपल, सुभट-कुल-कुमुद-कलाधर॥
जय बल-विक्रम-शैल, जयति दुखियन-दल-मण्डक।
जय नितिज्ञ, नय-लीन, अनय-परताप-विखण्डक॥
जय जय सत्याग्रह-सैन्य के, नायक सफल समर्थ जय।
जय जय अनीति-दल-दलन द्रुत 'वल्लभ' विगत विमर्ष जय॥

(2)

जय प्रवीर, रणधीर, सत्य-संगर-संचालक।
जय घालक भ्रम-भीड़ कलंक-कालिख-प्रक्षालक॥
जय भारत माँ-कुक्षि-सरोवर-हंस सुहावन।
जय भारत-नभ-नखत-प्रखर द्युतिमय, मनभावन॥
जय जय दुर्बल-दल-बंधुवर, नवयुग लेनिन जय सदय।
जय जय जगविदित प्रतापमय, 'वल्लभ' तेजोराशि जय॥

(3)

लखि दुखियन दुख त्वरित नीर नैनन भरि लाए।
तजि ममता, मद, मोह वेगि बलि-हित बढ़ि आए॥
प्राण मान हित जाएँ किन्तु प्रण जान न देहों।
देहों शीश सहर्ष कबहुँ पर कर न चुकैहों॥
जय मातृ वेष उज्ज्वल करन, हरन कृषक-संताप जय।
जय जय पटेल वर-विजय-मय, अनुपम अतुल प्रताप जय॥

(4)

सप्त-अम्बुनिधि-पान हेतु कुम्भज प्रण ठाने।
पशुबल समुख सहर्ष आत्मबल-विभव बखाने॥
फहरत जग बिच ध्वजा, धवल जननीमुख छहरत।
घहरत विजय-निशान, सुयश-सरि रहि-रहि लहरत॥
हहरत उत कुञ्जर-दलित-दल, ढहरत इतके हरि मुदय।
झहरत झंकृत वीणा सतत, जय पटेल जग जयति जय॥

(विजय-सन्देश, 1928)

ललकार

निहत्थे जनों का समर देख लेना।
निबल आह का भी असर देख लेना॥

न यों हम रहेंगे निरे भीत होकर।
समय पर कसेंगे कमर देख लेना॥ निहत्थे. ॥

डटेंगे, कटेंगे-मरेंगे, बढ़ेंगे।
हमें आफतों में बहर देख लेना॥ निहत्थे. ॥

जभी हिन्द सारा बने बारदोली,
तभी बैरियों पर सेहर देख लेना॥ निहत्थे. ॥

न आधीन तेरे रहेंगे कभी अब,
रहेंगे तो पीते जहर देख लेना॥ निहत्थे.॥

कहें क्या अभी 'हाँ' जमाना तो आए,
चढ़े देश पर ही ये सर देख लेना॥ निहत्थे.॥

(विजय-सन्देश, 1928)

मनमोहन गाँधी

बजी मोहन की प्यारी बीन॥

दल बल सहित अबल बढ़ आए।
बलि हित वेदी पर चढ़ धाए॥
नभ के तारे तोड़ गिराए।
अटल वीर रणधीर कहाए॥

दलित-कृषक-दुख-दलन-अर्चना में होके तल्लीन।
बजी मोहन की प्यारी बीन॥

हुई घोर हुंकार शान्ति की।
कर्कश चली बयार क्रान्ति की॥
उड़ीं धज्जियाँ भीति-भ्रान्ति की।
छिटकी ज्योति स्वदेश क्रान्ति की॥

निठुर-नृशंस-मान मधि सत्वर विहँसे कृषक कुलीन।
बजी मोहन की प्यारी बीन॥

(विजय-सन्देश, 1928)

अन्तिम सन्देश

मातृ-मन्दिर में हुई पुकार ॥

(1)

उठो! सँभल कर घोर निराशा-निशि का कर अवसान।
प्रकट करो भारत-नभ में फिर उन्नति-रवि अम्लान ॥
क्रान्ति की कर्कश बहे बयार
मातृ-मन्दिर में हुई पुकार ॥

(2)

बढ़ो! धधकती ज्वाला से नव डाल जोश में जान।
गिरें फूल हो नभ से तारे थर थर कँपे जहान ॥
शक्ति के शृंग गिरें हो छार।
मातृ-मन्दिर में हुई पुकार ॥

(3)

भरो प्रलय-हुंकार विश्व के छक्के जावें छूट।
सदियों की परतन्त्र-बेड़ियाँ जाएँ तड़ातड़ टूट ॥
उठो! अब करो देश उद्धार ॥
मातृ-मन्दिर में हुई पुकार ॥

(विजय-सन्देश, 1928)

शहीद अशफाक के प्रति

[वीर शिरोमणि श्री अशफाक-उल्लाह खाँ को फाँसी 19 दिसंबर, 1927 ई. को फैजाबाद जेल में दी गयी थी। किंतु उनकी शहादत से हम लोग महीनों विचलित और गमगीन रहे थे। उसी दौरान यह कविता लिखी गयी थी और यह पटना से निकलनेवाले मासिक पत्र 'युवक' में छिपी थी।]

माँ की मीठी गोद छोड़ कर
प्रलय-वेलि पर खिलना।

कितना उन्मद आह! रहा
होगा फाँसी से मिलना!

सुरभि फैल पायी न, मरोड़ी
गयी कली जीवन की।
कैसे मुरझ सकी होंगी
वे सरस उमंगे मन की?

ध्वनित हुई होंगी जीवन-
गायन की अन्तिम कड़ियाँ।
कितनी सुन्दर जान पड़ी
होंगी वे अन्तिम घड़ियाँ।

(प्रण-भंग तथा अन्य कविताएँ, 1928)

अशान्ति

माँ, तेरा अशान्त अंचल।

तेरी इस जगती में बहती
है अशान्ति-धारा अविरल।
करता है परिहास शान्ति का
माँ, इसका कण-कण चंचल।

माना यह, निशि की निद्रा में
मिट जाती इसकी हलचल।
पर क्या तब भी कभी शान्त
हो पाता है माँ! यह हृत्तल।

माँ, तेरा अशान्त अंचल।

(प्रण-भंग तथा अन्य कविताएँ, अनुमानतः 1928-29)

एक मजदूरिन के प्रति

(1)

दीनता ने हैं भवें तानी कड़ी,
भूख ने उसको किया लाचार है।
स्वर्ग की रानी भटकती भूमि पर,
आह, विधि, कैसा निठुर व्यापार है?

(2)

है पड़ा सौन्दर्य सीमित फूल-सा
धूसरित कच औ' वसन के बीच में।
रम्य एक गुलाब काँटों में खिला,
हँस रहा कोई कमल या कीच में।

(3)

पूर्णिमा-निशि का मनोरम चन्द्रमा
है फँसा धूमिल घनों के जाल में।
भस्म में कोई पड़ा अंगार है
या सुमन जाकर छिपा शैवाल में।

(4)

राजमहलों का हुआ विधि वाम है,
झोंपड़ी में बस रही वह कामिनी।
प्राप्त कर मणियाँ रहो नृप! तुष्ट हो।
मुकुट में कैसे बसेगी दामिनी?

(5)

उँगलियाँ नन्हीं सुई की धाग पर
खेलने को जो बनायी थीं गयी।
वे निरातीं खेत लेकर खुरपियाँ,
कटकों में छिद गयीं कलियाँ नयी।

(6)

इन्द्रपरियों की सखी! क्यों मौन हो?
क्यों न गाती आज चन्द्रालोक में?
स्वर्ग बाले! यह सुनहला रूप ले
भूलकर आयी कहाँ भू-लोक में?

(प्रण-भंग तथा अन्य कविताएँ, अनुमानतः, 1928-29)

वायसराय की घोषणा पर

[लार्ड इरविन ने 25 अक्तूबर, 1929 ई. को यह घोषणा की कि लंदन में गोलमेज सम्मेलन बुलाया जायेगा। भारत के प्रतिनिधि नेताओं ने एक सम्मिलित बयान देकर इस घोषणा का स्वागत किया। नवयुवकों का दल वायसराय की घोषणा के बिलकुल विरुद्ध था। इंग्लैंड में लेबर दल की सरकार थी। लिबरल और अनुदार दलों ने मिलकर इस घोषणा का इतना अधिक विरोध किया कि भारत-मंत्री वेजवुड बेन को कहना पड़ा कि यह बयान और कुछ नहीं, 1917 वाले वक्तव्य की पुनरावृत्ति है। आखिर को ब्रिटिश पार्लमेंट में जो बहस हुई, उससे कांग्रेसवालों का भ्रम दूर हो गया। 1929 में ही लाहौर कांग्रेस में पूर्ण स्वाधीनता का प्रस्ताव पास हुआ। उस समय देश भर में एक जोश था कि आजादी की लड़ाई जल्द शुरू की जाय। यह कविता उसी समय की रचना है। छपने के लिए इसे मैंने 'विशाल भारत' में भेजा था, किंतु संपादक जी ने बिना कोई मत दिये यह कविता मुझे वापस कर दी। यह कविता अब प्रकाशित हो रही है।]

(1)

टुकड़े दिखा-दिखा करते क्यों मृगपति का अपमान?
ओ मद-सत्ता के मतवाले! बनो न यों नादान।

गर्व की गुरुता में मत भूल,
सिंह है सिंह, श्वान है श्वान।
एक की लोलुपता-अनुरक्ति
दूसरे का यह वचन प्रमाण–

"घास बन्दी-गृह में क्यों खायें?
तड़प कर चाहे दे दें प्राण।"
बड़ों का जीवन है उत्कर्ष,
मान पर मिटना ही है मान।

फिर भी जान-बूझकर बनते जाते क्यों अनजान?
ओ मद-सत्ता के मतवाले। बनो न यों नादान।

(2)

सजा रहे सानन्द निर्बलों के विनाश का साज।
गर्व न करना, शक्ति-शृंग पर भी गिरती है गाज।

अरे, ओ अहम्मन्य उन्मत्त!
मनुजता का मत कर अपमान।
शाह नादिर, नीरो हैं कहाँ?
कहाँ है दनुज-रूप वह ज़ार?
फ्रांस का राजमुकुट है कहाँ?
कहाँ है जुल्मी की तलवार?
लोटते भू पर उन्नत भाल,
प्रकृति का है यह नियम महान।
अबल भी बनते सबल-समर्थ,
पतन पर होता है उत्थान।

डूब चुके हैं इसी जलधि में कितने पाप-जहाज।
गर्व न करना, शक्ति-शृंग पर भी गिरती है गाज।

(3)

मिट न सके हैं अभी शहीदी खूनों के वे दाग़।
अरे, याद है हमें आज भी जलियाँवाला बाग।

याद देवी 'मैना' है हमें,
याद है 'झाँसी' की वह शान।
याद है 'खुदीराम' सुकुमार,

याद है 'चाकी' का बलिदान।
याद हैं अपने 'मदन-करीम'।
याद हैं 'बिसमिल' औ 'अशफाक'।
तुम्हारी करतूतें हैं याद।
बना विकसित वन हाय, मसान।

प्रतिहिंसा का भाव फूँकता है अम्बर में आग।
अरे, याद है हमें आज भी जलियाँवाला बाग।

(4)

तेरी बातों में आ जाना बनना है नादान।
भला करेगी कभी न कर्ज़न-डायर की सन्तान।

याद हैं दाँव-पेंच वे सभी।
याद है क्लाइव की भूचाल।
याद हैं अपनी भूलें हमें
कि जिन पर पछताते हम आज।
रत्न खो-खो कर सीखा ज्ञान,
ठोकरें खा-खा हुए सचेत।
हटा, अपनी माया का जाल,
बनेंगे अब न अरे, नादान।

हमें चाहिए अब न तुम्हारा यह आदान-प्रदान।
भला करेगी कभी न कर्ज़न-डायर की सन्तान।

(5)

सुना रहे क्या बीन? यहाँ छिड़ता है मारू-राग।
यहाँ धधकती है पल में ही सर्वनाश की आग।

कि जिसकी ज्वालाओं के बीच
बनेंगे शक्ति-शृंग भी क्षार।
उठेंगी लपटें लाल-कराल,

धधक कर धू-धू नभ की ओर।
और उस उथल-पुथल के बीच
वधिक का होगा सत्यानाश।
पढ़ेगा घृणा-सहित यह विश्व।
तुम्हारे पापों का इतिहास।
जलेंगे रुधिर-अस्थि पर्यन्त
तुम्हारे हाथ, वधिक के हाथ;
खून से रँगे हुए ये हाथ।

और जलेगा अरे, पाप का हरा-भरा यह बाग़।
यहाँ धधकती है पल में ही सर्वनाश की आग।

(प्रण-भंग तथा अन्य कविताएँ, 1929)

कवि से

(1)

नन्दन-निकुंज में तो ज्वाल जलती है आज,
कैसे दे रहे हो श्रेय कंज-कमलेश को?
मूल-क्षय होता जा रहा है तरु का सदैव,
सींच-सींच पाओगे क्या शाखा पत्र-देश को?
शेष न शरीर में है रक्त-मांस का भी लेश,
सुन्दर बनाते हो क्या खाक निज वेश को?
काव्य का सँवार लेना सुभग स्वतंत्रता में,
आओ, आज मिल कर सँभाल लें स्वदेश को?

(2)

कटते कलेजे तेरे कमल-सरीखे यदि
कुंज-बीच कोकिला वियोग-गान गाती है।
देख-देख निर्ममता शशि की चकोर प्रति
आँख से तुम्हारी अश्रुधार चल जाती है।

मालिक मरोड़ती है नव्य कलियों की डाल,
कलिका कलेजे की तुम्हारी मली जाती है।
परतंत्रता की ज्वाल-बीच जलती है अम्ब,
देख-देख होती छिन्न-भिन्न क्यों न छाती है?

(प्रण-भंग तथा अन्य कविताएँ, 1929)

प्रण-भंग

त्राहि-त्राहि कर त्रस्त जग, तजे प्राण की आश।
छोड़ सखे! इस सृष्टि का कर दूँ सत्यानाश।

(1)

त्राहि-त्राहि करता अधीर हो कँपेगा विश्व,
रण में प्रलै का ऐसा चक्र मैं चलाऊँगा।
गाड़ूँगा उखाड़ तीन-लोक सिंधु-तल बीच,
सिंह-सा दहाड़ शत्रु-सैन्य दहलाऊँगा।
भीषणता भीष्म की भुलाऊँगा प्रचण्ड हो के,
सृष्टि को मिटा के आज मन बहलाऊँगा।
छोड़ूँगा कहाना बन्धु! विपिनविहारी आज,
विप्लवविहारी विश्व-बीच कहलाऊँगा।

(2)

बन के सहस्र-नेत्र देख ध्वंसकारी खेल,
विधि की विडम्बना में आग लग जाने दे।
साथ न सुदर्शन, परन्तु रथ-चक्र से ही
शत्रुओं के बीच ध्वंस-भ्रंश मच जाने दे।
अतुल, अखंड व्योम से हो खंड-खंड आज
सविता-शशी को बन धूल झड़ जाने दे।
गाने दे प्रलै का गान, छाने दे विजै का छत्र
अर्जुन! मुझे तू सत्यानाश तो मचाने दे।

(प्रण-भंग तथा अन्य कविताएँ, 1929)

आत्महत्या के प्रति

यंत्रणाओं का पी मकरन्द
बनूँ मैं विपद-विपिन का फूल।
बनी मालिनि आना हे देवि,
चयन करना, मत जाना भूल।

शेष हो जिसका अन्तर-स्नेह
बनूँ मैं उस प्रदीप की कांति,
हवा अंचल से कर हे देवि,
बुझा जाना देने को शान्ति।

शक्ति के तार न जिसमें बचें।
बनूँ मैं उस वीणा की तान।
सभी तारों को तोड़-मरोड़
बन्द कर देना जीवन-गान।

कहीं दूँ अन्यायी का साथ
स्वार्थवश धर्मवृत्ति कर भंग,
नींद ऐसी बन आना देवि,
सुलाना मृत्यु-बधू के संग।

समय पर दे न सकूँ यदि सीस,
जननि का करने को उद्धार।
न देना तन पर रहने इसे,
देवि! मानूँगा मैं उपकार।

(प्रण-भंग तथा अन्य कविताएँ, 1929)

बागी

निर्मम नाता तोड़ जगत् का अमरपुरी की ओर चले,
बन्धन-मुक्ति न हुई, जननि की गोद मधुरतम छोड़ चले।
जलता नन्दन-वन पुकारता, 'मधुप! कहाँ मुँह मोड़ चले?'

बिलख रही यशुदा, 'माधव! क्यों मुरली मंजु मरोड़ चले?'
उबल रहे सब सखा, नाश की उद्धत एक हिलोर चले;
पछताते हैं वधिक, 'पाप का घड़ा हमारा फोड़ चले।'
माँ रोती, बहनें कराहतीं, घर-घर व्याकुलता जागी,
उपल-सरीखे पिघल-पिघल तुम किधर चले मेरे बागी?*

(रेणुका, परवर्ती संस्करण, 1929)

ताण्डव

(1)

क्षितिज के छोर पर ऊधम अखण्ड देख
हो सभीत धीरता दिशाएँ आज खोती हैं।
सुन डमरू का ध्वंसनाद डोलती है धरा,
निरख त्रिशूल-तेज रवि-रश्मि रोती है।
विकट फणी की फुफकार से प्रलै की आँधी
निकल के साज सर्वनाश का सँजोती है।
प्रलै-घड़ी है घोर, ताण्डव के मिस आज
विप्लव-विहारी से विनष्ट सृष्टि होती है।

(2)

उड़ते उदग्र हो के सर्पिणी-जटा के जूट,
परम प्रचण्डता में गंगा की हिलोर है।
लोहित-ललाट बीच अग्निशिखा राजती है,
खोज रहा छिपने की राह चन्द्र-चोर है।
डुल के डुलाती सृष्टि चण्ड नर-मुण्ड-माल,
गूँजता धरा पै रुद्र-श्रृंगी रव-रोर है।
छायी अंग-अंग में उमंग भंग की है भूरि,
करता अघोर ध्वंसमूर्त्ति नृत्य घोर है।

(प्रण-भंग तथा अन्य कविताएँ, अनुमानतः 1929)

---

* बोरस्टल जेल के शहीद यतीन्द्रनाथ दास की मृत्यु पर।

वीर

(1)

ममता प्रिया की, मोह सुत का न भाता उन्हें
दीन-दलितों से नाता नेह का लगाते हैं।
जाति की नसों में ताज़ा रक्त भरने को वीर
चीर के कलेजा रक्त अपना बहाते हैं।
सेवा की सुगंध-भरी जीवन-कली की भव्य
जन्म-भूमि वेदिका पे भक्ति-भेंट लाते हैं।
शत्रु को सुला के खोजते हैं फिर सीस निज,
प्रण को बचाते, पीछे प्राण को बचाते हैं।

(2)

रुण्ड रिपुओं का ले के रण-कुंड पाटते हैं
मुण्ड की पताका काट-काट फहराते हैं।
ज्वाला की प्रचण्ड लाल लपट-सरीखे वीर
दौड़-दौड़ शत्रुओं की शक्ति चाट जाते हैं।
सिंह-से दहाड़ते हैं रण-भूमि में प्रमत्त,
लाल-लाल आँखों से अंगार बरसाते हैं।
शोणित-समुद्र में रँगाते चीर माँ की चारु,
नभ से उतार इन्दु आरती सजाते हैं।

(3)

सेज सुमनों की छोड़ काँटों पै बढ़ाते पैर,
माता की फकीरी में महान मोद पाते हैं।
सेवा की सुगंध से प्रमत्त करते हैं मन,
घूम-घूम जनता में अलख जगाते हैं।
शलभ-सरीखे होम-कुंड में चढ़ाते शीश,
वैरियों में भीरुता के भाव उपजाते हैं।
सुमन खिलाने को स्वतन्त्रता का, शोणित से
वीरवर विप्लव की वेलि पनपाते हैं।

(प्रण-भंग तथा अन्य कविताएँ, अनुमानः 1929)

आकाशवाणी

आऊँगी प्रलय के बाद, नूतन रचूँगी सृष्टि,
गर्त में गिरे जो, उन्हें ऊपर उठाऊँगी।
कोमल करों से शक्ति-श्रृंग को करूँगी क्षार,
खुल के खलों के खड्ग कुण्ठित बनाऊँगी।

पल में पाताल पैठ लाऊँगी सुधा की राशि,
'मदन', 'करीम'-जैसे लाल को जिलाऊँगी।
प्राची में उगाऊँगी मैं परम प्रदीप्त भानु,
सोते से स्वतन्त्रता को शीघ्र ही जगाऊँगी।

(प्रण-भंग तथा अन्य कविताएँ, अनुमानतः 1929)

होलिका-प्रबोध

परम प्रमत्त गर्व-गिरी को कँपा दे आज,
क्रान्ति-सी मचा दे कालिका-सी कर कायँ-कायँ।
ध्वंस में मिला दे आँधी बन कंस-कोट केतु
कर के प्रचण्ड रोर साँपिनी-सी सायँ-सायँ।

आहुति चढ़ा दे होम-कुण्ड में खलों की खूब
ऐ री भीषिके! तू डाक डाकिनी-सी डायँ-डायँ।
प्रलै बुला दे घोर ज्वाला की जगा के जीभ,
होलिके! मचा दे नृत्य धू-धू-धक-धायँ-धायँ।

(प्रण-भंग तथा अन्य कविताएँ, अनुमानतः 1929)

अनुचित होली

मची मुहर्रम घर में जिसके,
यह उसकी होली कैसी?

श्याम नहीं हैं, फिर ब्रज-बालाओं
की रँग-रोली कैसी?

सारा सुख-सामान हमारा
मिट कर अब अभिलाष हुआ।
दूर-दूर ॠतुपति! तेरा
नन्दन वन जल कर खाक हुआ।

रंग छिड़क क्या इन्द्रपुरी
की ललनाएँ मन मोह रहीं;
आओं, मदन, करीम,
जालियाँ तेरी ही पथ जोह रहीं।

(प्रण-भंग तथा अन्य कविताएँ, अनुमानतः 1929)

धधक होलिके!

धधक, धधक वीरों की तीखी
तलवारों की धारों में।
धधक, धरित्री की छाती पर
धौंसों की धुधकारों में।

उथल-पुथल करने वाली
घनघोर प्रलय-हुंकारों में।
धधक, क्रुद्ध, कर्कश भुजंग-
से वीरों की फुंकारों में।

ओजस्वी बलि की उमंग से
भरे हुए उद्गारों में।
धधक, पुत्र के वधकारी—
माता के दिव्य दुलारों में।

पाप-पात्र भरने वाली बहती
शोणित की धारों में।
धधक, अमर मर कर होने
वाले संदीप्त विचारों में।

खिलने के पहिले मुरझाने
वाले कुसुम-कुमारों में।
धधक, जलियाँबाग़-बीच–
उन बीती हुई बहारों में।

दलित अछूतों की आँखों
में दहक रहे अंगारों में।
धधक, गरीबिन विधवाओं की
आहों, हाहाकारों में।

अर्जुन के उस अग्निबाण में
दादा की ललकारों में।
धधक, चक्रधर क्रोधित केशव
की प्रचण्ड हुंकारों में।

मैक्स्विनियों के अग्नि-भाव,
मेजिनियों के इज़हारों में।
धधक, 'लाजपत' के जीवन–
सागर के अन्तिम ज्वारों में।*

(प्रण-भंग तथा अन्य कविताएँ, अनुमानतः 1929-30)

---

* मैक्स्विनी आयरलैंड के क्रान्तिकारी नेता थे, जिन्होंने पचहत्तर दिनों तक अंग्रेजों की जेल में अनशन करके शहादत पायी। मेजिनी इटली के देशभक्त चिन्तक थे। लाला लाजपत राय ने साइमन कमीशन का बहिष्कार करते हुए सीने पर लाठी खायी और उसी से उनका देहान्त हुआ।

त्यागमूर्ति

अरमान यही, आज़ाद हिन्द की
नींव तले सो जाऊँ मैं;
विस्मृति ले मुझको लील,
किसी को याद नहीं फिर आऊँ मैं।

मैं स्वतन्त्रता का बलिदानी,
मेरी बलि का क्या पुरस्कार?
है खींच रही पल-पल आगे
आशा की यह केवल पुकार।

मैं मिटूँ कि भारत जिये,
भविष्यत् में जीवन का नाद उठे।
मेरी हड्डी पर स्वतन्त्रता का
कभी राजप्रासाद उठे।*

(प्रण-भंग तथा अन्य कविताएँ, अनुमानतः 1929-30)

अब

[अवसर : महात्मा गाँधी की दांडी-यात्रा]

पाप-पात्र भर चला, लगे
घनघोर प्रलय-घन घिरने।
राजहंस दल बाँध-बाँध
अब चले वधिक से भिड़ने।

खुला द्वार माँ के मन्दिर का,
बँटती रण-रौली है।

---

* न्यायमूर्त्ति पंडित मोतीलाल नेहरू के एक उद्‌गार का छन्दोबद्ध रूप।

कफन बाँध बढ़ने वालों की
कहाँ आज टोली है?

रणभेरी बज चुकी,
कौन बलि के हित ललचाते हैं?
बाट जोहती माँ
देखें, कितने' यतीन* आते हैं?

(प्रण-भंग तथा अन्य कविताएँ, 1930)

महात्मा गांधी

[अवसर : सन् 1930 का नमक-सत्याग्रह]

जग की इस घोर अमा में
फैली कैसी उजियाली?
किन किरणों की आभा से
झिलमिला उठी अँधियाली?

किसका इंगित पा जगती
शैशव की ओर चली है?
मुरझाते विश्व-कुसुम को
फिर करता कौन कली है?

नव-जीवन फूँक रहा है
जग के आकुल प्राणों में,
यह जादू छिपा हुआ है
किस गायक के गानों में?

वंशी की मीठी ध्वनि पर
विषधर-फण नत होते हैं।

---

* यतीन्द्रनाथ दास ने बोरस्टल जेल में 61 दिनों तक अनशन करके वीर-गति पायी थी।

कढ़ते न म्यान से असि है,
असहाय वीर रोते हैं।

यह विस्मय बड़ा प्रबल है,
बल को बलहीन रिझाते।
मरने वाले हँसते हैं,
आँसू हैं वधिक बहाते।

असि पर गरदन धरने को
घर-घर से शिशु कढ़ते हैं।
भिड़ने को निठुर वधिक से
अब राजहंस बढ़ते हैं।

यह विश्व-प्रेम का गायन
किस 'ईसा' ने गाया है?
भारत में फैल रही फिर
किस 'गौतम' की माया है?

हँसता 'प्रह्लाद' अनल में
ज़ुल्मी की लख नाराज़ी।
कोई 'दधीचि' धरता है
अपने प्राणों की बाज़ी।

जीवन की चिता बनाकर
सुलगाकर भीषण ज्वाला।
जग के इस घोर तिमिर में
करता यह कौन उजाला?

यह कौन नाश के पथ से
इस जग को खींच रहा है?
मानवता के पौधे को
श्रमकण से सींच रहा है?

गूँजती विश्व में तेरी
ऋषि, शान्तिमयी हुंकारें।
कुंठित पड़ती जाती हैं
तीखी असियों की धारें।

मानवता मुक्ति रुधिर की
लथपथ से चाह रही है।
ऋषिराज, विकल जगती यह
तक तेरी राह रही है।

जग के इस धूमिल नभ पर
शिशु-रवि का पुनः उदय हो।
मानवता युग-युग गावे–
"ऋषिराज! तुम्हारी जय हो।"

(प्रण-भंग तथा अन्य कविताएँ, 1930)

तलवार की धार पर

[अवसर : जब नमक-सत्याग्रह पूरे उरूज़ पर था।]

पराधीनता की आकुलता की
है यह कैसी पीड़ा?
ज़रा बता दो, कैसी है
यह आत्म-प्रलय की क्रीड़ा?

अनाचार पर न्याय-नीति का
यह कैसा बलिदान?
कैसी यह धीरता धरा की,
नभ का मौन महान?

बेदरदी से गरदन पर
छुरियों का आना-जाना,
कैसा यह खिलने से पहिले,
कलियों का मुरझाना?

माँ के मधुर अंक में ओढ़े
अंचल नील, असीम।
कैसे हैं सो रहे आज ये
अगणित 'मदन-करीम'?*

(प्रण-भंग तथा अन्य कविताएँ, 1930)

पिंजड़े का तोता

मरुथल पार वीर विश्वंभर
की विभूति में लीन हुआ।
वधिक देखता रहा, अहा,
वह विहग-बाल उड्डीन हुआ।

मोम-दीप का पिघल-पिघल
मिटने का ढंग नवीन हुआ।
माँ, क्या कहूँ? तुम्हारा तोता
पिंजड़े में स्वाधीन हुआ।**

(प्रण-भंग तथा अन्य कविताएँ, 1930)

---

* मदन हिन्दू था, करीम मुसलमान था। ये दोनों बच्चे जलियाँ बाग के गोलीकांड में साथ-साथ मरे थे। मदन और करीम उस समय हिन्दू और मुस्लिम-एकता के प्रतीक बन गए थे।

** श्री रामचरित्र शर्मा मेरे परम प्रिय मित्र थे। नमक-सत्याग्रह के सिलसिले में उन्हें सन् 1930 ई. में छह महीनों की सजा हुई थी। वे भागलपुर की केन्द्रीय जेल में थे। वहीं उनका देहान्त हो गया।

शोक-काव्य

(1)

कविते! तेरी विभवपुरी में एक बार फिर आज,
सहस-स्रोत बन फूट रहे हैं रुदन गान के व्याज।
आज फिर उमड़ा सिंधु अशान्त,
उगा उस संस्मृति का राकेश।
वेदना के निर्मम आघात
बनाते जाते हृदय अशान्त।
हमारी हृत्तंत्री से आज
निकलती है व्याकुल झंकार।
बार-बार पलकों में सजता पावस का सामान।
आहों के मिस उमड़-उमड़ कर उड़ते मेरे गान।

(2)

उठती वय थी, और सामने था सारा संसार।
उस अबोध ने मृत्यु, बढ़ाया था कब तुम से प्यार?
कि जिस से उन हाथों से हाय,
छुड़ाया प्रेम-सूत्र का छोड़।
दिखा अपनी माया का जाल
उसे खींचा विरक्ति की ओर।
कुसुम-कुल का यह विभव-विलास
भुला भी सका न अलि का ध्यान।
मधुर यौवन का पहिला राग
बना जीवन का अन्तिम गान।
'आओ' सुनते ही 'बन्दे' कह लौट चला मेहमान।
अरे, छिपा संध्या के अंचल में वह स्वर्ण-विहान।

(3)

कहाँ आज वह प्रेम-पूर्ण उर का मधुमय उच्छ्वास?
जीवन की शय्या पर यौवन का वह हास-विलास?

आज सुख की घड़ियाँ वे कहाँ?
बाल-सहचर का वह आनन्द?
सखे! जीवन-गायन की मधुर
कहाँ हैं वे कड़ियाँ, वे छन्द!
जवानी का अल्हड़पन कहाँ?
कहाँ तेरा तन पुलक-विभोर?
बंधु! इस उपवन को कर शून्य?
चले किस नन्दन-वन की ओर?

अरे, अचानक किस पतझड़ में छिपा वसन्त-विकास?
मुरझ गया किस अंचल में यौवन का हास-विलास?

(4)

भरी प्रेम-मकरन्द नवेली कलिका-सी सुकुमार
प्रिया छोड़ कर चले कहाँ पाने को किस का प्यार?
कुसुम का कुटिल शूल के साथ
आज कैसा विनिमय नूतन?
रूप का यह कैसा अपमान?
आज कैसा यह परिवर्तन?
मधुर जीवन का कैसा आज
लक्ष्य की वेदी पर बलिदान?
हृदय की निष्ठा कितनी कड़ी
कर्म का यह कैसा आह्वान?
सर्वनाश में सखे! मिला क्या तुम्हें सृजन का प्यार?
और प्रलय में ही हँसता था क्या जीवन का सार?

(5)

जीवन की निद्रा से जग तुम गये बन्ध के पार।
सखे! गूँजता है उस जग में क्या यह हाहाकार?
यहाँ रोते हैं तेरे 'नन्द'
छिनी जिनकी आँखों की ज्योति।
बिलखती 'यशुदा' व्यग्र, अधीर,

अंक का जिसका छिना दुलार।
सिसक कर रोते सारे सखा,
गया लुट जिनका संचित प्यार।
रोती है 'राधिका' माँग को देख-देख सुनसान।
विरही कवि लिखता रो-रो कर आँसू का आख्यान।

(6)

प्रेम-पत्र पर मसि बन बहता था जिस से आनन्द,
उसी लेखनी से लिखता हूँ आज शोक के छन्द।
हाय रे, परिवर्तन विकराल,
किये थे मैंने कैसे पाप?
निठुर विधि का यह कैसा न्याय?
नियति का यह कैसा अभिशाप?
भाग्य का कैसा तीखा व्यंग्य?
काल का यह कैसा उपहास?
चले गये तुम, किन्तु, अचल हैं अब भी मेरे प्राण।
न तो धरा फटती, न टूटता नभ का मौन महान।*

(प्रण-भंग तथा अन्य कविताएँ, 1930)

मगध की ओर से

गगन गा रहा धीमे स्वर से
मेरी जिस गरिमा का गान,
सुन-सुन जिसे विकल हो उठते
क्षण-क्षण देवसरित के प्राण;

उस अतीत गौरव से मेरा
कौन स्वरूप सँवारेगा?
विजय-वर्त्तिका जला
आरती मेरी कौन उतारेगा?

---

* मित्रवर रामचरित्र शर्मा (बीहट) की मृत्यु पर रचित।

अब जागृति के स्वर्ण-काल में
मेरा अमर स्वर्ण-संदेश
किस 'अशोक' की पृथुल बाँह चढ़
प्रसरित होगा देश-विदेश?

चढ़ आवे यदि आज देश पर
फिर कोई अत्याचारी,
गरज उठेगा कौन—अभी
जीवित है मगध-शक्ति सारी?

'सैल्यूकस' है खड़ा, विजय दिन
कहो, कौन लायेंगे?
मेरी गोद-बीच फिर से
कब चंद्रगुप्त आयेंगे?

(प्रण-भंग तथा अन्य कविताएँ, 1930)

विनय

सदय-हृदय माँ, एक विनय।

जन्म-जन्म तेरी पावन-
पद-रज का मिले पुनीत प्रणय।
किया करूँ तव गोद-बीच
अभिनय ललाम हो सदा अभय।

देना बलि-भावना और
सेवा-सौरभी से पूर्ण हृदय;
जो कर दे सर्वस्व निछावर
होता तुझ पर देख अनय।

सदय-हृदय माँ, एक विनय।

(प्रण-भंग तथा अन्य कविताएँ, अनुमानतः 1930)

पाटलिपुत्र की गंगा से

सन्ध्या की इस मलिन सेज पर
गंगे! किस विषाद के संग,
सिसक-सिसक कर सुला रही तू
अपने मन की मृदुल उमंग?

उमड़ रही आकुल अन्तर में,
कैसी यह वेदना अथाह?
किस पीड़ा के गहन भार से
निश्चल-सा पड़ गया प्रवाह?

मानस के इस मौन मुकुल में
सजनि! कौन-सी व्यथा अपार
बनकर गन्ध अनिल में मिल
जाने को खोज रही लघु द्वार?

चल अतीत की रंगभूमि में
स्मृति-पंखों पर चढ़ अनजान,
विकल-चित्त सुनती तू अपने
चन्द्रगुप्त का क्या जय-गान?

घूम रहा पलकों के भीतर
स्वप्नों-सा गत विभव विराट्?
आता है क्या याद मगध का
सुरसरि! वह अशोक सम्राट्?

संन्यासिनी-समान विजन में
कर-कर गत विभूति का ध्यान,
व्यथित कंठ से गाती है क्या
गुप्त-वंश का गरिमा-गान?

गूँज रहे तेरे इस तट पर
गंगे! गौतम के उपदेश,
ध्वनित हो रहे इन लहरों में
देवि! अहिंसा के सन्देश।

उसी सत्य के गीत कुहक
गाती कोयल डाली-डाली,
वही स्वर्ण-सन्देश नित्य
बन आता ऊषा की लाली।

तुझे याद है चढ़े पदों पर
कितने जय-सुमनों के हार?
कितनी बार समुद्रगुप्त ने
धोयी है तुझमें तलवार?

तेरे तीरों पर दिग्विजयी
नृप के कितने उड़े निशान?
कितने चक्रवर्त्तियों ने हैं
किये कूल पर अवभृथ-स्नान?

विजयी चन्द्रगुप्त के पद पर
सैल्यूकस की वह मनुहार,
तुझे याद है देवि! मगध का
वह विराट् उज्ज्वल शृंगार?

जगती पर छाया करती थी
कभी हमारी भुजा विशाल,
बार-बार झुकते थे पद पर
ग्रीक-यवन के उन्नत भाल।

उस अतीत गौरव की गाथा
छिपी इन्हीं उपकूलों में,

कीर्त्ति-सुरभि वह गमक रही
अब भी तेरे वन-फूलों में।

नियति-नटी ने खेल-कूद में
किया नष्ट सारा शृंगार,
खँडहर की धूलों में सोया
अपना स्वर्णोदय साकार।

तू ने सुख-सुहाग देखा है,
उदय और फिर अस्त, सखी!
देख, आज निज युवराजों को
भिक्षाटन में व्यस्त सखी!

एक-एक कर गिरे मुकुट,
विकसित वन भस्मीभूत हुआ,
तेरे सम्मुख महासिन्धु
सूखा, सैकत उद्भूत हुआ।

धधक उठा तेरे मरघट में
जिस दिन सोने का संसार,
एक-एक कर लगा दहकने
मगध-सुन्दरी का शृंगार,

जिस दिन जली चिता गौरव की,
जय-भेरी जब मूक हुई,
जमकर पत्थर हुई न क्यों,
यदि टूट नहीं दो-टूक हुई?

मन्द-मन्द बज रही मन्द्र ध्वनि
मिट्टी में नक्कारों की,
गूँज रही झन-झन धूलों में
मौर्यों की तलवारों की।

दायें पार्श्व पड़ा सोता
मिट्टी में मगध शक्तिशाली,
वीर लिच्छवी की विधवा
बायें रोती है वैशाली।

तू निज मानस-ग्रन्थ खोल
दोनों की गरिमा गाती है,
वीचि-दृगों से हेर-हेर
सिर धुन-धुन कर रह जाती है।

देवि! दुखद है वर्तमान की
यह असीम पीड़ा सहना।
नहीं सुखद संस्मृति में भी
उज्ज्वल अतीत की रत रहना।

अस्तु, आज गोधूलि-लग्न में
गंगे! मन्द-मन्द बहना,
गाँवों, नगरों के समीप चल
कलकल स्वर से यह कहना,

"खँडहर में सोयी लक्ष्मी का
फिर कब रूप सजाओगे?
भग्न देव-मन्दिर में कब
पूजा का शंख बजाओगे?"

(रेणुका, 1931)

कस्मै देवाय?

रच फूलों के गीत मनोहर,
चित्रित कर लहरों के कम्पन,
कविते! तेरी विभव-पुरी में
स्वर्गिक स्वप्न बना कवि-जीवन।

छाया सत्य चित्र बन उतरी,
मिला शून्य को रूप सनातन,
कवि-मानस का स्वप्न भूमि पर
बन आया सुरतरु-मधु-कानन।

भावुक मन था, रोक न पाया,
सज आये पलकों में सावन,
नालन्दा-वैशाली के
ढूहों पर बरसे पुतली के घन।

दिल्ली की गौरव-समाधि पर
आँखों ने आँसू बरसाये,
सिकता में सोये अतीत के
ज्योति-वीर स्मृति में उग आये।

बार-बार रोती रावी की
लहरों से निज कंठ मिलाकर,
देवि! तुझे, सच, रुला चुका हूँ
सूने में आँसू बरसा कर।

मिथिला में पाया न कहीं, तब
ढूँढा बोधि-वृक्ष के नीचे,
गौतम का पाया न पता,
गंगा की लहरों ने दृग मीचे।

मैं निज प्रियदर्शन अतीत का
खोज रहा सब ओर नमूना,
सच है या मेरे दृग का भ्रम?
लगता विश्व मुझे यह सूना।

छीन-छीन जल-थल की थाती
संस्कृति ने निज रूप सजाया,

विस्मय है, तो भी न शान्ति का
दर्शन एक पलक को पाया।

जीवन का यति-साम्य नहीं क्यों
फूट सका अब तक तारों से?
तृप्ति न क्यों जगती में आयी
अब तक भी आविष्कारों से?

जो मंगल-उपकरण कहाते,
वे मनुजों के पाप हुए क्यों?
विस्मय है, विज्ञान बिचारे
के वर ही अभिशाप हुए क्यों?

धरणी चीख कराह रही है
दुर्वह शस्त्रों के भारों से,
सभ्य जगत् को तृप्ति नहीं
अब भी युगव्यापी संहारों से।

गूँज रहीं संस्कृति-मंडप में
भीषण फणियों की फुफकारें,
गढ़ते ही भाई जाते हैं
भाई के वध-हित तलवारें।

शुभ्र वसन वाणिज्य-न्याय का
आज रुधिर से लाल हुआ है,
किरिच-नोंक पर अवलम्बित
व्यापार, जगत् बेहाल हुआ है।

सिर धुन-धुन सभ्यता-सुन्दरी
रोती है बेबस निज रथ में,
"हाय! दनुज किस ओर मुझे ले
खींच रहे शोणित के पथ में?"

दिक्-दिक् में शस्त्रों की झनझन,
धन-पिशाच का भैरव-नर्त्तन,
दिशा-दिशा में कलुष-नीति,
हत्या, तृष्णा, पातक-आवर्त्तन।

दलित हुए निर्बल सबलों से,
मिटे राष्ट्र, उजड़े दरिद्र जन,
आह! सभ्यता आज कर रही
असहायों का शोणित-शोषण।

क्रान्ति-धात्रि कविते! जागे, उठ,
आडम्बर में आग लगा दे,
पतन, पाप, पाखंड जलें,
जग में ऐसी ज्वाला सुलगा दे।

विद्युत् की इस चकाचौंध में
देख, दीप की लौ रोती है।
अरी, हृदय को थाम, महल के
लिए झोंपड़ी बलि होती है।

देख, कलेजा फाड़ कृषक
दे रहे हृदय-शोणित की धारें;
बनती ही उनपर जाती हैं
वैभव की ऊँची दीवारें।

धन-पिशाच के कृषक-मेध में
नाच रही पशुता मतवाली,
आगन्तुक पीते जाते हैं
दीनों के शोणित की प्याली।

उठ भूषण की भाव-रंगिणी!
लेनिन के दिल की चिनगारी!

युग-मर्दित यौवन की ज्वाला!
जाग-जाग, री क्रान्ति-कुमारी!

लाखों क्रौंच कराह रहे हैं,
जाग, आदि कवि की कल्याणी!
फूट-फूट तू कवि-कंठों से
बन व्यापक निज युग की वाणी।

बरस ज्योति बन गहन तिमिर में,
फूट मूक की बनकर भाषा,
चमक अन्ध की प्रखर दृष्टि बन,
उमड़ गरीबी की बन आशा।

गँज, शान्ति की सुखद साँस-सी
कलुष-पूर्ण युग-कोलाहल में,
बरस, सुधामय कनक-वृष्टि-सी
ताप-तप्त जग के मरुथल में।

खींच मधुर स्वर्गीय गीत से
जगती को जड़ता से ऊपर,
सुख की सरस कल्पना-सी तू
छा जाये कण-कण में भू पर।

क्या होगा, अनुचर न वाष्प हो,
पड़े न विद्युत्-दीप जलाना;
मैं न अहित मानूँगा, चाहे
मुझे न नभ के पन्थ चलाना।

तमसा के अति भव्य पुलिन पर,
चित्रकूट के छाया-तरु तर,
कहीं तपोवन के कुंजों में
देना पर्णकुटी का ही घर।

जहाँ तृणों में तू हँसती हो,
बहती हो सरि में इठलाकर,
पर्व मनाती हो तरु-तरु पर
तू विहंग-स्वर में गा-गाकर।

कन्द, मूल, नीवार भोगकर,
सुलभ इंगुदी-तैल जलाकर,
जन-समाज सन्तुष्ट रहे
हिल-मिल आपस में प्रेम बढ़ाकर।

धर्म-भिन्नता हो न, सभी जन
शैल-तटी में हिल-मिल आयें;
ऊषा के स्वर्णिम प्रकाश में
भावुक भक्ति-मुग्ध-मन गायें,

"हिरण्यगर्भः समवर्त्तताग्रे
भूतस्य जातः पतिरेक आसीत्,
स दाधार पृथिवीं द्यामुतेमाम्
कस्मै देवाय हविषा विधेम?"

(रेणुका, 1931)

विधवा

जीवन के शुचि शून्य सदन में
जलता है यौवन-प्रदीप; हँसता तारा एकान्त गगन में।
जीवन के शुचि शून्य सदन में।

पल्लव रहा शुष्क तरु पर हिल,
मरु में फूल चमकता झिलमिल,
ऊषा की मुस्कान नहीं, यह सन्ध्या बिहँस रही उपवन में।
जीवन के शुचि शून्य सदन में।

उजड़े घर, निर्जन खँडहर में
कंचन-थाल लिये निज कर में
रूप-आरती सजा खड़ी किस सुन्दर के स्वागत-चिन्तन में?
जीवन के शुचि शून्य सदन में।

सूखी-सी सरिता के तट पर
देवि! खड़ी सूने पनघट पर
अपने प्रिय-दर्शन अतीत की कविता बाँच रही हो मन में?
जीवन के शुचि शून्य सदन में।

नव यौवन की चिता बनाकर,
आशा-कलियों को स्वाहा कर
भग्न मनोरथ की समाधि पर तपस्विनी बैठी निर्जन में।
जीवन के शुचि शून्य सदन में।

(रेणुका, 1931)

शहीदों के नाम पर

[नमक-सत्याग्रह के समय रचित। भगतसिंह फांसी चढ़ चुके थे।]

'जय हो' झिलमिल बुझी आरती,
कहाँ पहुँच सत्कार करें?
किस ललाट में करें तिलक?
किस ग्रीवा में जय-हार धरें?

अभी-अभी तो हरे, जुड़े थे
पूजा के सामान यहाँ।
कफन बाँध चल पड़े हमारे
घर को कर सुनसान कहाँ?

रोकें किन्हें? किन्हें जाने दें?
सभी ओर है नाराजी।

गिनो जरा, कितने आये हैं
धरने प्राणों की बाजी।

यह शोखी! माता रोती औ',
मचल गोद को छोड़ चले?
लो ये चढ़े चिता के रथ पर,
वे कब्रों की ओर चले।

वीर बंधु! जा, लेकिन तेरा
जाना हम को याद रहे।
तू न रहे, तेरी यादों से
जमीं यहाँ आबाद रहे।

समरक्षेत्र में ज्यों तूने
रक्खी माँ के मुख की लाली।
त्यों कब्रों में भी स्वदेश-
गौरव की करना रखवाली।

भूलेंगे क्या? तुम्हें भूलना
क्या कम दुखदायी होगा?
माँ के अंचल पर इस खूँ का
दाग़ चिरस्थायी होगा।

चिता-चिता पर कब्र-कब्र पर
मन्दिर रुचिर बनायेंगे।
बोरस्टल, जलियानबाग़
काकोरी में 'जय' गायेंगे।

गूँजेंगी रावी की लहरों
में 'लाला' की हुंकारें।
युग-युग सतलज-बीच बहेंगी
बेगुनाह खूँ की धारें।

आज न तो कल इसी खून से
सुकवि लिखेगा समुद, सहास।
पाप-कथा शासक की, अपना
पावन स्वतन्त्रता-इतिहास।

(प्रण-भंग तथा अन्य कविताएँ, 1931)

अवलम्ब

अस्त्र-शस्त्र है, सेनापति हैं,
हैं रण के सब साज सही।
चन्द्रगुप्त के साथ किन्तु,
चाणक्य दीखते आज नहीं।

"रिपु तो है दुर्योधन, मातुल
का हम क्यों अपमान करें।"
द्यूत खेलते हैं पाण्डव,
भगवान हाय, कल्याण करें।

हे हरि! होना साथ, शूल
मग के सारे जँचते जावें।
वधिकों के इस स्वर्ण-जाल से
राजहंस बचते जावें।

जीर्ण तरी है, चटुल धार है,
उमड़ रही भीषण आँधी।
हो अधीर मत जननि! लिये
पतवार खड़े तेरे गाँधी।*

(प्रश्न-भंग तथा अन्य कविताएँ, 1931)

---

* मोतीलाल जी मर चुके थे। द्वितीय राउंडटेबल कान्फरेंस में ले जाने के लिए जयकर और सप्रू गांधी जी को समझा-बुझा रहे थे। ठीक उसी समय यह कविता लिखी गई थी।

मूक बलिदान

[भगतसिंह की मृत्यु के बाद]

कितने वीर चढ़ा चुपके-से
प्राणों के उपहार चले।
सूने में सौरभ बिखेर कर
कितने कुसुम-कुमार चले।
एक 'भगत' के विरह-दाह में
रोते हैं हम हतभागे।
कौन कहे, चुपके, से कितने
'भगत' छोड़ संसार चले?

(प्रण-भंग तथा अन्य कविताएँ, 1931)

मनुष्य

कैसी रचना! कैसा विधान!
हम निखिल सृष्टि के रत्न-मुकुट,
हम चित्रकार के रुचिर चित्र,
विधि के सुन्दरतम स्वप्न, कला
की चरम सृष्टि, भावुक, पवित्र।

हम कोमल, कान्त प्रकृति-कुमार,
हम मानव, हम शोभा-निधान,
जानें किस्मत में लिखा हाय,
विधि ने क्यों दुख का उपाख्यान?
कैसी रचना! कैसा विधान!

कलियों को दी मुसकान मधुर,
कुसुमों को आजीवन सुहास,
नदियों को केवल इठलाना,
निर्झर को कम्पित स्वर-विलास।

वन-मृग को शैलतटी-विचरण,
खग-कुल को कूजन, मधुर तान,
सब हँसी-खुशी बँट गयी,
रुदन अपनी किस्मत में पड़ा आन।
कैसी रचना! कैसा विधान!

खग-मृग आनन्द-विहार करें,
तृण-तृण झूमें सुख में विभोर,
हम सुख-वंचित, चिन्तित, उदास
क्यों निशि-वासर श्रम करें घोर?

अविराम कार्य, नित चित्त-क्लान्ति,
चिन्ता का गुरु अभिराम भार,
दुर्वह मानवता हुई; कौन
कर सकता मुक्त हमें उदार?

चारों दिशि ज्वाला-सिन्धु घिरा,
धू-धू करतीं लपटें अपार,
बन्दी हम व्याकुल तड़प रहे
जानें किस प्रभुवर को पुकार?

मानवता की दुर्गति देखे,
कोई सुन ले यह आर्त्तनाद,
कोई कह दे, क्यों आन पड़ा
हम पर ही यह सारा विषाद?
उपचार कौन? रे! क्या निदान?
कैसी रचना! कैसा विधान!

(रेणुका, 1932)

तांडव

नाचो, हे नाचो, नटवर!
चन्द्रचूड़! त्रिनयन! गंगाधर! आदि-प्रलय! अवढर! शंकर!
नाचो, हे नाचो, नटवर!

आदि लास, अविगत, अनादि स्वन,
अमर नृत्य-गति, ताल चिरन्तन,
अंगभंगि, हुंकृति-झंकृति कर, थिरक-थिरक हे विश्वम्भर!
नाचो, हे नाचो, नटवर!

सुन शृंगी-निर्घोष पुरातन,
उठे सृष्टि-हृत् में नव-स्पन्दन,
विस्फारित लख काल-नेत्र फिर
काँपे त्रस्त अतनु मन-ही-मन।
स्वर-खरभर संसार, ध्वनित हो नगपति का कैलास-शिखर।
नाचो, हे नाचो, नटवर!

नचे तीव्र गति भूमि कील पर,
अट्टहास कर उठें धराधर,
उपटे अनल, फटे ज्वालामुख
गरजे उथल-पुथल कर सागर।
गिरे दुर्ग जड़ता का, ऐसा प्रलय बुला दो प्रलयंकर!
नाचो, हे नाचो, नटवर!

घहरें प्रलय-पयोद गगन में,
अन्ध-धूम हो व्याप्त भुवन में,
बरसे आग, बहे झंझानिल,
मचे त्राहि जग के आँगन में,
फटे अतल पाताल, धँसे जग, उछल-उछल कूदें भूधर।
नाचो, हे नाचो, नटवर!

प्रभु! तव पावन नील गगन-तल,
विदलित अमित निरीह-निबल-दल,
मिटे राष्ट्र, उजड़े दरिद्र-जन,
आह! सभ्यता आज कर रही
असहायों का शोणित-शोषण।
पूछो, साक्ष्य भरेंगे निश्चय, नभ के ग्रह-नक्षत्र-निकर!
नाचो, हे नाचो, नटवर!

नाचो, अग्निखंड भर स्वर में,
फूँक-फूँक ज्वाला अम्बर में,
अनिल-कोष, द्रुम-दल, जल-थल में,
अभय विश्व के उर-अन्तर में,

गिरे विभव का दर्प चूर्ण हो,
लगे आग इस आडम्बर में,
वैभव के उच्चाभिमान में,
अहंकार के उच्च शिखर में,
स्वामिन्, अन्धड़-आग बुला दो,
जले पाप जग का क्षण-भर में।

डिम-डिम डमरु बजा निज कर में,
नाचो, नयन तृतीय तरेरे!
ओर-छोर तक सृष्टि भस्म हो,
अर्चि-पुंज अम्बर को घेरे!
रच दो फिर से इसे विधाता, तुम शिव, सत्य और सुन्दर!
नाचो, हे नाचो, नटवर!

(रेणुका, 1933)

हिमालय के प्रति

मेरे नगपति! मेरे विशाल!

साकार, दिव्य, गौरव विराट्,
पौरुष के पुंजीभूत ज्वाल!
मेरी जननी के हिम-किरीट!
मेरे भारत के दिव्य भाल!
मेरे नगपति! मेरे विशाल!

युग-युग अजेय, निर्बन्ध, मुक्त,
युग-युग गर्वोन्नत, नित महान्,
निस्सीम व्योम में तान रहा
युग से किस महिमा का वितान?
कैसी अखंड यह चिर-समाधि?
यतिवर! कैसा यह अमर ध्यान?

तू महाशून्य में खोज रहा
किस जटिल समस्या का निदान?
उलझन का कैसा विषम जाल?
मेरे नगपति! मेरे विशाल!

ओ, मौन, तपस्या-लीन यती!
पल भर को तो कर दृगुन्मेष!
रे ज्वालाओं से दग्ध, विकल
है तड़प रहा पद पर स्वदेश।

सुखसिन्धु, पंचनद, ब्रह्मपुत्र,
गंगा, यमुना की अमिय-धार
जिस पुण्यभूमि की ओर बही
तेरी विगलित करुणा उदार,

जिसके द्वारों पर खड़ा क्रान्त
सीमापति! तू ने की पुकार,
'पद-दलित इसे करना पीछे
पहले ले मेरा सिर उतार।'

उस पुण्यभूमि पर आज तपी!
रे, आन पड़ा संकट कराल,
व्याकुल तेरे सुत तड़प रहे
डँस रहे चतुर्दिक् विविध व्याल।
मेरे नगपति! मेरे विशाल!

कितनी मणियाँ लुट गईं? मिटा
कितना मेरा वैभव अशेष!
तू ध्यान-मग्न ही रहा; इधर
वीरान हुआ प्यारा स्वदेश।

किन द्रौपदियों के बाल खुले?
किन-किन कलियों का अन्त हुआ?
कह हृदय खोल चित्तौर! यहाँ
कितने दिन ज्वाल-वसन्त हुआ?

पूछे सिकता-कण से हिमपति!
तेरा वह राजस्थान कहाँ?
वन-वन, स्वतन्त्रता-दीप लिये
फिरनेवाला बलवान कहाँ?

तू पूछ, अवध से, राम कहाँ?
वृन्दा! बोलो, घनश्याम कहाँ?
ओ मगध! कहाँ मेरे अशोक?
वह चन्द्रगुप्त बलधाम कहाँ?

पैरों पर ही है पड़ी हुई
मिथिला भिखारिणी सुकुमारी,

तू पूछ, कहाँ इसने खोयीं
अपनी अनन्त निधियाँ सारी?

री कपिलवस्तु! कह, बुद्धदेव
के वे मंगल-उपदेश कहाँ?
तिब्बत, ईरान, जापान, चीन
तक गये हुए सन्देश कहाँ?

वैशाली के भग्नावशेष से
पूछ लिच्छवी-शान कहाँ?
ओ री उदास गंडकी! बता
विद्यापति कवि के गान कहाँ?

तू तरुण देश से पूछ अरे,
गूँजा कैसा यह ध्वंस-राग?
अम्बुधि-अन्तस्तल-बीच छिपी
यह सुलग रही है कौन आग?

प्राची के प्रांगण-बीच देख,
जल रहा स्वर्ण-युग-अग्निज्वाल,
तू सिंहनाद कर जाग तपी!
मेरे नगपति! मेरे विशाल!

रे, रोक युधिष्ठिर को न यहाँ,
जाने दे उनको स्वर्ग धीर,
पर, फिरा हमें गांडीव-गदा,
लौटा दे अर्जुन-भीम वीर।

कह दे शंकर से, आज करें
वे प्रलय-नृत्य फिर एक बार।
सारे भारत में गूँज उठे,
'हर-हर-बम' का फिर महोच्चार।

ले अँगड़ाई, उठ, हिले धरा,
कर निज विराट् स्वर में निनाद,
तू शैलराट्! हुंकार भरे,
फट जाय कुहा, भागे प्रमाद।

तू मौन त्याग, कर सिंहनाद,
रे तपी! आज तप का न काल।
नव-युग-शंखध्वनि जगा रही,
तू जाग, जाग, मेरे विशाल!

(रेणुका, 1933)

कविता की पुकार

आज न उडु के नील कुंज में स्वप्न खोजने जाऊँगी,
आज चमेली में न चन्द्र-किरणों से चित्र बनाऊँगी।
अधरों में मुसकान, न लाली बन कपोल में छाऊँगी,
कवि! किस्मत पर भी न तुम्हारी आँसू आज बहाऊँगी।
नालन्दा-वैशाली में तुम रुला चुके सौ बार,
धूसर भुवन-स्वर्ग—ग्रामों—में कर पायी न विहार।
आज यह राज-वाटिका छोड़, चलो कवि! वनफूलों की ओर।

चलो, जहाँ निर्जन कानन में वन्य कुसुम मुसकाते हैं,
मलयानिल भूलता, भूलकर जिधर नहीं अलि जाते हैं।
कितने दीप बुझे झाड़ी-झुरमुट में ज्योति पसार?
चले शून्य में सुरभि छोड़कर कितने कुसुम-कुमार?
कब्र पर मैं कवि! रोऊँगी, जुगुनु-आरती सँजोऊँगी।

विद्युत् छोड़ दीप साजूँगी, महल छोड़ तृण-कुटी-प्रवेश,
तुम गाँवों के बनो भिखारी, मैं भिखारिणी का लूँ वेश।

स्वर्णांचला अहा! खेतों में उतरी सन्ध्या श्याम परी,
रोमन्थन करती गायें आ रहीं रौंदती घास हरी।

घर-घर से उठ रहा धुआँ, जलते चूल्हे बारी-बारी,
चौपालों में कृषक बैठ गाते "कहँ अटके बनवारी?"
पनघट से आ रही पीतवसना युवती सुकुमार,
किसी भाँति ढोती गागर-यौवन का दुर्वह भार।
बनूँगी मैं कवि! इसकी माँग, कलश, काजल, सिन्दूर, सुहाग।

वन-तुलसी की गन्ध लिये हलकी पुरवैया आती है,
मन्दिर की धटा-ध्वनि युग-युग का सन्देश सुनाती है।
टिमटिम दीपक के प्रकाश में पढ़ते निज पोथी शिशुगण,
परदेशी की प्रिया बैठ गाती यह विरह-गीत उन्मन,
"भैया! लिख दे एक कलम खत मों बालम के जोग,
चारो कोने खेम-कुसल माँझे ठाँ मोर बियोग।"
दूतिका मैं बन जाऊँगी, सखी! सुधि उन्हें सुनाऊँगी।

पहन शुक्र का कर्णफूल है दिशा अभी भी मतवाली,
रहते रात रमणियाँ आयीं ले-ले फूलों की डाली।
स्वर्ग-स्रोत, करुणा की धारा, भारत-माँ का पुण्य तरल,
भक्ति-अश्रुधारा-सी निर्मल गंगा बहती है अविरल।
लहर-लहर पर लहराते हैं मधुर प्रभाती-गान,
भुवन स्वर्ग बन रहा, उड़े जाते ऊपर को प्राण,
पुजारिन की बन कंठ-हिलोर, भिगो दूँगी अग-जग के छोर।

कवि! असाढ़ की इस रिमझिम में धनखेतों में जाने दो,
कृषक-सुन्दरी के स्वर में अटपटे गीत कुछ गाने दो।
दुखियों के केवल उत्सव में इस दम पर्व मनाने दो,
रोऊँगी खलिहानों में, खेतों में तो हर्षाने दो।

मैं बच्चों के संग जरा खेलूँगी दूब-बिछौने पर,
मचलूँगी मैं जरा इन्द्रधनु के रंगीन खिलौने पर।
तितली के पीछे दौड़ूँगी, नाचूँगी दे-दे ताली,
मैं मकई की सुरभि बनूँगी, पके आम-फल की लाली।

वेणु-कुंज में जुगनू बन मैं इधर-उधर मुसकाऊँगी,
हरसिंगार की कलियाँ बनकर वधुओं पर झड़ जाऊँगी।

सूखी रोटी खायेगा जब कृषक खेत में धरकर हल,
तब दूँगी मैं तृप्ति उसे बनकर लोटे का गंगाजल।
उसके तन का दिव्य स्वेदकण बनकर गिरती जाऊँगी।
और खेत में उन्हीं कणों-से मैं मोती उपजाऊँगी।

शस्य-श्यामता निरख करेगा कृषक अधिक जब अभिलाषा,
तब मैं उसके हृदय-स्रोत में उमड़ूँगी बनकर आशा।
अर्द्धनग्न दम्पति के गृह में मैं झोंका बन आऊँगी,
लज्जित हों न अतिथि-सम्मुख वे, दीपक तुरत बुझाऊँगी।

ऋण-शोधन के लिए दूध-घी बेच-बेच धन जोड़ेंगे,
बूँद-बूँद बेचेंगे, अपने लिए नहीं कुछ छोड़ेंगे।
शिशु मचलेंगे दूध देख, जननी उनको बहलायेगी,
मैं फाड़ूँगा हृदय, लाज से आँख नहीं रो पायेगी।
इतने पर भी धन-पतियों की उनपर होगी मार,
तब मैं बरसूँगी बन बेबस के आँसू सुकुमार।
फटेगा भू का हृदय कठोर, चलो कवि! वनफूलों की ओर।

(रेणुका, 1933)

दिल्ली

यह कैसी चाँदनी अमा के मलिन तमिस्र गगन में!
कूक रही क्यों नियति व्यंग्य से इस गोधूलि-लगन में?
मरघट में तू साज रही दिल्ली कैसे शृंगार?
यह बहार का स्वांग अरी, इस उजड़े हुए चमन में!

इस उजाड़, निर्जन खँडहर में,
छिन्न-भिन्न उजड़े इस घर में,

तुझे रूप सजाने की सूझी
मेरे सत्यानाश-प्रहर में!

डाल-डाल पर छेड़ रही कोयल मर्सिया-तराना,
और तुझे सूझा इस दम ही उत्सव हाय, मनाना;
हम धोते हैं घाव इधर सतलज के शीतल जल से,
उधर तुझे भाता है इनपर नमक हाय, छिड़काना!

महल कहाँ बस, हमें सहारा
केवल फूस-फास, तृणदल का;
अन्न न हों, अवलम्ब प्राण का
गम, आँसू या गंगाजल का;

यह विहगों का झुंड लक्ष्य है
आजीवन वधिकों के फल का;
मरने पर भी हमें कफन है
माता शैव्या के अंचल का।

गुलचीं निष्ठुर फेंक रहा कलियों को तोड़ अनल में,
कुछ सागर के पार और कुछ रावी-सतलज-जल में;
हम मिटते जा रहे, न ज्यों अपना कोई भगवान्।
यह अलका-छवि कौन भला देखेगा इस हलचल में?

बिखरी लट, आँसू छलके हैं,
देख, वन्दिनी है बिलखाती,
अश्रु पोंछने हम जाते हैं
दिल्ली! आह! कलम रुक जाती।

अरी, बिवश हैं, कहो करें क्या?
पैरों में जंजीर हाय! हाथों—
में हैं कड़ियाँ कस जातीं।

और कहें क्या? धरा न धँसती,
हुंकरता न गगन संघाती;

हाय, वन्दिनी माँ के सम्मुख
सुत की निष्ठुर बलि चढ़ जाती।

तड़प-तड़प हम कहो करें क्या?
'बहै न हाथ, दहै रिसि छाती,'
अन्तर ही अन्तर घलते हैं,
'भा कुठार कुंठित रिपुघाती।'

अपनी गरदन रेत-रेत असि की तीखी धारों पर
राजहंस बलिदान चढ़ाते माँ के हुंकारों पर।
पगली! देख, जरा कैसी मर मिटने की तैयारी?
जादू चलेगा न धुन के पक्के इन बनजारों पर।

तू वैभव-मद में इठलाती,
परकीया-सी सैन चलाती,
री ब्रिटेन की दासी! किसको
इन आँखों पर है ललचाती?

हमने देखा यहीं पांडु-वीरों का कीर्त्ति-प्रसार,
वैभव का सुख-स्वप्न, कला का महास्वप्न-अभिसार।
यहीं कभी अपनी रानी थी, तू ऐसे मत भूल,
अकबर, शाहजहाँ ने जिसका किया स्वयं शृंगार।

तू न ऐंठ मदमाती दिल्ली!
मत फिर यों इतराती दिल्ली!
अविदित नहीं हमें तेरी
कितनी कठोर है छाती दिल्ली!

हाय! छिनी भूखों की रोटी,
छिना नग्न का अर्द्ध वसन है;
मजदूरों के कौर छिने हैं,
जिन पर उनका लगा दसन है;

छिनी सजी-साजी वह दिल्ली
अरी! बहादुरशाह 'ज़फ़र' की;
और छिनी गद्दी लखनऊ की
वाजिद अली शाह 'अख़्तर' की।

छिना मुकुट प्यारे 'सिराज' का,
छिना अरी, आलोक नयन का;
नीड़ छिना, बुलबुल फिरती है
वन-वन लिए चंचु में तिनका।

आहें उठीं दीन कृषकों की,
मजदूरों की तड़प-पुकारें,
अरी! गरीबों के लोहू पर
खड़ी हुईं तेरी दीवारें।

अंकित है कृषकों के गृह में तेरी निठुर निशानी,
दुखियों की कुटिया रो-रो कहती तेरी मनमानी;
औ' तेरा दृग-मन्द यह क्या है? क्या न खून बेकस का?
बोल, बोल, क्यों लजा रही, ओ कृषक-मेध की रानी?

वैभव की दीवानी दिल्ली!
कृषक-मेध की रानी दिल्ली!
अनाचार, अपमान, व्यंग्य की
चुभती हुई कहानी दिल्ली!

अपने ही पति की समाधि पर
कुलटे! तू छवि में इतराती;
परदेसी-संग गलबाँही दे
मन में है फूली न समाती!

दो दिन ही के 'बाल-डांस' में
नाच हुई बेपानी दिल्ली!

कैसी यह निर्लज्ज नग्नता!
यह कैसी नादानी दिल्ली!

अरी, हया कर, है ज़ईफ़ यह खड़ा क़ुतुब-मीनार,
इबरत की माँ जामा भी है यहीं अरी! हुशियार!
इन्हें देखकर भी तो दिल्ली! आँखें आय फिरा ले,
गौरव के गुरु रो न पड़ें, हा घूँघट जरा गिरा ले!

अरी, हया कर, हया अभागी!
मत फिर लज्जा को ठुकराती;
चीख न पड़ें कब्र में अपनी,
फट न जाए अकबर छाती;

हूक न उठे जहाँगिर-दिल में,
कूक न उठे कब्र मदमाती!
गौरव के गुरु को रो न पड़ें हा,
दिल्ली घूँघट क्यों न गिराती?

बाबर है, औरंग, यहीं है,
मदिरा औ' कुलटा का द्रोही,
बक्सर, पर मत भूल, यहीं है
विजयी शेरशाह निर्मोही।

अरी! सँभल, यह कब्र न फटकर कहीं बना दे द्वार!
निकल न पड़े क्रोध में लेकर शेरशाह तलवार!
समझायेगा कौन उसे फिर? अरी! सँभल नादान!
इस घूँघट पर आज कहीं मच जाए न फिर संहार!

जरा गिरा ले घूँघट अपना,
और याद कर वह सुख-सपना,
नूरजहाँ की प्रेम-व्यथा में
दीवाने सलीम का तपना;

गुम्बद पर प्रेमिका कपोती
के पीछे कपोत का उड़ना,
जीवन की आनन्द-घड़ी में
जन्नत की परियों का जुड़ना।

ज़रा याद कर, यहीं नहाती
थी मेरी मुमताज़ अतर में।
तुझ-सी तो सुन्दरी खड़ी
रहती थी पैमाना ले कर में।

सुख, सौरभ, आनन्द बिछे थे
गली, कूच, वन, वीथि, नगर में;
कहती जिसे इन्द्रपुर तू वह
तो था प्राप्त यहाँ घर-घर में।

आज आँख तेरी बिजली से कौंध-कौंध जाती है!
हमें याद उस स्नेह-दीप की बार-बार आती है।

खिलें फूल, पर, मोह न सकती
हमें अपरिचित छटा निराली;
इन आँखों में घूम रही
अब भी मुरझे गुलाब की लाली।

उठा कसक दिल में लहराता है यमुना का पानी,
पलकें जोग रहीं बीते वैभव की एक निशानी,
दिल्ली! तेरे रूप-रंग पर कैसे हृदय फँसेगा?
बाट जोहती खँडहर में हम कंगालों की रानी।

(हुंकार, 1933)

तपस्या

[रैमजे मैकडोनाल्ड ने जब यह निर्णय दिया कि चुनाव के मामले में हरिजन सवर्ण हिंदुओं से पृथक् समझे जायेंगे, तब गांधी जी ने एक महान अनशन आरंभ कर दिया। उन्होंने हरिजनों को हिंदू समाज में बनाये रखने के लिए प्राणों की बाजी लगा दी। यह कविता उसी समय लिखी गयी थी।]

आज हुंकरित हुआ कठिन
युगधर्म करुण अन्तर में;
गूँज उठी प्रभु की वाणी
ऋषिराज! तुम्हारे स्वर में।

भूखे, नंगे, दीन बन्धुओं
पर लख अत्याचार;
दीनबन्धु की आँखों से
फूटी करुणा की धार।

बीस कोटि के संचित अघ को
एक वीर ने ललकारा;
ओ प्रणपाली भीष्म! चकित है
तुझ पर भूमंडल सारा।

आज मंत्र-द्रष्टा भारत में
फैल रही फिर उजियाली;
तेरे तप की अग्नि-शिखा की
दिशा-दिशा में है लाली।

खेल रहा अपने प्राणों पर,
प्रभु दधीचि का त्राण करें,
ईसा चढ़ा क्रूस पर फिर से,
दैव, हाय, कल्याण करें।

वीर भगीरथ! तेरे तप से
माँ फूली न समाती है;
भारत के उद्धार हेतु
गंगा भूतल पर आती है।

जाग रहे ऋषिराज! आज हम
इन तीखे आह्वानों से;
बनता है इतिहास देश का
इन भीषण बलिदानों से।

धो दे भारत का कलंक
तेरी आँखों का पानी;
लिख दे यह बलिदान
हमारी प्रायश्चित्त-कहानी।

(प्रण-भंग तथा अन्य कविताएँ, 1933)

मिथिला

मैं पतझड़ की कोयल उदास,
बिखरे वैभव की रानी हूँ;
मैं हरी-भरी हिम-शैल-तटी
की विस्मृत स्वप्न-कहानी हूँ।

अपनी माँ की मैं वाम भृकुटि,
गरिमा की हूँ धूमिल छाया,
मैं विकल सांध्य रागिनी करुण,
मैं मुरझी सुषमा की माया।

मैं क्षीण-प्रभा, मैं हत-आभा,
सम्प्रति, भिखारिणी मतवाली,
खँडहर में खोज रही अपने
उजड़े सुहाग की हूँ लाली।

मैं जनक-कपिल की पुण्य-जननि,
मेरे पुत्रों का महा ज्ञान।
मेरी सीता ने दिया विश्व
की रमणी को आदर्श-दान।

मैं वैशाली के आसपास
बैठी नित खँडहर में अजान,
सुनती हूँ साश्रु-नयन अपने
लिच्छवि-वीरों के कीर्त्ति-गान।

नीरव निशि में गंडकी विमल
कर देती मेरे विकल प्राण,
मैं खड़ी तीर पर सुनती हूँ
विद्यापति कवि के मधुर गान।

नीलम-घन गरज-गरज बरसें
रिमझिम रिमझिम रिमझिम अथोर,
लहरें गाती हैं मधु-विहाग,
'हे, हे सखि! हमर दुखक न ओर।'

चाँदनी-बीच धन-खेतों में
हरियाली बन लहराती हूँ,
आती कुछ सुधि, पगली दौड़ी
मैं कपिलवस्तु को जाती हूँ।

बिखरी लट, आँसू छलक रहे,
मैं फिरती हूँ मारी-मारी।
कण-कण में खोज रही अपनी
खोयी अनन्त निधियाँ सारी।

मैं उजड़े उपवन की मालिन,
उठती मेरे हिय विषम हूक,

कोकिला नहीं, इस कुंज-बीच
रह-रह अतीत-सुधि रही कूक।

मैं पतझड़ की कोयल उदास,
बिखरे वैभव की रानी हूँ,
मैं हरी-भरी हिमशैल-तटी
की विस्मृत स्वप्न-कहानी हूँ।

(रेणुका, 1933-34)

बोधिसत्व

सिमट विश्व-वेदना निखिल बज उठी करुण अन्तर में,
देव! हुंकरित हुआ कठिन युगधर्म तुम्हारे स्वर में।
काँटों पर कलियों, गैरिक पर किया मुकुट का त्याग,
किस सुलग्न में जगा प्रभो! यौवन का तीव्र विराग?
चले ममता का बन्धन तोड़
विश्व की महामुक्ति की ओर।

तप की आग, त्याग की ज्वाला में प्रबोध सन्धान किया,
विष पी स्वयं, अमृत जीवन का तृषित विश्व को दान किया।
वैशाली की धूल चरण चूमने ललक ललचाती है,
स्मृति-पूजन में तप-कानन की लता पुष्प बरसाती है।

वट के नीचे खड़ी खोजती लिये सुजाता खीर तुम्हें,
बोधिवृक्ष-तल बुला रहे कलरव में कोकिल-कीर तुम्हें।
शस्त्र-भार से विकल खोजती रह-रह धरा अधीर तुम्हें,
प्रभो! पुकार रही व्याकुल मानवता की जंजीर तुम्हें।

आह! सभ्यता के प्रांगण में आज गरल-वर्षण कैसा!
घृणा सिखा निर्वाण दिलानेवाला यह दर्शन कैसा!

स्मृतियों का अन्धेर! शास्त्र का दम्भ! तर्क का छल कैसा!
दीन-दुखी असहाय जनों पर अत्याचार प्रबल कैसा!

आज दीनता को प्रभु की पूजा का भी अधिकार नहीं,
देव! बना था क्या दुखियों के लिए निठुर संसार नहीं?
धन-पिशाच की विजय, धर्म की पावन ज्योति अदृश्य हुई,
दौड़ो बोधिसत्व! भारत में मानवता अस्पृश्य हुई।

धूप-दीप, आरती, कुसुम ले भक्त प्रेम-वश आते हैं,
मन्दिर का पट बन्द देख 'जय' कह निराश फिर जाते हैं।
शबरी के जूठे बेरों से आज राम को प्रेम नहीं,
मेवा छोड़ शाक खाने का याद नाथ को नेम नहीं।

पर, गुलाब-जल में गरीब के अश्रु राम क्या पायेंगे?
बिना नहाये इस जल में क्या नारायण कहलायेंगे?
मनुज-मेघ के पोषक दानव आज निपट निर्द्वन्द्व हुए;
कैसे बचें दीन? प्रभु भी धनियों के गृह में बन्द हुए।

अनाचार की तीव्र आँच में अपमानित अकुलाते हैं,
जागो बोधिसत्व! भारत के हरिजन तुम्हें बुलाते हैं।
जागो विप्लव के वाक्! दम्भियों के इन अत्याचारों से,
जागो, हे जागो, तप-निधान! दलितों के हाहाकारों से।

जागो, गांधी पर किये गये नरपशु-पतियों के वारों से,*
जागो, मैत्री-निर्घोष! आज व्यापक युगधर्म-पुकारों से।
जागो, गौतम! जागो, महान्!
जागो, अतीत के क्रान्ति-गान!
जागो, जगती के धर्म-तत्त्व!
जागो, हे! जागो, बोधिसत्व!

(रेणुका, 1934)

---

* देवघर (बिहार) में महात्मा गांधी पर किए गए प्रहार का उल्लेख।

राजा-रानी

राजा वसन्त, वर्षा ऋतुओं की रानी,
लेकिन, दोनों की कितनी भिन्न कहानी!
राजा के मुख में हँसी, कंठ में माला,
रानी का अन्तर विकल, दृगों में पानी।

डोलती सुरभि राजा-घर कोने-कोने,
परियाँ सेवा में खड़ीं सजाकर दोने।
खोले अलकें रानी व्याकुल-सी आयी,
उमड़ी, जानें, क्या व्यथा, लगी वह रोने।

रानी, रोओ, पोंछो न अश्रु अंचल से,
राजा अबोध खेलें कचनार-कमल से।
राजा के वन में कैसे कुसुम खिलेंगे,
सींचो न धरा यदि तुम आँसू के जल से?

लेखनी लिखे, मन में जो निहित व्यथा है,
रानी की सब दिन गीली रही कथा है।
त्रेता के राजा क्षमा करें यदि बोलूँ,
राजा-रानी की युग से यही प्रथा है।

विधु-संग-संग चाँदनी खिली वन-वन में,
सीते! तुम तो खो रहीं चरण-पूजन में।
तो भी यह अग्नि-विधान! राम निष्ठुर हैं;
रानी! जनमी थीं तुम किस अशुभ लगन में?

नृप हुए राम, तुमने विपदाएँ झेलीं;
थी कीर्त्ति उन्हें प्रिय, तुम वन गयीं अकेली।
वैदेहि! तुम्हें माना कलंकिनी प्रिय ने,
रानी! करुणा की तुम भी विषम पहेली।

रो-रो राजा की कीर्त्तिलता पनपाओ,
रानी! आयसु है, लिये गर्भ वन जाओ।
सूखो सरयू! साकेत! भस्म हो; रानी!
माँ के उर में छिप रहो, न मुख दिखलाओ।

औ' यहाँ कौन यह विधु की मलिन कला-सी,
सन्ध्या-सुहाग-सी, तेज-हीन चपला-सी?
अयि मूर्त्तिमती करुणे द्वापर की! बोलो,
तुम कौन मौन क्षीणा अलका-अबला-सी?

अयि शकुन्तले! कैसा विषाद आनन में?
रह-रह किसकी सुधि कसक रही है मन में?
प्याली थी वह विष-भरी, प्रेम में भूली,
पी गयीं जिसे भोली तुम लता-भवन में।

माधवी-कुंज की मादक प्रणय-कहानी
नयनों में है साकार आज बन पानी।
पुतली में रच तसवीर निठुर राजा की
रानी रोती फिरती वन-वन दीवानी।

राजा हँसते हैं, हँसें, तुम्हें रोना है,
मालिन्य मुकुट का भी तुमको धोना है;
रानी! विधि का अभिशाप यहाँ ऊसर में
आँसू से मोती-बीज तुम्हें बोना है।

किरणों का कर अवरोध उड़ा अंचल है,
छाया में राजा मना रहा मंगल है।
रानी! राजा को ज्ञात न, पर अनजाने,
भ्रू-इंगित पर वह घूम रहा पल-पल है।

वह नव वसन्त का कुसुम, और तुम लाली,
वह पावस-नभ, तुम सजल घटा मतवाली;

रानी! राजा की इस सूनी दुनिया में
बुनतीं स्वप्नों से तुम सोने की जाली।

सुख की तुम मादक हँसी, आह दुर्दिन की,
सुख-दुख, दोनों में, विभा इन्दु अमलिन की।
प्राणों की तुम गुंजार, प्रेम की पीड़ा,
रानी! निशि का मधु और दीप्ति तुम दिन की।

पग-पग पर झरते कुसुम, सुकोमल पथ है,
रानी! कबरी का बन्ध तुम्हारा श्लथ है।
झिलमिला रही मुसकानों से अँधियाली,
चलता अबाध, निर्भय राजा का रथ है।

छिटकी तुम विद्युत्-शिखा, हुआ उजियाला,
तम-विकल सैनिकों में संजीवन डाला;
हल्दीघाटी हुंकार उठी जब रानी!
तुम धधक उठी बनकर जौहर की ज्वाला।

राजा की स्मृति बन ज्योति खिली जौहर में,
असि चढ़ चमकी रानी की विभा समर में;
भू पर रानी जूही, गुलाब राजा है;
राजा-रानी हैं सूर्य-सोम अम्बर में।

(रेणुका, परवर्ती संस्करण)

व्योम-कुंजों की परी, अयि कल्पने!

व्योम-कुंजों की परी, अयि कल्पने!
भूमि को निज स्वर्ग पर ललचा नहीं,
पा न सकती मृत्ति उड़कर स्वप्न को,
शक्ति हो तो आ, बसा अलका यहीं।

फूल से सज्जित तुम्हारे अंग हैं
और हीरक-ओस का शृंगार है,
धूल में तरुणी-तरुण हम रो रहे,
वेदना का शीश पर गुरु भार है।

अरुण की आभा तुम्हारे देश में,
है सुना, उसकी अमिट मुसकान है;
टकटकी मेरी क्षितिज पर है लगी,
निशि गई, हँसता न स्वर्ण-विहान है।

व्योम-कुंजों की परी, अयि कल्पने!
रूप धर विचरो जरा वनफूल में।
रेणुके! हँसने लगे जुगनू, चलो,
आज कूकें खँडहरों की धूल में।

(रेणुका, म. सं.)

शब्द-बेध

खेल रहे हिलमिल घाटी में कौन शिखर का ध्यान करे?
ऐसा वीर कहाँ कि शैलरुह फूलों का मधुपान करे?

लक्ष्यबेध है कठिन, अमा का सूचिभेद्य तमतोम यहाँ;
ध्वनि पर छोड़े तीर, कौन यह शब्द-बेध सन्धान करे?

"सूली ऊपर सेज पिया की," दीवानी मीरा सो ले,
अपना देश वही देखेगा, जो अशेष बलिदान करे।

जीवन की जल गई फसल, तब उगे यहाँ दिल के दाने;
लहराएगी लता, आग बिजली का तो सामान करे!

सबकी अलग तरी अपनी, दो का चलना मिल साथ मना;
पार जिसे जाना हो, वह तैयार स्वयं जलयान करे।

फूल झड़े, अलि उड़े, वाटिका का मंगल-मधु स्वप्न हुआ,
दो दिन का है संग, हृदय क्या हृदयों से पहचान करे?

सिर देकर सौदा लेते हैं, जिन्हें प्रेम का रंग चढ़ा;
फीका रंग रहा तो घर तज क्या गैरिक परिधान करे?

उस पद का मंजीर गूँजता हो नीरव सुनसान जहाँ;
सुनना हो तो तज बसन्त निज को पहले वीरान करे?

मणि पर तो आवरण, दीप से तूफाँ में कब काम चला?
दुर्गम पंथ, दूर जाना है, क्या पंथी अनजान करे?

तरी खेलती रहे लहर पर, यह भी एक समाँ कैसा?
डाँड़ छोड़, पतवार तोड़कर तू कवि! निर्भय गान करे।

(हुंकार, 1935)

मेघ-रन्ध्र में बजी रागिनी

सावधान हों निखिल दिशाएँ, सजग व्योमवासी सुरगण!
बहने चले आज खुल-खुलकर लंका के उनचास पवन।

हे अशेषफण शेष! सजग हो, थामो धरा, धरो भूधर,
मेघ-रन्ध्र में बजी रागिनी, टूट न पड़े कहीं अम्बर।

गूँजे तुमुल विषाण गगन में, गाओ, हे गाओ किन्नर!
उतरो भावुक प्रलय! भूमि पर आओ शिव! आओ सुन्दर!

बजे दीप्ति का राग गगन में, बजे किरण का तार बजे।
अघ पीनेवाली भीषण ज्वालाओं का त्यौहार सजे।

हिले 'आल्प्स' का मूल, हिले 'राकी', छोटा जापान हिले,
मेघ-रन्ध्र में बजी रागिनी, अब तो हिन्दुस्तान हिले।

चोट पड़ी भूमध्य-सिन्धु में, नील तटी में शोर हुआ;
मर्कट चढ़े कोट पर देखो, उठो, सिलारी! भोर हुआ;

हुआ विधाता वाम, 'जनेवा' बीच सुधी चकराते हैं।
बुझा रहे ज्वाला साँसों से, कर से आँच लगाते हैं।

'राइन'-तट पर खिली सभ्यता, 'हिटलर' खड़ा कौन बोले?
सस्ता खून यहूदी का है, 'नाजी' निज 'स्वस्तिक' धो ले।

ले हिलोर 'अतलान्त' भयंकर, जाग, प्रलय का बाण चला;
जाग प्रशान्त, कौन बोले, किस ओर आज तूफान चला?

'दजला'! चेत, 'फुरात' सजग हो, जाग-जाग जो शंघाई!
लाल सिन्धु बोले, किसपर यह घटा घुमड़ छाने आई।

बर्फों की दीवार खड़ी, ऊँचे-नीचे पर्वत ढालू,
तो भी पंजा पजा रहा है साइबेरिया का भालू।

'काबल' मूक, दूर 'यूरल' है, क्या भोली 'आमू' बोले?
उद्वेलित 'भूमध्य', स्वेज का मुख इटली कैसे खोले?

श्वेतानन स्वर्गीय देव हम! ये हब्शी रेगिस्तानी!
ईसा साखी रहें, ईसाई दुनिया ने बर्छी तानी।*

(हुंकार, 1935)

---

* सन् 1935 ई. में रक्तपिपासु इटैलियन फासिस्टों के अबीसीनिया पर आक्रमण के अवसर पर लिखित।

पराजितों की पूजा

विजया का पूजन करते, जिनको जय का सामान नहीं,
गरज रहा आकाश, पराजय का पतितों को ध्यान नहीं।

क्या होगा भगवान्, हाल मिट्टी में पड़ी जवानी का?
इस किशोर खिलती ज्वाला का इस चढ़ते-से पानी का।
इस गोरा-बादल की माँ का, इस जौहर की रानी का?
इन हल्दीघाटी वालों का, इस कर्बला-गुमानी का?

कब्र खोद फिर से फूँकेगी क्या मुर्दों में जान नहीं?
दुर्गे! बोल, उठेगा रेतों से क्या राजस्थान नहीं?
किसी भाँति छुटती न छुड़ाए, सदियाँ विगत अनेक हुई,
लगी पुरानी जंग देवि! तलवार-म्यान मिल एक हुई।

युग-संचित इस तिमिर-पुंज को भेद, कौन बढ़ पाएगा?
देगा कौन रुधिर? इस तम में दीपक कौन जलाएगा?
जीवन का यह शाप! सेवते हम शैलों के मूल रहें;
बर्फें गिरें रोज, बेबस खिलते-मुरझाते फूल रहें।

बँधी धार, अवरुद्ध प्रभंजन, वन-देवी श्रीजीन हुई;
एक-एक कर बुझीं शिखाएँ वसुधा वीर-विहीन हुई?
देवि! विफल क्यों नयन हाय, बिछुड़े वाहन को हेर रहे?
न थे आज मृगराज, विवश बन्दी बन कोल्हू पेर रहे।

जला करे साकेत, दशानन की लंका आबाद रहे,
विजय दूर जा बसे, इन्हें लेकिन, विजया की याद रहे।

(हुंकार, 1935)

आश्वासन

रो मत, अश्रु-घटा उमड़ी, उमड़े, रोना है पाप यहाँ,
जंजीरें मत गढ़े, अश्रु होगा तेरा अभिशाप यहाँ!

सेतु यहाँ कच्चे धागे का, सँभल-सँभल चलना होगा;
इस नगरी की चाल यही, साँचे में खुद ढलना होगा।

उनका नाम रहा जौहरवालों में, जो हँस आप जले;
हाँ, सिर पर हैं वही हिमालय पर चढ़ जो चुपचाप गले।

प्रहलादों को जला सके जो, जग में ऐसा ताप नहीं;
अम्बरीष के लिए यहाँ दुर्वासा का अभिशाप नहीं।

कलियों पर जो पले, कुलिश की उनके लिए कहानी है;
नीलकंठ को नदी, सिन्धु, दोनों का मीठा पानी है।

बनकर शिखा चढ़े लंका पर, उनके हित रोना कैसा?
दीवानों के लिए भला जग का जादू-टोना कैसा?

जो अशेष जीवन देता है, उसे मरण-सन्ताप नहीं;
जलकर ज्वाला हुआ, उसे लगता ज्वाला का ताप नहीं।

अल्हड़ वही, ठेलकर धाराओं को जो प्रतिकूल चले,
तूफानों से लड़े सदा, झोंके-झोंके पर फूल चले।

यों तो अंचल पकड़ धार का सिन्धु सभी पा जाते हैं,
स्वर्ग मिलेगा उसे, खोजता जो गंगा का मूल चले।

ज्वाला में हँसनेवालों का छिटका पुण्य-प्रताप यहाँ;
रो मत, अश्रु-घटा उमड़ी, उमड़े, रोना है पाप यहाँ।

(हुंकार, 1936)

सिपाही

वनिता की ममता न हुई, सुत का न मुझे कुछ छोह हुआ।
ख्याति, सुयश, सम्मान, विभव का त्यों ही कभी न मोह हुआ।

जीवन की क्या; चहल-पहल है, इसे न मैंने पहिचाना;
सेनापति के एक इशारे पर मिटना केवल जाना।

मसि की तो क्या बात? गली की ठिकरी मुझे भुलाती है,
जीते-जी लड़ मरूँ, मरे पर याद किसे फिर आती है?

इतिहासों में अमर रहूँ, है ऐसी मृत्यु नहीं मेरी?
विश्व छोड़ जब चला, भुलाते लगती फिर किसको देरी?

जग भूले, पर मुझे एक, बस, सेवा-धर्म निभाना है,
जिसकी है यह देह, उसी में इसे मिला मिट जाना है।

विजय-विपट को विकच देख जिस दिन तुम हृदय जुड़ाओगी;
फूलों में शोणित की लाली कभी समझ क्या पाओगे?

वह लाली हर प्रात क्षितिज पर आकर तुम्हें जगाएगी,
सायंकाल नमन कर माँ को तिमिर-बीच खो जाएगी।

देव करेंगे विनय, किन्तु, क्या स्वर्ग-बीच रुक पाऊँगा?
किसी रात चुपके उल्का बन कूद भूमि पर आऊँगा।

तुम न जान पाओगे, पर, मैं रोज खिलूँगा इधर-उधर,
कभी फूल की पंखुड़ियाँ बन, कभी एक पत्ती बनकर!

अपनी राह चली जाएगी वीरों की सेना रण में,
रह जाऊँगा मौन वृन्त पर, सोच, न जानें, क्या मन में?

तप्त वेग धमनी का बनकर कभी संग मैं हो लूँगा;
कभी चरण-तल की मिट्टी में छिपकर जय-जय बोलूँगा।

अगले युग की अनी कपिध्वज जिस दिन प्रलय मचाएगी,
मैं गरजूँगा ध्वजा-शृंग पर, वह पहचान न पाएगी।

'न्योछावर में एक फूल', पर, जग की ऐसी रीति कहाँ?
एक पंक्ति मेरी सुधि में भी, सस्ते इतने गीत कहाँ?

कविते! देखो, विजन विपिन में वन्य कुसुम का मुरझाना;
व्यर्थ न होगा इस समाधि पर दो आँसू-कण बरसाना।

(हुंकार, 1936)

प्रभाती

हे प्रवासी, जाग, तेरे
देश का संवाद आया।

(1)

भेदमय सन्देश सुन पुलकित
खगों ने चंचु खोली;
प्रेम से झुक-झुक प्रणति में
पादपों की पंक्ति डोली;
दूर प्राची की तटी से
विश्व का तृण-तृण जगाता;
फिर उदय की वायु का वन में
सुपरिचित नाद आया।
रे प्रवासी, जाग, तेरे
देश का संवाद आया।

(2)

व्योम-सर में हो उठा विकसित
अरुण आलोक-शतदल;
चिर-दुखी धरणी विभा में
हो रही आनन्द-विह्वल।
चूमकर प्रति रोम से सिर
पर चढ़ा वरदान प्रभु का,
रश्मि-अंजलि में पिता का
स्नेह-आशीर्वाद आया।
रे प्रवासी, जाग, तेरे
देश का संवाद आया।

(3)

सिन्धु-तट का आर्य भावुक
आज जग मेरे हृदय में,
खोजता उद्गम विभा का
दीप्त-मुख विस्मित उदय में;
उग रहा जिस क्षितिज-रेखा
से अरुण, उसके परे क्या?
एक भूला देश धूमिल-
सा मुझे क्यों याद आया?
रे प्रवासी, जाग, तेरे
देश का संवाद आया।

(रसवन्ती, 1936)

हाहाकार

दिव की ज्वलित शिखा-सी उड़ तुम जबसे लिपट गईं जीवन में,
तृषावन्त मैं घूम रहा कविते! तब से व्याकुल त्रिभुवन में।

उर में दाह, कंठ में ज्वाला, सम्मुख यह प्रभु का मरुथल है,
जहाँ पथिक जल की झाँकी में एक बूँद के लिए विकल है!

घर-घर देखा धुआँ धरा पर, सुना विश्व में आग लगी है,
जल-ही-जल जन-जन रटता है, कंठ-कंठ में प्यास जगी है।

सूख गया रस श्याम गगन का एक घूँट विष जग का पीकर;
ऊपर-ही-ऊपर जल जाते सृष्टि-ताप से पावस-सीकर।

मनुज-वंश के अश्रु-योग से जिस दिन हुआ सिन्धु-जल खारा!
गिरि ने चीर लिया निज उर, मैं ललक पड़ा लख जल की धारा!

पर, विस्मित रह गया, लगी पीने जब वही मुझे सुधि खोकर,
कहती—'गिरि को फाड़ चली हूँ मैं भी बड़ी पिपासित होकर।'

यह वैषम्य नियति का मुझपर, किस्मत बड़ी धन्य उन कवि की,
जिनके हित कविते! बनतीं तुम झाँकी नग्न अनावृत छवि की।

दुखी विश्व से दूर जिन्हें लेकर आकाश-कुसुम के वन में,
खेल रहीं तुम अलस जलद-सी किसि दिव्य नन्दन-कानन में।

भूषण-वसन जहाँ कुसुमों के, कहीं कुलिश का नाम नहीं है,
दिन भर सुमन-हार-गुम्फन को छोड़ दूसरा काम नहीं है।

वही धन्य, जिसको लेकर तुम बसीं कल्पना के शतदल पर,
जिनका स्वप्न तोड़ पाती है मिट्टी नहीं चरण-तल बजकर।

मेरी भी यह चाह, विलासिनि! सुन्दरता को शीश झुकाऊँ,
जिधर-जिधर मधुमयी बसी हो, उधर वसन्तानिल बन धाऊँ।

एक चाह कवि की यह देखूँ—छिपकर कभी पहुँच मालिनि-तट,
किस प्रकार चलती मुनि-बाला यौवनवती लिए कटि पर घट।

झाँकूँ उस माधवी-कुंज में, जो बन रहा स्वर्ग कानन में,
प्रथम परस की जहाँ लालिमा सिहर रही तरुणी-आनन में।

जनारण्य से दूर स्वप्न में मैं भी निज संसार बसाऊँ,
जग का आर्त्तनाद सुन अपना हृदय फाड़ने से बच जाऊँ।

मिट जाती ज्यों किरण विहँस सारा दिन कर लहरों पर झिलमिल,
खो जाऊँ त्यों हर्ष मनाता, मैं भी निज स्वप्नों से हिलमिल।

पर नभ में न कुटी बन पाती, मैंने कितनी युक्ति लगाई,
आधी मिटती कभी कल्पना, कभी उजड़ती बनी-बनाई।

रह-रह पंखहीन खग-सा मैं गिर पड़ता भू की हलचल में,
झटिका एक बहा ले जाती स्वप्न-राज्य आँसू के जल में।

कुपित देव की शाप-शिखा जब विद्युत् बन सिर पर छा जाती,
उठता चीख हृदय विद्रोही, अन्ध भावनाएँ जातीं।

निरख प्रतीची-रक्त-मेघ में अस्त-प्राय रवि का मुख-मंडल,
पिघल-पिघल कर चू पड़ता है दृग से क्षुभित, विवश अन्तस्तल।

रणित विषम रागिनी मरण की आज विकट हिंसा-उत्सव में;
दबे हुए अभिशाप मनुज के लगे उदित होने फिर भव में।

शोणित से रंग रही शुभ्र पट संस्कृति निठुर लिए करवालें,
जला रही निज सिंहपौर पर दलित-दीन की अस्थि-मशालें।

घूम रही सभ्यता दानवी, 'शान्ति! शान्ति' करती भूतल में,
पूछे कोई, भिंगो रही वह क्यों अपने विष-दन्त गरल में।

टाँक रही हो सुई चर्म, पर, शान्त रहें हम तनिक न डोलें;
यही शान्ति, गरदन कटती हो, पर, हम अपनी जीभ न खोलें?

बोलें कुछ मत क्षुधित, रोटियाँ श्वान छीन खाएँ यदि कर से;
यही शान्ति, जब वे आएँ, हम निकल जाएँ चुपके निज घर से?

हब्शी पढ़ें पाठ संस्कृति के खड़े गलियों की छाया में;
यही शान्ति, वे मौन रहें जब आग लगे उनकी काया में।

चूस रहे हों दनुज रक्त, पर, हों मत दलित प्रबुद्ध कुमारी?
हो न कहीं प्रतिकार पाप का, शान्ति या कि यह युद्ध कुमारी!

जेठ हो कि हो पूस, हमारे कृषकों को आराम नहीं है;
छुटे बैल के संग, कभी जीवन में ऐसा याम नहीं है।

मुख में जीभ, शक्ति भुज में, जीवन में सुख का नाम नहीं है,
वसन कहाँ? सूखी रोटी भी मिलती दोनों शाम नहीं है।

विभव-स्वप्न से दूर, भूमि पर यह दुखमय संसार कुमारी!
खलिहानों में जहाँ मचा करता है हाहाकार कुमारी!

बैलों के ये बन्धु, वर्ष भर क्या जानें, कैसे जीते हैं?
जुबाँ बन्द, बहती न आँख, गम खा, शायद आँसू पीते हैं?

पर, शिशु का क्या हाल, सीख पाया न अभी जो आँसू पीना?
चूस-चूस सूखा स्तन माँ का सो जाता रो-बिलप नगीना।

विवश देखती माँ, अंचल से नन्हीं जान तड़प उड़ जाती;
अपना रक्त पिला देती यदि फटती आज वज्र की छाती।

कब्र-कब्र में अबुध बालकों की भूखी हड्डी रोती है;
"दूध, दूध!" की कदम-कदम पर सारी रात सदा होती है।

"दूध, दूध!" ओ वत्स! मन्दिरों में बहरे पाषाण यहाँ हैं;
"दूध, दूध!" तारे, बोलो, इन बच्चों के भगवान् कहाँ हैं?

"दूध, दूध!" दुनिया सोती है, लाऊँ दूध कहाँ, किस घर से?
"दूध, दूध!" हे देव गगन के! कुछ बूँदें टपका अम्बर से।

"दूध, दूध!" गंगा, तू ही अपने पानी को दूध बना दे।
"दूध, दूध!" उफ़! है कोई, भूखे मुर्दों को जरा मना दे?

"दूध, दूध!" फिर "दूध!" अरे, क्या याद दूध की खो न सकोगे?
"दूध, दूध!" मरकर भी क्या तुम बिना दूध के सो न सकोगे?

वे भी यहीं, दूध से जो अपने श्वानों को नहलाते हैं!
ये बच्चे भी यहीं, कब्र में "दूध-दूध"! जो चिल्लाते हैं!

बेकसूर, नन्हें देवों का शाप विश्व पर पड़ा हिमालय!
हिला चाहता मूल विश्व का, देख रहा क्या खड़ा हिमालय?

"दूध, दूध!" फिर सदा कब्र की, आज दूध लाना ही होगा;
जहाँ दूध के घड़े मिलें, उस मंजिल पर जाना ही होगा।

जय मानव की धरा साक्षिणी! जय विशाल अम्बर की जय हो!
जय गिरिराज! विन्ध्य-गिरि जय-जय! हिन्द महासागर की जय हो!

हटो व्योम के मेघ, पंथ से, स्वर्ग लूटने हम आते हैं,
"दूध, दूध" ओ वत्स! तुम्हारा दूध खोजने हम जाते हैं।

(हुंकार, 1937)

तकदीर का बँटवारा

है बँधी तकदीर जलती डार से,
आशियाँ को छोड़ उड़ जाऊँ कहाँ?
वेदना मन की सही जाती नहीं,
यह जहर लेकिन, उगल आऊँ कहाँ?

पापिनी कह जीभ काटी जाएगी,
आँख-देखी बात जो मुँह से कहूँ,

हड्डियाँ जल जाएँगी, मन मारकर
जीभ थामे मौन भी कैसे रहूँ?

तानकर भौंहें, कड़कना छोड़कर
मेघ बर्फों-सा पिघल सकता नहीं,
शौक हो जिनको, जलें वे प्रेम से,
मैं कभी चुपचाप जल सकता नहीं।

बाँसुरी जनमी तुम्हारी गोद में
देश माँ, रोने-रुलाने के लिए,
दौड़कर आगे समय की माँग पर
जीभ-क्या? गरदन कटाने के लिए।

जिन्दगी दौड़ी नई संसार में,
खून में सबके रवानी और है;
और हैं लेकिन, हमारी किस्मतें,
आज भी अपनी कहानी और है।

हाथ की जिसकी कड़ी टूटी नहीं,
पाँव में जिसके अभी जंजीर है;
बाँटने को हाय! तौली जा रही,
बेहया उस कौम की तकदीर है!

बेबसी में काँपकर रोया हृदय,
शाप-सी आहें गरम आईं मुझे;
माफ करना, जन्म लेकर गोद में,
हिन्द की मिट्टी! शरम आई मुझे!

गुदड़ियों में एक मुट्ठी हड्डियाँ,
मौत-सी गम की मलीन लकीर-सी।
कौम की तकदीर हैरत से भरी,
देखती टुक-टुक खड़ी तसवीर-सी।

चीथड़ों पर एक की आँखें लगीं,
एक कहता है कि मैं लूँगा जबाँ,

एक की जिद है कि पीने दो मुझे
खून जो इसकी रगों में है रवाँ!

खून! खूँ की प्यास, तो जाकर पियो
जालिमो, अपने हृदय का खून ही;
मर चुकी तकदीर हिन्दुस्तान की,
शेष इसमें एक बूँद लहू नहीं।

मुस्लिमो, तुम चाहते जिसकी जबाँ,
उस गरीबिन ने जबाँ खोली कभी?
हिन्दुओ, बोलो, तुम्हारी याद में,
कौम की तकदीर क्या बोली कभी?

छेड़ता आया जमाना, पर कभी
कौम ने मुँह खोलना सीखा नहीं।
जल गई दुनिया हमारे सामने,
किन्तु, हमने बोलना सीखा नहीं।

ताब थी किसकी कि बाँधे कौम को
एक होकर हम कहीं मुँह खोलते?
बोलना आता कहीं तकदीर को,
हिन्दवाले आसमाँ पर बोलते!

खूँ बहाया जा रहा इनसान का
सींगवाले जानवर के प्यार में!
कौम की तकदीर फोड़ी जा रही
मस्जिदों की ईंट की दीवार में।

सूझता आगे न कोई पंथ है,
है घनी गफलत-घटा छाई हुई,
नौजवानो कौम के तुम हो कहाँ?
नाश की देखो घड़ी आई हुई।*

(हुंकार, 1938)

---

* सन् 1937 या 38 ई. में कांग्रेस और मुस्लिम लीग के बीच समझौता वार्ता के विफल होने पर।

आमुख

समय-ढूह की ओर सिसकते मेरे गीत विकल धाये;
आज खोजते उन्हें बुलाने वर्तमान के पल आये?

"शैल-शृंग चढ़ समय-सिन्धु के आर-पार तुम हेर रहे,
किन्तु, ज्ञात क्या तुम्हें, भूमि का कौन दनुज पथ घेर रहे?

दो वज्रों का घोष, विकट संघात धरा पर जारी है,
वह्नि-रेणु, चुन स्वप्न सजा लो, छिटक रही चिनगारी है।

रण की घड़ी, जलन की वेला, रुधिर-पंक में गान करो,
अपना साकल धरो कुंड में, कुछ तुम भी बलिदान करो।"

वर्तमान के हठी बाल ये रोते हैं, बिललाते हैं,
रह-रह हृदय चौंक उठता है, स्वप्न टूटते जाते हैं।

शृंग छोड़ मिट्टी पर आया, किन्तु, कहो क्या गाऊँ मैं?
जहाँ बोलना पाप, वहाँ क्या गीतों से समझाऊँ मैं?

विधि का शाप, सुरभि-साँसों पर लिखूँ चरित मैं क्यारी का,
चौराहे पर बँधी जीभ से मोल करूँ चिनगारी का?

यह बेबसी, गगन में भी छूता धरती का दाह मुझे,
ऐसा घमासान! मिट्टी पर मिली न अब तक राह मुझे।

तुम्हें चाह जिसकी, वह कलिका इस वन में खिलती न कहीं,
खोज रहा मैं जिसे, जिन्दगी वह मुझको मिलती न कहीं।

किन्तु, न बुझती जलन हृदय की, हाय, कहाँ तक हूक सहूँ?
बुलबुल सीना चाक करे औ' मैं फूलों-सा मूक रहूँ?
रण की घड़ी; जलन की वेला, तो मैं भी कुछ गाऊँगा,
सुलग रही यदि शिखा यज्ञ की, अपना हवन चढ़ाऊँगा।

'वर्तमान की जय' अभीत हो खुलकर मन की पीर बजे,
एक राग मेरा भी रण में, बन्दी की जंजीर बजे।
नई किरण की सखी, बाँसुरी के छिद्रों से लूक उठे,
साँस-साँस पर, खड्ग-धार पर नाच हृदय की हूक उठे।

नए प्रात के अरुण! तिमिर-उर में मरीचि-सन्धान करो,
युग के मूक शैल! उठ जागो, हुंकारो, कुछ गान करो।
किसकी आहट? कौन पधारा? पहचानो, टुक ध्यान करो।
जगो भूमि! अति निकट अनागत का स्वागत-सम्मान करो।

'जय हो', युग के देव पधारो! विकट, रुद्र, हे अभिमानी!
मुक्त-केशिनी खड़ी द्वार पर कब से भावों की रानी।
अमृत-गीत तुम रचो कलानिधि! बुनो कल्पना की जाली,
तिमिर-ज्योति की समर-भूमि का मैं चारण, मैं वैताली।

(हुंकार, 1938)

अनल-किरीट

लेना अनल-किरीट भाल पर ओ आशिक होनेवाले!
कालकूट पहले पी लेना, सुधा-बीज बोनेवाले!

(1)

धरकर चरण विजित शृंगों पर झंडा वही उड़ाते हैं,
अपनी ही उँगली पर जो खंजर की जंग छुड़ाते हैं।

पड़ी समय से होड़, खींच मत तलवों से काँटें रुककर,
फूँक-फूँक चलती न जवानी चोटों से बचकर, झुककर,

नींद कहाँ उनकी आँखों में जो धुन के मतवाले हैं?
गति की तृषा और बढ़ती, पड़ते पद में जब छाले हैं।

जागरूक की जय निश्चित है, हार चुके सोनेवाले;
लेना अनल-किरीट भाल पर जो आशिक़ होनेवाले!

(2)

जिन्हें देखकर डोल गई हिम्मत दिलेर मरदानों की,
उन मौजों पर चली जा रही किश्ती कुछ दीवानों की।

बेफ़िक्री का समाँ कि तूफ़ाँ में भी एक तराना है,
दाँतों उँगली धरे खड़ा अचरज से भरा ज़माना है।

अभय बैठ ज्वालामुखियों पर अपना मन्त्र जगाते हैं,
ये हैं, वे, जिनके जादू पानी में आग लगाते हैं!

रूह ज़रा पहचान रखें इनकी जादू-टोनेवाले,
लेना अनल-किरीट भाल पर ओ आशिक़ होनेवाले!

(3)

तीनों लोक चकित सुनते हैं, घर-घर यही कहानी है,
खेल रही नेज़ों पर चढ़कर रस से भरी जवानी है।

भू सँभले, हो सजग स्वर्ग, यह दोनों की नादानी है।
मिट्टी का नूतन पुतला यह अल्हड़ है, अभिमानी है।

अचरज नहीं, खींच ईंटें यह सुरपुर को बर्बाद करे।
अचरज नहीं, लूट जन्नत वीरानों को आबाद करे।

तेरी आस लगा बैठे हैं पा-पाकर खोनेवाले।
लेना अनल-किरीट भाल पर ओ आशिक़ होनेवाले!

(4)

सँभले जग, खिलवाड़ नहीं अच्छा चढ़ते-से पानी से,
याद हिमालय को, भिड़ना कितना है कठिन जवानी से।

ओ महादेश! बुरा फल है शूरों के शोणित पीने का;
देना होगा तुम्हें एक दिन गिन-गिन मोल पसीने का।

कल होगा इंसाफ़, यहाँ किसने क्या किस्मत पाई है।
अभी नींद से जाग रहा युग, यह पहली अँगड़ाई है।

मंजिल दूर नहीं अपनी, दुख का बोझा ढोनेवाले!
लेना अनल-किरीट भाल पर ओ आशिक़ होनेवाले।

(हुंकार, 1938)

विपथगा

झन-झन-झन-झन-झन-झनन-झनन।
मेरी पायल झनकार रही तलवारों की झनकारों में,
अपनी आगमनी बजा रही मैं आप क्रुद्ध हुंकारों में;
मैं अहंकार-सी कड़क ठठा हँसती विद्युत् की धारों में,
बन काल-हुताशन खेल रही पगली मैं फूट पहाड़ों में;
अँगड़ाई में भूचाल, साँस में लंका के उनचास पवन।
झन-झन-झन-झन-झन-झनन-झनन।

मेरे मस्तक के छत्र-मुकुट वसु-काल-सर्पिणी के शत फण;
मुझ चिर-कुमारिका के ललाट में नित्य नवीन रुधिर-चन्दन;
आँजा करती हूँ चिता-धूम का दृग में अन्ध तिमिर-अंजन,
संहार-लपट का चीर पहन नाचा करती मैं छूम-छुनन;
झन-झन-झन-झन-झन-झनन-झनन।

पायल की पहली झनक, सृष्टि में कोलाहल छा जाता है;
पड़ते जिस ओर चरण मेरे, भूगोल उधर दब जाता है;
लहराती लपट दिशाओं में, खलभल खगोल अकुलाता है;
परकटे विहग-सा निरवलम्ब गिर स्वर्ग-नरक जल जाता है;
गिरते दहाड़ कर शैल-शृंग मैं जिधर फेरती हूँ चितवन।
झन-झन-झन-झन-झन-झनन-झनन।

रस्सी से कसे जवान पाप-प्रतिकार न जब कर पाते हैं,
बहनों की लुटती लाज देख कर काँप-काँप रह जाते हैं।
शस्त्रों के भय से जब निरस्त्र आँसू भी नहीं बहाते हैं,
पी अपमानों के गरल-घूँट शासित जब होठ चबाते हैं,
जिस दिन रह जाता क्रोध मौन, मेरा वह भीषण जन्म-लगन।
झन-झन-झन-झन-झन-झनन-झनन।

पौरुष को बेड़ी डाल पाप का अभय रास जब होता है,
ले जगदीश्वर का नाम खड्ग कोई दिल्लीश्वर धोता है।
धन के विलास का बोझ दुखी, दुर्बल, दरिद्र जब ढोता है,
दुनिया को भूखों मार भूप जब सुखी महल में सोता है,
सहती सब कुछ मन मार प्रजा, कसमस करता मेरा यौवन।
झन-झन-झन-झन-झन-झनन-झनन।

श्वानों को मिलते दूध-वस्त्र, भूखे बालक अकुलाते हैं,
माँ की हड्डी से चिपक, ठिठुर जाड़ों की रात बिताते हैं,
युवती के लज्जा-वसन बेच जब व्याज चुकाए जाते हैं,
मालिक जब तेल-फुलेलों पर पानी-सा द्रव्य बहाते हैं;
पापी महलों का अहंकार देता मुझको तब आमन्त्रण।
झन-झन-झन-झन-झन-झनन-झनन।

डरपोक हुकूमत जुल्मों से लोहा जब नहीं बजाती है,
हिम्मतवाले कुछ कहते हैं, तब जीभ तराशी जाती है।
उलटी चालें ये देख देश में हैरत-सी छा जाती है,
भट्ठी की ओदी आँच छिपी तब और अधिक धुँधुँआती है;
सहसा चिग्घार खड़ी होती दुर्गा में करने दस्यु-दलन।
झन-झन-झन-झन-झन-झनन-झनन।

चढ़कर जनून-सी चलती हूँ मृत्युंजय वीर कुमारों पर;
आतंक फैल जाता कानूनी पालमेंट, सरकारों पर;
'नीरो' के जाते प्राण सूख मेरे कठोर हुंकारों पर;
कर अट्टहास इठलाती हूँ जारों के हाहाकारों पर;

झंझा-सी पकड़ झकोर हिला देती दम्भी के सिंहासन।
झन-झन-झन-झन-झन-झनन-झनन।

मैं निस्तेजों का तेज, युगों के मूक-मौन की बानी हूँ;
दिल-जले शासितों के दिल की मैं जलती हुई कहानी हूँ;
सदियों की जब्ती तोड़ जगी, मैं उस ज्वाला की रानी हूँ;
मैं जहर उगलती फिरती हूँ; मैं विष से भरी जवानी हूँ;
भूखी बाघिन की घात क्रूर, आहत भुजंगिनी का दर्शन।
झन-झन-झन-झन-झन-झनन-झनन।

जब हुई हुकूमत आँखों पर, जनमी चुपके मैं आहों में,
कोड़ों की खाकर मार पली पीड़ित की दबी कराहों में;
सोने-सी निखर जवान हुई तप कड़े दमन के दाहों में;
ले जान हथेली पर निकली मैं मर-मिटने की चाहों में।
मेरे चरणों में खोज रहे भय-कम्पित तीनों लोक शरण।
झन-झन-झन-झन-झन-झनन-झनन।

असि की नोको से मुकुट जीत अपने सिर उसे सजाती हूँ;
ईश्वर का आसन छीन, कूद मैं आप खड़ी हो जाती हूँ;
थर-थर करते कानून-न्याय, इंगित पर जिन्हें नचाती हूँ।
भयभीत पातकी धर्मों से अपने पग मैं धुलवाती हूँ।
सिर झुका घमंडी सरकारें करतीं मेरा अर्चन-पूजन।
झन-झन-झन-झन-झन-झनन-झनन।

मुझ विपथगामिनी को न ज्ञात, किस रोज किधर से आऊँगी,
मिट्टी से किस दिन जाग क्रुद्ध अम्बर में आग लगाऊँगी।
आँखें अपनी कर बन्द देश में जब भूकम्प मचाऊँगी,
किसका टूटेगा शृंग, न जानें, किसका महल गिराऊँगी।
निर्बन्ध, क्रूर, निर्मोह सदा मेरा कराल नर्तन-गर्जन।
झन-झन-झन-झन-झन-झनन-झनन।

अब की अगस्त की बारी है, पापों के पारावार! सजग;
बैठे 'विसूवियस' के मख पर भोले, अबोध संसार! सजग।
रेशों का रक्त कृशानु हुआ, ओ जुल्मी की तलवार! सजग।
दुनिया के 'नीरो', सावधान! दुनिया के पापी 'जार'! सजग।
जानें, किस दिन फुंकार उठें पद-दलित काल सर्पों के फन।
झन-झन-झन-झन-झन-झनन-झनन।

(हुंकार, 1938)

दिगम्बरि!

उदय-गिरि पर पिनाकी का कहीं टंकार बोला;
दिगम्बरि! बोल, अम्बर में किरण का तार बोला।

(1)

तिमिर के भाल पर चढ़कर विभा के बाणवाले;
खड़े हैं मुन्तज़िर कब से नए अभियानवाले।

प्रतीक्षा है, सुनें कब व्यालिनि! फुंकार तेरा;
विदारित कब करेगा व्योम को हुंकार तेरा?

दिशा के बन्ध से झंझा विकल है छूटने को;
धरा के वक्ष से आकुल हलाहल फूटने को।

कलेजों से लगी बत्ती कहीं कुछ जल रही है;
हवा की साँस पर बेताब-सी कुछ चल रही है।

धराधर को हिला गूँजा धरणि में राग कोई,
तलातल से उभरती आ रही है आग कोई।

क्षितिज के भाल पर नव सूर्य के सप्ताश्व बोले।
चतुर्दिक् भूमि के उत्ताल पारावार बोले।

नए युग की भवानी, आ गई वेला प्रलय की
दिगम्बरि! बोल, अम्बर में किरण का तार बोला।

(2)

थकी बेड़ी क़फ़स की हाथ में सौ बार बोली,
हृदय पर झनझनाती टूटकर तलवार बोली।

कलेजा मौत ने जब-जब टटोला इम्तिहाँ में,
ज़माने को तरुण की टोलियाँ ललकार बोलीं।

पुरातन और नूतन वज्र का संघर्ष बोला;
विभा-सा कौंधकर भू का नया आदर्श बोला;

नवागम-रोर से जागी बुझी, ठंडी चिता भी,
नई शृंगी उठाकर वृद्ध भारतवर्ष बोला।

दरारें हो गईं प्राचीर में बन्दी-भवन के,
हिमालय की दरी का सिंह भीमाकार बोला।

नए युग की भवानी, आ गई वेला प्रलय की,
दिगम्बरि! बोल, अम्बर में किरण का तार बोला।

(3)

लगी है धूल को परवाज़, उड़ती छा रही है,
कड़कती दामिनी, झंझा कहीं से आ रही है।

घटा-सी दीखती जो, वह उमड़ती आह मेरी,
खड़ी जो विश्व का पथ रोक, वह है चाह मेरी।

सजीं चिनगारियाँ, निर्भय प्रभंजन मग्न आया,
कयामत की घड़ी आई, प्रलय का लग्न आया।

दिशा गूँजी, बिखरता व्योम में उल्लास आया,
नए युगदेव का नूतन कटक लो! पास आया।

पहन द्रोही-कवच रण में युगों के मौन बोले,
ध्वजा पर चढ़ अनागत धर्म का हुंकार बोला।

नए युग की भवानी, आ गई वेला प्रलय की।
दिगम्बरि! बोल, अम्बर में किरण का तार बोला।

(4)

हृदय का लाल रस हम वेदिका में दे चुके हैं!
विहँसकर विश्व का अभिशाप सिर पर ले चुके हैं!

परीक्षा में रुचे, वह कौन हम उपहार लायें?
बता, इस बोलने का मोल हम कैसे चुकाएँ?

युगों से हम अनय का भार ढोते आ रहे हैं;
न बोली तू मगर, हम रोज मिटते जा रहे हैं।

पिलाने को कहाँ से रक्त लायें दानवों को?
नहीं क्या स्वत्व है प्रतिशोध का हम मानवों को?

जरा तू बोल तो, सारी धरा हम फूँक देंगे;
पड़ा जो पंथ में गिरि, कर उसे दो टूक देंगे।

कहीं कुछ पूछने बूढ़ा विधाता आज आया;
कहेंगे, हाँ, तुम्हारी सृष्टि को हमने मिटाया।

जिला फिर पाप को, टूटी धरा यदि जोड़ देंगे;
बनेगा जिस तरह, उस सृष्टि को हम फोड़ देंगे।

हृदय की वेदना बोली लहू बन लोचनों में;
उठाने मृत्यु का घूँघट हमारा प्यार बोला।

नए युग की भवानी, आ गई वेला प्रलय की;
दिगम्बरि! बोल, अम्बर में किरण का तार बोला।

(हुंकार, 1939)

असमय आह्वान

(1)

समय-असमय का तनिक न ध्यान,
मोहिनी; यह कैसा आह्वान?

पहन मुक्ता के युग अवतंस,
रत्न-गुम्फित खोले कच-जाल,
बजाती मधुर चरण-मंजीर,
आ गई नभ में रजनी-बाल।

झींगुरों के सुन शिंजन-नाद,
मिलन-आकुलता से द्युतिमान,
भेद प्राची का कज्जल-भाल,
बढ़ा ऊपर विधु वेपथुमान।

गया दिन धूलि-धूम के बीच
तुम्हारा करते जयजयकार,
देखने आया था इस साँझ,
पूर्ण विधु का मादक शृंगार।

एक पल सुधा-वृष्टि के बीच
जुड़ा पाए न क्लान्त मन-प्राण,
कि सहसा गूँज उठा सब ओर
तुम्हारा चिर-परिचित आह्वान।

(2)

यह कैसा आह्वान!
समय-असमय का तनिक न ध्यान।

झुकी जातीं पलकें निस्पन्द
दिवस के श्रम का लेकर भार,
रहें दृग में क्रम-क्रम से खेल
नए, भोले, लघु स्वप्न-कुमार।

रक्त-कर्दम में दिन भर फूक
रजत-शृंगी से भैरव नाद,
अभी लगता है कितना मधुर
चाँदनी का सुनना संवाद!

दग्ध करती दिनभर सब अंग
तुम्हारे मरु की जलती धूल;
निशा में ही खिल पाते देवि!
कल्पना के उन्मादक फूल।

अन्य अनुचर सोये निश्चिन्त
शिथिल परियों को करते प्यार;
रात में भी मुझपर ही पड़ा
द्वार-प्रहरी का गुरुतम भार।

सुलाने आई गृह-गृह डोल
नींद का सौरभ लिए बतास;
हुए खग नीड़ों में निस्पन्द,
नहीं तब भी मुझको अवकाश!

ऊँघती इन कलियों को सौंप
कल्पना के मोहक सामान;

पुनः चलना होगा क्या हाय,
तुम्हारा सुन निष्ठुर आह्वान।

(३)

यह कैसा आह्वान!
समय-असमय का तनिक न ध्यान।

तुम्हारी भरी सृष्टि के बीच
एक क्या तरल अग्नि ही पेय?
सुधा-मधु का अक्षय भांडार
एक मेरे ही हेतु अदेय?

'उठो' सुन उठूँ, हुई क्या देवि,
नींद भी अनुचर का अपराध?
'मरो' सुन मरूँ, नहीं क्या शेष
अभी दो दिन जीने की साध?

विपिन के फूल-फूल में आज
रही वासन्ती स्वयं पुकार;
अभी भी सुनना होगा देवि!
दुखी धरणी का हाहाकार?

कम क्या एकमात्र वरदान?
सत्य ही क्या जीवन का श्रेय?
दग्ध, प्यासी अपनी लघु चाह
मुझे ही रही नहीं क्या गेय?

मचलता है उडुओं को देख
निकलने जब कोई अरमान;
तभी उठता बज अन्तर-बीच
तुम्हारा यह कठोर आह्वान!

(4)

यह कैसा आह्वान!
समय-असमय का तनिक न ध्यान।

चाँदनी में छिप किसकी ओट
पुष्पधन्वा ने छोड़े तीर?
बोलने लगी कोकिला मौन,
खोलने लगी हृदय की पीर?

लताएँ ले द्रुम का अवलम्ब
सजाने लगीं नया शृंगार;
प्रियक-तरु के पुलकित सब अंग
प्रिया का पाकर मधुमय भार।

नहीं यौवन का श्लथ आवेग
स्वयं वसुधा भी सकी सँभाल,
शिराओं का कम्पन ले दिया
सिहरती हरियाली पर डाल।

आज वृन्तों पर बैठे फूल
पहन नूतन, कर्वुर परिधान;
विपिन से लेकर सौरभ-भार
चला उड़ व्योम-ओर पवमान।

किया किसने यह मधुर स्पर्श?
विश्व के बदल गये व्यापार।
करेगी उतर व्योम से आज
कल्पना क्या भू पर अभिसार?

नील कुसुमों के वारिद-बीच
हरे पट का अवगुंठन डाल;

स्वामिनी! वह देखो, है खड़ी
पूर्व-परिचित-सी कोई बाल!

उमड़ता सुषमाओं को देख
आज मेरे दृग में क्यों नीर?
लगा किसका शर सहसा आन?
जगी अन्तर में क्यों यह पीर?

न जानें, किसने छूकर मर्म
जगा दी छवि-दर्शन की चाह;
न जानें, चली हृदय को छोड़
खोजने किसको सुरभित आह!

अचानक कौन गया कर क्षुब्ध
न जानें उर का सिन्धु अथाह?
जगा किसका यह मादक रोष
रोकने मुझ अजेय की राह?

न लूँगा आज रजत का शंख,
न गाऊँगा पौरुष का राग;
स्वामिनी! जलने दो उर-बीच
एक पल तो यह मीठी आग।

तपा लेने दो जी भर आज
वेदना में प्राणों के गान;
कनक-सा तपकर पीड़ा-बीच
सफल होगा मेरा बलिदान।

चन्द्र-किरणों ने खोले आज
रुद्ध मेरी आहों के द्वार;
मनाने आ बैठा एकान्त
मधुरता का नूतन त्योहार।

शिथिल दृग में तन्द्रा का भार,
हृदय में छवि का मादक ध्यान;
वेदना का सम्मुख मधु पर्व,
और तब भी दारुण आह्वान।

(5)

यह कैसा आह्वान!
समय-असमय का तनिक न ध्यान।

चाँदनी की अलकों में गूँथ
छोड़ दूँ क्या अपने अरमान?
आह! कर दूँ कलियों में बन्द
मधुर पीड़ाओं का वरदान?

देवि, कितना कटु सेवा-धर्म!
न अनुचर को निज पर अधिकार,
न छिपकर भी कर पाता हाय!
तड़पते अरमानों को प्यार।

हँसो, हिल-डुल वृन्तों के दीप!
हँसो, अम्बर के रत्न अनन्त!
हँसो, हिलमिलकर लता-कदम्ब!
तुम्हें मंगलमय मधुर वसन्त!

चीरकर मध्य निशा की शान्ति
कोकिले, छेड़ो पंचम तान;
पल्लवों में तुम से भी मधुर
सुला जाता हूँ अपने गान।

भिंगोएगी वन के सब अंग
रोर कर जब अबकी बरसात,

बजेगा इन्हीं पल्लवों बीच
विरह मेरा तब सारी रात।

फेंकता हूँ, लो, तोड़-मरोड़
अरी निष्ठुरे! बीन के तार;
उठा चाँदी का उज्ज्वल शंख
फूँकता हूँ भैरव - हुंकार।

नहीं जीते-जी सकता देख
विश्व में झुका तुम्हारा भाल;
वेदना-मधु का भी कर पान
आज उगलूँगा गरल कराल।

सोख लूँ बनकर जिसे अगस्त्य
कहाँ बाधक वह सिन्धु अथाह?
कहो, खांडव-वन वह किस ओर
आज करना है जिसका दाह?

फोड़ पैठूँ अनन्त पाताल?
लूट लाऊँ वासव का देश?
चरण पर रख दूँ तीनों लोक?
स्वामिनी! करो शीघ्र आदेश।

किधर होगा अम्बर में दृश्य
देवता का रथ अब की बार?
श्रृंग पर चढ़कर जिसके हेतु
करूँ नव स्वागत-मन्त्रोच्चार?

चाहती हो बुझना यदि आज
होम की शिखा बिना सामान?
अभय दो, कूद पड़ूँ जय बोल,
पूर्ण कर लूँ अपना बलिदान।

उगे जिस दिन प्राची की ओर
तुम्हारी जय का स्वर्ण विहान,
उगे अंकित नभ पर यह मन्त्र,
'स्वामिनी का असमय आह्वान।'

(हुंकार, प्र. सं.)

स्वर्ग-दहन

मेरी ध्वनि के छा गए त्रिदिव में प्रतिध्वान,
सुरवर्त्म स्तब्ध, रुक गया विभावसु का विमान।

मन्दार तप्त, तप रहा सुरों का गन्धवाह,
भ्रम रहा स्वर्ग में स्वरारूढ़ भू का प्रदाह।

दृग्विद्ध विवश फट रहा छिन्न घन-सा प्रकाश,
गुंजित अम्बर के रन्ध्र-रन्ध्र में अग्नि-हास।

मेरे मानस के वह्निकुंड में दह्यमान,
सुर समझ रहे, मानव के कितने विकल प्राण।

ज्वालाकण बन उड़ रही चतुर्दिक् कुसुम-रेणु,
दिव चकित सोच, किसने फूकी यह वह्नि-वेणु।

कोई कहता, खुल गया नरक का अनल-द्वार;
कुछ को भ्रम, जागा विरूपाक्ष का अहंकार।

सुरपति को भय, आया सुरद्विष फिर महाकार;
बोला विधु, "यह अम्बर के नीचे की पुकार।"

टिक बीच पंथ में मिहिर सोचता लगा ध्यान,
धरती पर ऐसा जीव कौन मेरे समान—

कढ़ शिखा-सदृश जिसके अन्तर की विपुल आह
करने आई अम्बर पर चढ़ कर स्वर्ग-दाह?

मृत्तिका-पुत्र मैंने मिट्टी का पिया क्षीर,
मिट्टी में मिल जानेवाला मेरा शरीर।

तू सत्य सोचता विभापुंज ओ विवस्वान,
धरती पर कोई जीव नहीं तेरे समान।

दिव-दाह देखना किसी काल मेरा न ध्येय,
अपरार्क कहा, लेना न चाहता मृषा श्रेय।

वंशी पर मैं फूँकता हृदय की करुण हूक,
जानें, क्यों शब्दों से उठती है लपट-लूक।

धरती से तेरा स्वर्ग बसा है बहुत दूर,
जल जाए अगर तो क्या इसमें मेरा कसूर?

(हुंकार, प्र. सं.)

चाह एक

मैं खोज रहा हूँ तिमिर-बीच कब से ज्योतिर्मय दाह एक,
बल उठे किसी दिशि वह्नि-राशि, ले-देकर मेरी चाह एक।

(1)

हो गई शान्त धरणी सभीत, फट-चिट, हिल-डुलकर एक बार,
रवगुण अम्बर हो गया मौन, बस, घहर-गरज कर एक बार
ऐसी जड़ता किस भाँति सहे कब तक कोई चैतन्य जीव,
अन्तर में लेकर आग और आँखों में सिन्धु अथाह एक?
बल उठे किसी दिशि वह्नि-राशि, ले-देकर मेरी चाह एक!

(2)

सूखी सरिता, सूखे समुद्र, धूसर अम्बर से मुझे प्यार,
यह भी क्या भाव-भरी झाँकी, धरती की छाती में दरार!
वासना एकरस नहीं, बदल अपने मुख का प्राचीन स्वाद,
बह चुकी मलयवह वायु बहुत, बह जाए आज विष-वाह एक।
बल उठे किसी दिशि वह्नि-राशि ले-देकर मेरी चाह एक।

(3)

चक्खूँगा मैं सब एक-एक तीखे, मीठे, फल तोड़-तोड़,
हो अमृत या कि विष-लता, सभी का रस लूँगा कुछ-कुछ निचोड़।
मैं दूर नहीं रहने आया, संघर्ष-बीच दो मुझे स्थान।
भुज भर जीवन को भेंट सकूँ, मेरे मन में उत्साह एक।
बल उठे किसी दिशि वह्नि-राशि, ले-देकर मेरी चाह एक।

(4)

स्वातन्त्र्य, पूजता मैं न तुझे इसलिए कि तू सुख-शान्ति-रूप,
हाँ, उसे पूजता, जो चलता तेरे आगे नित क्रान्ति-रूप!
मुझमें उसका बल, तेज, रोष, तेरे दिल में जिसका निनाद,
विप्लव का जो है तूर्य-नाद, मेरे दिल की वह आह एक।
बल उठे किसी दिशि वह्नि-राशि, ले-देकर मेरी चाह एक।

(5)

क्या सुनूँ, बोलतीं क्या नन्हीं फूलों की पंखड़ियाँ अजान?
हूँ खड़ा मुन्तज़िर, बोलेंगी किस दिन गिरि की दरियाँ महान।
अरमान एक यह शेष, कभी भूधर के प्राण पसीज उठें,
पत्थर की छाती फोड़ बहे व्याकुल उद्दाम प्रवाह एक।
बल उठे किसी दिशि वह्नि-राशि, ले-देकर मेरी चाह एक।

(6)

जा रहा बीतता हवन-लग्न, करवटें चुका ले शेष-व्याल,
मेरे मानस के इष्टदेव, आओ खोले निज जटा-जाल,

यह आमन्त्रण उसका, न मोहने को जिनको हैं धरा-धाम,
हैं सीख चुके ये निःस्व वीर, है दहन मुक्ति की राह एक।
बल उठे किसी दिशि वह्नि-राशि, ले-देकर मेरी चाह एक।

(हुंकार, प्र. सं.)

भीख

दाता से मैं माँगता तुम्हारे लिए भीख,
जीवन का पहला सत्य, दहन, तुम सको सीख।

दिन-रात जलाती रहे लहू की तुम्हें आग,
मन के सोये तूफ़ान तुम्हारे उठें जाग।

लहरों से, उलझे लड़ो, बढ़ो, तुम फूल-फूल।
मुझ-सा ही तुमको मिले महोदधि का न कूल।

घाटी के निर्झर बढ़ो, बनो नद महाकार,
मत लो विराम, मत रचो कहीं अपनी कछार।

देखो, अम्बर छू रहा शिखर उन्नत, अभंग,
उससे भी ऊपर उड़े, तुम्हें लेकर उमंग।

भीतर की दारुण शिखा जलाती रहे प्राण,
फूँके चिनगारी असन्तोष की वर्तमान।

दृग से शोणित के झरें अश्रु सायं-प्रभात,
जीवन में हो हर रोज़ तुम्हारे अशनि-पात।

देवता दिखा दर्पण अदृष्ट का तुम्हें क्रान्त।
कर दें जीवन को और अधिक दुस्सह, अशान्त।

पारस-सी कोई चीज़ ज़ीस्त की बड़ी देन,
तड़पे दिल में, लेने न कभी दे तुम्हें चैन।

दाता से मैं माँगता भीख अंजलि पसार,
जीवन में जो कुछ भीष्म, उसे कर सको प्यार।

अंगारों-से तुम रहो ज्वलित जाग्रत-विमर्श।
देखे जग, पर, भयवश न कभी कर सके स्पर्श।

जीवन के आविल दुरित जला दे वह्नि-कील,
बेचैन हृदय से कढ़े तारिका नृत्यशील।

(हुंकार, प्र. सं.)

वसन्त के नाम पर

(1)

प्रात जगाता शिशु वसन्त को नव गुलाब दे-दे ताली;
तितली बनी देव की कविता वन-वन उड़ती मतवाली।

सुन्दरता को जगी देखकर जी करता मैं भी कुछ गाऊँ;
मैं भी आज प्रकृति-पूजन में निज कविता के दीप जलाऊँ;

ठोकर मार भाग्य को फोड़ूँ, जड़ जीवन तजकर उड़ जाऊँ।
उतरी कभी न भू पर जो छवि, जग को उसका रूप दिखाऊँ।

स्वप्न-बीच जो कुछ सुन्दर हो, उसे सत्य में व्याप्त करूँ।
और सत्य-तनु के कुत्सित मल का अस्तित्व समाप्त करूँ।

(2)

कलम उठी कविता लिखने को, अन्तस्तल में ज्वार उठा रे!
सहसा नाम पकड़ कायर का पश्चिम-पवन पुकार उठा रे!

देखा, शून्य कुँवर का गढ़ है, झाँसी की वह शान नहीं है।
दुर्गादास-प्रताप बली का प्यारा राजस्थान नहीं है।

जलती नहीं चिता जौहर की, मुट्ठी में बलिदान नहीं है।
टेढ़ी मूँछ लिए रण-वन फिरना अब तो आसान नहीं है।

समय माँगता मूल्य मुक्ति का, देगा कौन मांस की बोटी?
पर्वत पर आदर्श मिलेगा, खाएँ चलो घास की रोटी।

चढ़े अश्व पर सेंक रहे रोटी नीचे कर भालों को,
खोज रहा मेवाड़ आज फिर उन अल्हड़ मतवालों को।

(3)

बात-बात पर बजीं किरीचें, जूझ मरे क्षत्रिय खेतों में;
जौहर की जलती चिनगारी अब भी चमक रही रेतों में।

जाग-जाग ओ थार, बता दे, कण-कण चमक रहा क्यों तेरा।
बता रंच भर ठौर कहाँ वह, जिस पर शोणित बहा न मेरा?

पी-पी खून आग बढ़ती थी, सदियों जली होम की ज्वाला।
हँस-हँस चढ़े सीस साकल-से, बलिदानों का हुआ उजाला।

सुन्दरियों को सौंप अग्नि पर, निकले समय-पुकारों पर।
बाल, वृद्ध औ' तरुण बिहँसते खेल गए तलवारों पर।

(4)

हाँ, वसन्त की सरस घड़ी है, जी करता, मैं भी गाऊँ;
कवि हूँ, आज प्रकृति-पूजन में, निज कविता के दीप जलाऊँ।

क्या गाऊँ! सतलज रोती है, हाय! खिलीं बेलियाँ किनारे।
भूल गए ऋतुपति, बहते हैं, यहाँ रुधिर के दिव्य पनारे।

बहनें चीख रहीं रावी-तट, बिलख रहे बच्चे बेचारे,
फूल-फूल से पूछ रहे हैं–'कब लौटेंगे पिता हमारे?'

उफ, वसन्त या मदन-बाण है? वन-वन रूप-ज्वार आया है।
सिहर रही वसुधा रह-रह कर, यौवन में उभार आया है।

कसक रही सुन्दरी–'आज मधु-ऋतु में मेरे कन्त कहाँ?'
दूर द्वीप में प्रतिध्वनि उठती, 'प्यारी और वसन्त कहाँ?'

(हुंकार, प्र. सं.)

प्रणति

(1)

कलम, आज उनकी जय बोल!
जला अस्थियाँ बारी-बारी
छिटकाई जिनने चिनगारी,
जो चढ़ गए पुण्य-वेदी पर लिए बिना गरदन का मोल।
कलम, आज उनकी जय बोल!

जो अगणित लघु दीप हमारे
तूफानों में एक किनारे,
जल-जल कर बुझ गए, किसी दिन माँगा नहीं स्नेह मुँह खोल!
कमल, आज उनकी जय बोल!

पीकर जिनकी लाल शिखाएँ
उगल रहीं लू-लपट दिशाएँ।
जिनके सिंहनाद से सहमी धरती रही अभी तक डोल!
कमल, आज उनकी जय बोल!

अन्धा चकाचौंध का मारा
क्या जाने इतिहास बेचारा?

साखी हैं उनकी महिमा के सूर्य, चन्द्र, भूगोल, खगोल।
कमल, आज उनकी जय बोल!

(2)

नमन उन्हें मेरा शत बार!
सूख रही है बोटी-बोटी,
मिलती नहीं घास की रोटी,
गढ़ते हैं इतिहास देश का, सहकर कठिन क्षुधा की मार।
नमन उन्हें मेरा शत बार!

अर्द्धनग्न जिनकी प्रिय माया,
शिशु विषण्ण-मुख, जर्जर-काया;
रण की ओर चरण दृढ़ जिनके, मन के पीछे करुण पुकार।
नमन उन्हें मेरा शत बार!

जिनकी चढ़ती हुई जवानी,
खोज रही अपनी कुरबानी,
जलन एक जिनकी अभिलाषा, मरण एक जिनका त्यौहार।
नमन उन्हें मेरा शत बार!

दुखी स्वयं जग का दुख लेकर,
स्वयं रिक्त सबको सुख देकर,
जिनका दिया अमृत जग पीता, कालकूट उनका आहार।
नमन उन्हें मेरा शत बार!

वीर, तुम्हारा लिए सहारा,
टिका हुआ है भूतल सारा,
होते तुम न कहीं तो कब को उलट गया होता संसार!
नमन तुम्हें मेरा शत बार!

चरण-धूलि दो, शीश लगा लूँ,
जीवन का बल-तेज जगा लूँ,

मैं निवास जिस मूक स्वप्न का, तुम उसके सक्रिय अवतार।
नमन तुम्हें मेरा शत बार!

(3)

आनेवालो, तुम्हें प्रणाम!
'जय हो, नव होतागण, आओ,
संग नई आहुतियाँ लाओ,
जो कुछ बने, फेंकते जाओ, यज्ञ जानता नहीं विराम।
आनेवालो, तुम्हें प्रणाम!

टूटी नहीं शिला की कारा,
लौट गई टकरा कर धारा,
सौ धिक्कार तुम्हें यौवन के वेगवन्त निर्झर उद्दाम!
आनेवालो, तुम्हें प्रणाम!

फिर डंके पर चोट पड़ी है,
मौत चुनौती लिए खड़ी है,
लिखने चली आग, अम्बर पर कौन लिखाएगा निज नाम?
आनेवालो, तुम्हें प्रणाम!

(4)

आगे आओ वीर जवान!
दिशा तप्त हो लरज़ रही है,
घटा क्रोध से गरज रही है,
लाल-लाल टुकड़े उड़ते हैं, उठा चाहता है तूफान।
आगे आओ वीर जवान!

दुस्तर पारावार अगम है,
सम्मुख शैल प्रांशु, दुर्गम है,
कोई, जो इन्हें लाँघकर करे आज दुर्जय अभियान?
आगे आओ वीर जवान!

क्षीण हुई जाती है लाली,
होम-शिखा है बुझनेवाली,
एक लपट के लिए सिद्धि है रुकी, करो नव स्नेह प्रदान।
आगे आओ वीर जवान!

(हुंकार, प्र. सं.)

भविष्य की आहट

कल्पने, भावी हृदय से आज क्यों
फूटती खरतर भयंकर रागिनी?
फूँकता शृंगी भयानक आ रहा
कौन यह खोंसे जटा में नागिनी?

ऐंठती वसुधा प्रसव की पीर से,
स्वेदमय प्राची-दिशानन लाल है,
व्योम का अन्तर विकल निर्घोष से,
किस महारवि के उदय का काल है?

पूर्व की छाती फटी किस रोर से?
कालिमा भागी अचानक रात की।
खोलने हिमशृंग पर चढ़कर लगीं
रश्मियाँ क्या एशिया के प्रात की?

जाग, तीव्र-मरीचि मेरी कल्पने!
चीरकर तो देख भावी का हृदय,
किस महा-युग-देव की विपुला अनी
आ रही तम-लोक में बनकर उदय?

प्रचंड ज्योति-भीति से प्रकम्पिता निशा घनी;
अजेय तेज की चली विक्षुब्ध सिन्धु-सी अनी;
अनन्त-भा किरीट में प्रलय शिखा सुहागिनी,
किशोर भानु नेत्र में, ललाट-मध्य नागिनी।

अनन्तरश्मि कल्पने! विरूप को जिहार ले;
विनाश-दीप साज सृष्टि-आरती उतार ले!

विषाण के निनाद से दिशा सभीत मौन री।
विशाल पूर्व व्योम में विभा प्रसन्न कौन री?

अखंड पाद-चाप ने सचेत शैल को किया;
चिंघार सिंहिनी जगी, जगी विराट एशिया।

चूमता बढ़-बढ़ हिमालय व्योम को,
हिन्दसागर है निनादित रोर से;
सिन्धु से 'दजला' मिली 'भागीरथी'
फूलती पा प्रेम 'येलो'-ओर से।

किस अनागत लग्न की महिमा अरी,
कीर्ण पुण्य-प्रकाश नव उत्कर्ष का;
दे रहा सन्देश पीड़ित विश्व को
शृंग चढ़ जय-शंख भारतवर्ष का।

आज सिंहासन हिला विश्वेश का,
दुन्दुभी बजती तुमुल आकाश में;
सिन्धु से शैलेश तक कम्पन हुआ,
भूमि रोमांचित हुई उल्लास में।

धूल से उठ वीर उगते जा रहे
थार के सन्तप्त उर में फूल-से;
उठ रहीं गौरव-ध्वजाएँ मौर्य की,
ज्योति फूटी बोधि-तरु के मूल से।

सूतिका पावन तपोवन-सुन्दरी
वक्ष का देती सुधोपम क्षीर है;
चिर-तृषाकुल विश्व-शिशु पीता समुद्र;
जा रही मिटती युगों की पीर है।

चीख सुन दुःखार्त्त पीड़ित विश्व की
हर्म्य का अन्तर अतीव उदास है;
काट कुंचित केश निज असि से स्वयं
ले रहा तारुण्य फिर संन्यास है।

शैल शृंगों पर गुहा में, सिन्धु में,
कन्दरा, बीहड़ वनों को झेलते;
खोजते कल्याण व्याकुल विश्व का
प्राण पर योगी तरुण नित खेलते।

आज कम्पित मूल क्यों संसार का?
अथ का दानव भयाकुल मौन है;
झोंपड़ी हँस चौंकती, वह आ रहा
साम्य की वंशी बजाता कौन है?

कौन तू, बोले विधायक, कौन है?
हिल रहा भू का हृदय पद-चाप से,
दीनता का रक्त पी जो-जो बढ़े,
आज पल-पल काँपते वे पाप से।

शंख ले तारुण्य गिरि चढ़ फूँकता—
'आ प्रभंजन! ध्वस्त हो वन की जरा;
अट्टहासी! आ, विकट युगदेव! आ,
जोहती रण-क्लान्त पंथ वसुन्धरा।

(हुंकार, प्र. सं.)

तन्तुकार

भू पर कटु रव कर्कश, अपार,
ऊपर अम्बर में धूम, क्षार।

श्रमियों का कर शोषण, विनाश,
चिमनियाँ छोड़तीं मलिन साँस।

श्रमशिथिल, विकल, परिलुब्ध, व्यस्त,
क्षयमाण मनुज निरुपाय, त्रस्त।

श्रम पिला पालता स्वार्थ-व्याल
जिसकी दंष्ट्राओं में कराल।

वह स्वयं नष्ट हो रहा। पीर
दंशन की जब करती अधीर,

वह छोड़ एक का दुखद संग
पालता अन्य विषधर भुजंग।

यों दुखी, लुब्ध, दयनीय, व्यग्र
है दौड़ रहा मानव समग्र।

छीना-झपटी शोषण, प्रहार
यन्त्राकुल संस्कृति के सिंगार।

इस कोलाहल के बीच एक
यह कौन शान्त जाग्रत-विवेक?

जिसकी पूनी का धाग-धाग
रच रहा नष्ट भू का सुहाग।

कर रहा स्पर्श सान्त्वना-युक्त
शापित धरणी को दाह-मुक्त!

इच्छा के सागर में अजान
नर ने छोड़ा निज वारियान।

निर्दिष्ट देश का ज्ञान नहीं,
ध्रुव की उसको पहचान नहीं।

सह रहा चतुर्दिक् बीचि-घात;
निज कुशल-पन्थ उसको न ज्ञात।

तट पर से कोई तन्तुकार
कर रहा स्निग्ध मंगल-पुकार–

इस तृष्णोदधि का नहीं तीर,
रे लौट, लौट, मानव अधीर!

फल, फूल, अन्न-धन, स्वच्छ पवन,
निष्कलुष, शान्त, सुस्थिर जीवन,

तेरे निजत्व का कोष यहाँ,
सुखमय, अमोघ सन्तोष यहाँ।

मत प्रकृति-अंग पर कर प्रहार,
वह शत्रु नहीं, जननी उदार।

हो पतित, क्षुद्र या महीयान्,
है स्वत्व यहाँ सब का समान।

सम-भाग मिलेगा अनायास,
तब क्यों कोलाहल ह्रास-त्रास?

तू जिसे खोजता थका हार,
मुड़ देख, शान्ति वह इसी पार।

इस तृष्णोदधि का नहीं तीर!
रे लौट, लौट, मानव अधीर!

(मृत्ति-तिलक, 1939)

ओ द्विधाग्रस्त शार्दूल, बोल!

हिल रहा धरा का शीर्ण मूल
जल रहा दीप्त सारा खगोल,
तू सोच रहा क्या अचल मौन?
ओ द्विधाग्रस्त शार्दूल, बोल!

जाग्रत् जीवन की चरम ज्योति
लड़ रही सिन्धु के आर-पार;
संघर्ष-समर सब ओर, एक
हिमगुहा-बीच घन-अंधकार।

प्लावन के खा दुर्जय प्रहार
जब रहे सकल प्राचीन काँप,
तब तू भीतर क्या सोच रहा
है क्लीव-धर्म का पृष्ठ खोल?

क्या पाप-मोक्ष का भी प्रयास
ओ द्विधाग्रस्त शार्दूल बोल!

बुझ गया ज्वलित पौरुष-प्रदीप
या टूट गए नख-रद कराल?
या तू लख कर भयभीत हुआ
लपटें चारों दिशि लाल-लाल?
दुर्लभ सुयोग, यह वह्नि-वाह
धोने आया तेरा कलंक
विधि का यह नियत विधान तुझे
लड़ कर लेना है मुक्ति मोल!

किस असमंजस में अचल मौन
ओ द्विधाग्रस्त शार्दूल, बोल!

संसार तुझे दे क्या प्रमाण?
रक्खे सम्मुख किसका चरित्र?
तेरे पूर्वज कह गए "युद्ध
चिर अनघ और शाश्वत पवित्र।"
तप से खिंच आकर विजय पास
है माँग रही बलिदान आज,
"मैं उसे वरूँगी, होम सके
स्वागत में जो वन-प्रान आज!"
है इह्न मुक्ति का मन्त्र एक
सुन, गूँज रहा सारा खगोल;

तू सोच रहा क्या अचल मौन
ओ द्विधाग्रस्त शार्दूल, बोल!

नख-दन्त देख मत हृदय हार,
गृह-भेद देख मत हो अधीर;
अन्तर की अतुल उमंग देख,
देखे, अपनी जंजीर वीर!
यह पवन परम अनुकूल देख,
रे, देख भुजा का बल अथाह,
तू चले बेड़ियाँ तोड़ कहीं;
रोकेगा आकर कौन राह?
डगमग धरती पर दमित तेज
सागर पारे सा उठे डोल;

उठ जाग, समय अब शेष नहीं
भारत माँ के शार्दूल बोल!

(आज के लोकप्रिय हिन्दी कवि : रामधारीसिंह 'दिनकर' 1940)

आलोकधन्वा

ज्योतिर्धर कवि मैं ज्वलित सौर-मंडल का,
मेरा शिखंड अरुणाभ, किरीट अनल का।

रथ में प्रकाश के अश्व जुते हैं मेरे
किरणों में उज्ज्वल गीत गुँथे हैं मेरे!

मैं उदय-प्रान्त का सिंह प्रदीप्त विभा से,
केसर मेरे बलते हैं कनक-शिखा से।

ज्योतिर्मयि अन्तःशिखा अरुण है मेरी,
हैं भाव अरुण, कल्पना अरुण है मेरी।

पाया निसर्ग ने मुझे पुण्य के फल-सा,
तम के सिर पर निकला मैं कनक-कमल-सा।

हो उठा दीप्त धरती का कोना-कोना,
जिसको मैंने छू दिया हुआ वह सोना।

रँग गई घास पर की शबनम की प्याली,
हो गई लाल कुहरे की झीनी जाली।

मेरे दृग का आलोक अरुण जब छलका,
बन गईं घटाएँ बिम्ब उषा-अंचल का।

उदयाचल पर आलोक-शरासन ताने,
आया मैं उज्ज्वल गीत विभा के गाने।

ज्योतिर्धनु की शिंजिनी बजा गाता हूँ,
टंकार-लहर अम्बर में फैलाता हूँ।

किरणों के मुख में विभा बोलती मेरी,
लोहिनी कल्पना उषा खोलती मेरी।

मैं विभापुत्र, जागरण गान है मेरा,
जग को अक्षय आलोक-दान है मेरा।

कोदंड-कोटि पर स्वर्ग लिए चलता हूँ,
कर-गत दुर्लभ अपवर्ग किए चलता हूँ।

आलोक-विशिख से वेध जगा जन-जन को,
सजता हूँ नूतन शिखा जला जीवन को!

जड़ को उड़ने की पाँख दिए देता हूँ,
चेतन के मन को आँख दिए देता हूँ।

दौड़ा देता हूँ तरल आग नस-नस में,
रहने देता बल को न बुद्धि के बस में।

स्वर को कराल हुंकार बना देता हूँ,
यौवन को भीषण ज्वार बना देता हूँ।

शूरों के दृग अंगार बना देता हूँ,
हिम्मत को ही तलवार बना देता हूँ।

लोहू में देता हूँ वह तेज रवानी,
जूझती पहाड़ों से हो अभय जवानी।

मस्तक में भर अभिमान दिया करता हूँ,
पतनोन्मुख को उत्थान दिया करता हूँ।

म्रियमाण जाति को प्राण दिया करता हूँ,
पीयूष-प्रभा-मय गान दिया करता हूँ।

जो कुछ ज्वलन्त हैं भाव छिपे नर-नर में,
है छिपी विभा उनकी मेरे खर शर में।

किरणें आती हैं समय-वक्ष से कढ़ के,
जाती है अपनी राह धनुष पर चढ़ के।

हूँ जगा रहा आलोक अरुण बाणों से,
मरघट में जीवन फूँक रहा गानों से।

मैं विभा-पुत्र, जागरण गान है मेरा,
जग को अक्षय आलोक दान है मेरा।

(हुंकार, 1940)

कत्तिन का गीत

कात रही सोने का गुन चाँदनी रूप-रस-बोरी;
कात रही रुपहरे धाग दिनमणि की किरण किशोरी।
घन का चरखा चला इन्द्र करते नव जीवन दान;
तार-तार पर मैं काता करती इज्जत-सम्मान।
हरी डार पर श्वेत फूल, यह तूल-वृक्ष मन भाया;
श्याम हिन्द हिम-मुकुट-विमंडित खेतों में मुसकाया।
श्वेत कमल-सी रूई मेरी, मैं कमला महारानी;
कात रही किस्मत स्वदेश की क्षीरोदधि की रानी।
यह घर्घर का नाद कि चरखे की बुलबुल की लय है?
यह रूई का तार कि फूटा जग-जननी का पय है?
धाग-धाग में निहित निःस्व, रिक्तों का धन-संचय है;
तार-तार पर चढ़ कर चलती कोटि-कोटि की जय है।
बोल काठ की बुलबुल, मुँह का कौर न रहे अलोना;
सैटिन पर बह जाए नहीं पानी-सा चाँदी-सोना।
एक तार भी कात सुहागिन, यह भी नहीं अकाज;
स्यात् छिपा दे यही नग्न के किसी रोम की लाज।
मधुर चरखे का घर्घर गान,
देश का धाग-धाग कल्याण।

(रसवन्ती, 1940)

कलिङ्ग-विजय

युद्ध की इति हो गयी; रण-भू श्रमित, सुनसान;
गिरि-शिखर पर थम गया है डूबता दिनमान—

देखते यम का भयावह कृत्य,
अन्ध मानव की नियति का नृत्य;

सोचते, इस बन्धु-वध का क्या हुआ परिणाम?
विश्व को क्या दे गया इतना बड़ा संग्राम?

युद्ध का परिणाम?
युद्ध का परिणाम ह्रासत्रास!
युद्ध का परिणाम सत्यानाश!
रुण्ड-मुण्ड-लुठन, निहिंसन, मीच!
युद्ध का परिणाम लोहित कीच!

हो चुका जो कुछ रहा भवितव्य,
यह नहीं नर के लिए कुछ नव्य;
भूमि का प्राचीन यह अभिशाप,
तू गगनचारी! न कर सन्ताप।
मौन कब के हो चुके रण-तूर्य,
डूब जा तू भी कहीं ओ सूर्य!

छा गया तम, आ गये तारे तिमिर को चीर,
आ गया विधु; किन्तु, क्यों आकृति किये गम्भीर?
और उस घन-खण्ड ने विधु को लिया क्यों ढाँक?
फिर गया शशि क्या लजा कर पाप नर के झाँक?
चाँदनी घन में मिली है छा रही सब ओर,
साँझ को ही दीखता ज्यों हो गया हो भोर।

मौन हैं चारों दिशाएँ, स्तब्ध है आकाश,
श्रव्य जो भी शब्द वे उठते मरण के पास।

शब्द? यानी घायलों की आह,
घाव के मारे हुओं की क्षीण, करुण कराह,
बह रहा जिसका लहू उसका करुण चीत्कार,
श्वान जिसको नोचते उसकी अधीर पुकार।
"घूँट भर पानी, जरा पानी" रटन, फिर मौन;
घूँट भर पानी अमृत है, आज देगा कौन?

बोलते यम के सहोदर श्वान,
बोलते जम्बुक कृतान्त-समान।

मृत्यु-गढ़ पर है खड़ा जयकेतु रेखाकार,
हो गयी हो शान्ति मरघट की यथा साकार।
चल रहा ध्वज के हृदय में द्वन्द्व,
वैजयन्ती है झुकी निस्पन्द।

जा चुके सब लोग फिर आवास,
हत्‌मना कुछ और कुछ सोल्लास।
अङ्क में घायल, मृतक, निश्चेत,
शूर-वीरों को लिटाये रह गया रण-खेत।

और इस सुनसान में निःसङ्ग,
खोजते सच्छान्ति का परिष्वङ्ग,
मूर्त्तिमय परिताप-से विभ्राट्,
हैं खड़े केवल मगध-सम्राट्।

टेक सिर ध्वज का लिये अवलम्ब,
आँख से झर-झर बहाते अम्बु।
भूल कर भूपाल का अहमित्व,
शीश पर वध का लिये दायित्व।

जा चुकी है दृष्टि जग के पार,
आ रहा सम्मुख नया संसार।

चीर वक्षोदेश भीतर पैठ,
देवता कोई हृदय में बैठ,
दे रहा है सत्य का संवाद,
सुन रहे सम्राट् कोई नाद।

"मन्द मानव! वासना के भृत्य!
देख ले भर आँख निज दुष्कृत्य।
यह धरा तेरी न थी उपनीत,
शत्रु की त्यों ही नहीं थी क्रीत।

सृष्टि सारी एक प्रभु का राज,
स्वत्व है सब का प्रजा के व्याज।
मान कर प्रति जीव का अधिकार,
ढो रही धरणी सभी का भार।

एक ही स्तन का पयस कर पान,
जी रहे बलहीन औ' बलवान।
देखने को बिम्ब-रूप अनेक,
किन्तु, दृश्याधार दर्पण एक।

मृत्ति तो बिकती यहाँ बेदाम,
साँस से चलता मनुज का काम।
मृत्तिका हो याकि दीपित स्वर्ण,
साँस पाकर मूर्त्ति होती पूर्ण।

राज या बल पा अमित अनमोल,
साँस का बढ़ता न किंचित् मोल।
दीनता, दौर्बल्य या अपमान,
त्यों घटा सकते न इसका मान।

तू हुआ सब कुछ, मनुज लेकिन, रहा अब क्या न?
जो नहीं कुछ बन सका, वह भी मनुज है, मान।

हाय रे धनलुब्ध जीव कठोर!
हाय रे दारुण! मुकुटधर भूप लोलुप, चोर।
साज कर इतना बड़ा सामान,
स्वत्व निज सर्वत्र अपना मान।
खड्ग-बल का ले मृषा आधार,
छीनता फिरता मनुज के प्राकृतिक अधिकार।

चरण से प्रभु के नियम को चाप,
तू बना है चाहता भगवान अपना आप।
भौं उठा पायें न तेरे सामने बलहीन,
इसलिए ही तो प्रलय यह! हाय रे हिय-हीन!
शमित करने को स्वमद अति ऊन,
चाहिए तुझको मनुज का खून।

क्रूरता का साथ ले आख्यान,
जा चुके हैं, जा रहे हैं प्राण।
स्वर्ग में है आज हाहाकार,
चाहता उजड़ा बसा संसार।

भूमि का मानी महीप अशोक,
बाँटना फिरता चतुर्दिक् शोक।
'बाँटता सुत-शोक औ' वैधव्य,
बाँटता पशु को मनुज का क्रव्य।

लूटता है गोदियों के लाल,
लूटता सिन्दूर-सज्जित भाल।
यह मनुज-तन में किसी शक्रारि का अवतार,
लूट लेता है नगर की सिद्धि, सुख, शृंगार।

शमित करने को स्वमद अति ऊन,
चाहिए उसको मनुज का खून।''

आत्म-दंशन की व्यथा, परिताप, पश्चात्ताप,
डँस रहे सब मिल, उठा है भूप का मन काँप
स्तब्धता को भेद बारम्बार,
आ रहा है क्षीण हाहाकार।

यह हृदय-द्रावक, करुण वैधव्य का चीत्कार!
यह किसी बूढ़े पिता की भग्न, आर्त्त पुकार!
यह किसी मृतवत्सला की आह!
आ रही करती हुई दिवदाह!

आ रही है दुर्बलों की हाय,
सूझता है त्राण का नृप को न एक उपाय।
आह की सेना अजेय विराट्,
भाग जा, छिप जा कहीं सम्राट्।
खड्ग से होगी नहीं यह भीत,
तू कभी इसको न सकता जीत।

सामने मन के विरूपाकार,
है खड़ा उल्लङ्ग हो संहार।
षोडशी शुक्लाम्बराएँ आभरण कर दूर,
धूल मल कर धो रही है माँग का सिन्दूर।
वीर-बेटों की चिताएँ देख ज्वलित समक्ष,
रो रहीं माँएँ हजारों पीटतीं सिर-वक्ष।

हैं खुले नृप के हृदय के कान;
हैं खुले मन के नयन अम्लान।
सुन रहे हैं विह्वला की आह,
देखते हैं स्पष्ट शव का दाह।
सुन रहे हैं भूप होकर व्यग्र,
रो रहा कैसे कलिङ्ग समग्र?

रो रहीं हैं वे कि जिनका जल गया शृङ्गार;
रो रहीं जिनका गया मिट फूलता संसार;
जल गयी उम्मीद, जिनका जल गया है प्यार;
रो रहीं जिनका गया छिन एक ही आधार।

चूड़ियाँ दो एक की प्रतिगृह हुई हैं चूर,
पुँछ गया प्रति गेह से दो-एक का सिन्दूर।
बुझ गया प्रतिगृह किसी की आँख का आलोक,
इस महाविध्वंस का दायी महीप अशोक।

ध्यान में थे हो रहे आघात,
कान ने सुन ली मगर, यह बात।
नाम सुन अपना उसाँसें खींच,
नाक, भौं, आँखें घृणा से मीच,

इस तरह बोले महीपति खिन्न
आप से ज्यों हो गये हों भिन्न–
"विश्व में पापी महीप अशोक,
छीनता है आँख का आलोक।"

देह के दुर्द्धर्ष पशु को मार,
ले चुके हैं देवता अवतार।
निन्द्य लगते पूर्वकृत सब काम,
सुन न सकते आज वे निज नाम।

अश्रु में घुल बह गया कुत्सित, निहीन, विवर्ण,
रह गया है शेष केवल तप्त, निर्मल स्वर्ण।
हूक-सी आकर गयी कोई हृदय को तोड़,
ठेस से विष-भाण्ड को कोई गयी है फोड़।
बह गया है अश्रु बनकर कालकूट ज्वलन्त,
जा रहा भरता दया के दूध से वेशन्त।

दूध अन्तर का सरल, अम्लान,
खिल रहा मुख-देश पर द्युतिमान।
किन्तु, हैं अब भी झनत्कृत तार,
बोलते हैं भूप बारम्बार–
"हाय रे गर्हित विजय-मद ऊन,
क्या किया मैंने! बहाया आदमी का ख़ून!"

खुल गयी है शुभ्र मन की आँख,
खुल गयी है चेतना की पाँख;
प्राण की अन्तःशिला पर आज पहली बार,
जाग कर करुणा उठी है कर मृदुल झनकार।

आँसुओं में गल रहे हैं प्राण,
खिल रहा मन में कमल अम्लान।

गिर गया हतबुद्धि-सा थक कर पुरुष दुर्जेय,
प्राण से निकली अनामय नारि एक अमेय।
अर्धनारीश्वर अशोक महीप;
नर पराजित, नारि सजती है विजय का दीप।

पायलों की सुन मृदुल झनकार,
गिर गयी कर से स्वयं तलवार।
वज्र का उर हो गया दो टूक,
जग उठी कोई हृदय में हूक।

लाल किरणों में यथा हँसता तटी का देश,
एक कोमल ज्ञान से त्यों खिल उठा हृद्देश।
खोल दृग, चारों तरफ अवलोक,
सिर झुका कहने लगे मानी महीप अशोक–

"हे नियन्ता विश्व के कोई अचिन्त्य, अमेय!
ईश या जगदीश कोई शक्ति हे अज्ञेय!

हों नहीं क्षन्तव्य जो मेरे विगर्हित पाप,
दो वचन, अक्षय रहे यह ग्लानि, यह परिताप।

प्राण में बल दो, रखूँ निज को सदैव सँभाल,
देव, गर्वस्फीत, हो ऊँचा उठे मत भाल।

शत्रु हो कोई नहीं, हो आत्मवत् संसार,
पुत्र-सा पशु-पक्षियों को भी सकूँ कर प्यार।

मिट नहीं जाये किसी का चरण-चिह्न पुनीत,
राह में भी मैं चलूँ पग-पग सजग, सम्भीत।

हो नहीं मुझको किसी पर रोष,
धर्म्म का गूँजे जगत में घोष।

बुद्ध की जय! धर्म की जय! सङ्घ का जय-गान,
आ बसें मुझमें तथागत मारजित् भगवान।"

देवता को सौंप कर सर्वस्व,
भूप मन ही मन गये हो निःस्व।

और तब उन्मादिनी सोल्लास,
रक्त पर बहती विजय आयी वरण को पास।
सङ्ग लेकर ब्याह का उपहार,
रक्त-कर्दम के कमल का हार।

पर, डिगे तिल-भर न वीर महीप;
थी जिला करुणा चुकी तब तक विजय का दीप।

(सामधेनी, 1941)

प्रतिकूल

है बीत रहा विपरीत ग्रहों का लग्न-याम;
मेरे उन्मादक भाव, आज तुम लो विराम।

उन्नत सिर पर जब तक हो शम्पा का प्रहार,
सोओ तब तक जाज्वल्यमान मेरे विचार।

तब भी आशा मत मरे, करे पीयूष-पान;
वह जिये सोच, मेरा प्रयास कितना महान।

द्रुम अचल, पवन ले जाए उड़ा पत्ती-पराग;
बुझती है केवल शिखा, कभी बुझती न आग।

मेरे मन को आश्वस्त सोच कर एक बात,
इच्छा मैं भी उसकी, जिसका यह शम्ब-पात।

साखी है सारा व्योम, अयाचित मिले गान;
मैंने न इष्ट से कहा, करो कवि-सत्त्व दान।

उसकी इच्छा थी, उठा गूँज गर्जन गंभीर,
मैं धूमकेतु-सा उगा तिमिर का हृदय चीर।

मृत्तिका-तिलक ले कर प्रभु का आदेश मान,
मैंने अम्बर को छोड़ धरा का किया गान।

मानव की पूजा की मैंने सुर के समक्ष,
नर की महिमा का लिखा पृष्ठ नूतन वलक्ष।

हतपुण्य-अनघ, जन पतित-पूत, लघु-महीयान,
मानव कह, अन्तर खोल मिला सबसे समान।

समता के शत प्रत्यूह देख अतिशय अधीर,
सच है, मैंने छोड़े अनेक विष-बुझे तीर।

वे तीर कि जिनसे विद्ध दिशाएँ उठीं जाग,
भू की छाती में लगी खौलने सुप्त आग।

मैंने न सुयश की भीख माँगते किया गान,
थी चाह कि मेरा स्वप्न कभी हो मूर्त्तिमान।

स्वर का पथ पा चल पड़ा स्वयं मन का प्रदाह,
चुन ली जीवन ने स्वयं गीत की प्रगुण राह।

इच्छा प्रभु की मुझ में आ बोली बार-बार,
दिव को कंचन-सा गला करो भू का सिंगार।

वाणी, पर, अब तक विफल मुझे दे रही खेद,
टकराकर भी सकती न वज्र का हृदय भेद।

जिनके हित मैंने कण्ठ फाड़कर किया नाद,
माधुरी जली मेरी, न जला उनका प्रमाद।

आखिर क्लीवों को देख भारती गयी छूट,
धरती पर मैंने छिड़क दिया विष कालकूट।

पर, सुनकर भी जग ने न सुनी प्रभु की पुकार,
समझा कि बोलता था मेरा कटु अहंकार।

हा, अहंकार! ब्रह्माण्ड-बीच अणु एक खर्व,
ऐसा क्या तत्त्व स्वकीय जिसे ले करूँ गर्व?

मैं रिक्त-हृदय बंसी, फूँकें तो उठे हूक,
दें अधर छुड़ा देवता कहीं तो रहूँ मूक।

जानें करना होगा कब तक यह तप कराल!
चलना होगा कब तक दुरध्व पर हृदय बाल!

बन सेतु पड़ा रहना होगा छू युग्म देश,
कर सके इष्ट जिस पर चढ़ नवयुग में प्रवेश!

सुन रे मन, अस्फुट-सा कहता क्या महाकाश?
जलता है कोई द्रव्य, तभी खिलता प्रकाश!

तप से जीवन का जन्म, इसे तप रहा पाल,
है टिकी तपस्या पर विधि की रचना विशाल।

तप से प्रदीप्त मार्तण्ड, चन्द्र शीतल मनोज्ञ,
तप से स्थित उडु नभ में ले आसन यथा-योग्य।

सागर में तप परिणाह, सरित् में खर प्रवाह,
घन में जीवन, गिरि में नूतन प्रस्रवण-चाह।

द्रुम के जीवन में सुमन, सुमन में तप सुगन्ध;
तृण में हरीतिमा, व्याप्ति महा नभ में विबन्ध।

नर में तप पौरुष-शिखा, शौर्य का हेम-हास,
नारी में अर्जित पुराचीन तप का प्रकाश।

जग के विकास-क्रम में जो जितना महीयान,
है उसका तप उतना चिरायु, उतना महान।

मानव का पद सर्वोच्च, अतः, तप भी कठोर,
अपनी पीड़ा का कभी उसे मिलता न छोर।

रे पथिक! मुदित मन झेल, मिलें जो अन्तराय,
जलने दे मन का बोझ, नहीं कोई उपाय।

(सामधेनी, 1941)

वह प्रदीप जो दीख रहा है

वह प्रदीप जो दीख रहा है झिलमिल, दूर नहीं है;
थककर बैठ गए क्या भाई! मंज़िल दूर नहीं है।

चिनगारी बन गई लहू की
बूँद गिरी जो पग से;
चमक रहे, पीछे मुड़ देखो,
चरण-चिह्न जगमग-से।
शुरू हुई आराध्य-भूमि यह,
क्लान्ति नहीं रे राही;
और नहीं तो पाँव लगे हैं
क्यों पड़ने डगमग-से?

बाक़ी होश तभी तक, जब तक जलता तूर नहीं है;
थककर बैठ गए क्या भाई! मंज़िल दूर नहीं है।

अपनी हड्डी की मशाल से
हृदय चीरते तम का,
सारी रात चले तुम दुख
झेलते कुलिश निर्मम का।

एक खेय है शेष किसी विध
पार उसे कर जाओ;
वह देखो, उस पार चमकता
है मन्दिर प्रियतम का।

आकर इतना पास फिरे, वह सच्चा शूर नहीं है,
थककर बैठ गए क्या भाई! मंज़िल दूर नहीं है।

दिशा दीप्त हो उठी प्राप्त कर
पुण्य-प्रकाश तुम्हारा,
लिखा जा चुका अनल-अक्षरों
में इतिहास तुम्हारा।
जिस मिट्टी ने लहू पिया,
वह फूल खिलाएगी ही,
अम्बर पर घन बन छाएगा
ही उच्छ्वास तुम्हारा।

और अधिक ले जाँच, देवता इतना क्रूर नहीं है।
थककर बैठ गए क्या भाई! मंजिल दूर नहीं है।

(सामधेनी, 1943)

आग की भीख

धुँधली हुईं दिशाएँ, छाने लगा कुहासा,
कुचली हुई शिखा से आने लगा धुआँ-सा।
कोई मुझे बता दे, क्या आज हो रहा है;
मुँह को छिपा तिमिर में क्यों तेज रो रहा है?
दाता, पुकार मेरी, सन्दीप्ति को जिला दे;
बुझती हुई शिखा को संजीवनी पिला दे।
प्यारे स्वदेश के हित अङ्गार माँगता हूँ।
चढ़ती जवानियों का शृङ्गार माँगता हूँ।

बेचैन हैं हवाएँ, सब ओर बेकली है,
कोई नहीं बताता, किश्ती किधर चली है?
मँझधार है, भँवर है या पास है किनारा?
यह नाश आ रहा या सौभाग्य का सितारा?
आकाश पर अनल से लिख दे अदृष्ट मेरा,

भगवान, इस तरी को भरमा न दे अँधेरा।
तम-वेधिनी किरण का सन्धान माँगता हूँ।
ध्रुव की कठिन घड़ी में पहचान माँगता हूँ।

आगे पहाड़ को पा धारा रुकी हुई है,
बल-पुंज केसरी की ग्रीवा झुकी हुई है;
अग्निस्फुलिङ्ग रज का, बुझ, ढेर हो रहा है,
है रो रही जवानी, अन्धेर हो रहा है।
निर्वाक् है हिमालय, गङ्गा डरी हुई है।
निस्तब्धता निशा की दिन में भरी हुई है।
पंचास्य-नाद भीषण, विकराल माँगता हूँ।
जड़ता-विनाश को फिर भूचाल माँगता हूँ।

मन की बँधी उमंगें असहाय जल रही हैं,
अरमान-आरजू की लाशें निकल रही हैं।
भींगी-खुली पलों में रातें गुजारते हैं,
सोती वसुन्धरा जब तुझको पुकारते हैं।
इनके लिए कहीं से निर्भीक तेज ला दे,
पिघले हुए अनल का इनको अमृत पिला दे,
उन्माद, बेकली का उत्थान माँगता हूँ,
विस्फोट माँगता हूँ, तूफ़ान माँगता हूँ।

आँसू-भरे दृगों में चिनगारियाँ सजा दे,
मेरे श्मशान में आ शृङ्गी ज़रा बजा दे;
फिर एक तीर सीनों के आर-पार कर दे,
हिमशीत प्राण में फिर अङ्गार स्वच्छ भर दे।
आमर्ष को जगानेवाली शिखा नयी दे,
अनुभूतियाँ हृदय में दाता, अनलमयी दे।

विष का सदा लहू में संचार माँगता हूँ,
बेचैन जिन्दगी का मैं प्यार माँगता हूँ।

ठहरी हुई तरी को ठोकर लगा चला दे,
जो राह हो हमारी उस पर दिया जला दे।
गति में प्रभंजनों का आवेग फिर सबल दे।
इस जाँच की घड़ी में निष्ठा कड़ी, अचल दे।
हम दे चुके लहू हैं, तू देवता विभा दे,
अपने अनल-विशिख से आकाश जगमगा दे
प्यारे स्वदेश के हित वरदान माँगता हूँ,
तेरी दया विपद् में भगवान, माँगता हूँ।

(सामधेनी, 1943)

जवानी का झंडा

घटा फाड़कर जगमगाता हुआ
आ गया देख, ज्वाला का बान;
खड़ा हो, जवानी का झंडा उड़ा,
ओ मेरे देश के नौजवान!

सहम करके चुप हो गए थे समुन्दर
अभी सुन के तेरी दहाड़;
ज़मीं हिल रही थी, जहाँ हिल रहा था,
अभी हिल रहे थे पहाड़;
अभी क्या हुआ? किसके जादू ने आकर के
शेरों की सी दी जुबान?
खड़ा हो, जवानी का झंडा उड़ा,
ओ मेरे देश के नौजवान!

खड़ा हो कि पच्छिम के कुचले हुए लोग
उठने लगे ले मशाल,*
खड़ा हो कि पूरब की छाती से भी
फूटने को है ज्वाला कराल!
खड़ा हो कि फिर फूँक विष की लगा
धूर्जटी ने बजाया विषान,
खड़ा हो, जवानी का झंडा उड़ा,
ओ मेरे देश के नौजवान!

गरज कर बता सबको, मारे किसी के
मरेगा नहीं हिन्द-देश,
लहू की नदी तैर कर आ रहा है,
कहीं से कहीं हिन्द-देश।
लड़ाई के मैदान में चल रहे लेके
हम उसका उड़ता निशान,
खड़ा हो, जवानी का झंडा उड़ा,
ओ मेरे देश के नौजवान!

अहा! जगमगाने लगी रात की
माँग में रौशनी की लकीर,
अहा! फूल हँसने लगे, सामने देख,
उड़ने लगा वह अबीर।
अहा! यह उषा हो के उड़ता चला
आ रहा देवता का विमान;
खड़ा हो, जवानी का झंडा उड़ा,
ओ मेरे देश के नौजवान!

(सामधेनी, 1944)

* यूनान के युद्धोत्तर विद्रोह के समय रचित।

जवानियाँ

नये सुरों में शिंजिनी बजा रहीं जवानियाँ,
लहू में तैर-तैर के नहा रहीं जवानियाँ।

प्रभात-शृंग से घड़े सुवर्ण के उँड़ेलती;
रँगी हुई घटा में भानु को उछाल खेलती;
तुषार-जाल में सहस्र हेम-दीप बालती,
समुद्र की तरंग में हिरण्य-धूलि डालती;

सुनील चीर को सुवर्ण-बीच बोरती हुई,
धरा के ताल-ताल में उसे निचोड़ती हुई;
उषा के हाथ की विभा लुटा रहीं जवानियाँ

घनों के पार बैठ, तार बीन के चढ़ा रहीं,
सुमंद्र नाद में मलार विश्व को सुना रहीं;
अभी कहीं लटें निचोड़तीं, जमीन सींचतीं,
अभी बढ़ीं घटा में क्रुद्ध काल-खड्ग खींचतीं,

पड़ी व' टूट देख लो, अजस्र वारिधार में,
चलीं व' बाढ़ बन, नहीं समा सकीं कगार में।
रुकावटों को तोड़-फोड़ छा रहीं जवानियाँ।

हटो तमीचरो, कि हो चुकी समाप्त रात है,
कुहेलिका के पार जगमगा रहा प्रभात है!
लपेट में समेटता रुकावटों को तोड़ के,
प्रकाश का प्रवाह आ रहा दिगन्त फोड़ के!

विशीर्ण डालियाँ महीरुहों की टूटने लगीं;
शमा की झालरें व' टक्करों से फूटने लगीं।
चढ़ी हुई प्रभंजनों प' आ रहीं जवानियाँ।

घटा को फाड़ व्योम-बीच गूँजती दहाड़ है,
जमीन डोलती है और डोलता पहाड़ है;
भुजंग दिग्गजों से, कूर्मराज त्रस्त कोल से,
धरा उछल-उछल के बात पूछती खगोल से;

कि क्या हुआ है सृष्टि को? न एक अंग शान्त है;
प्रकोप रुद्र का? कि कल्पनाश है, युगान्त है?
जवानियों की धूम-सी मचा रहीं जवानियाँ।

समस्त सूर्य-लोक एक हाथ में लिये हुए,
दबा के एक पाँव चन्द्र-भाल पर दिये हुए,
खगोल में धुआँ बिखेरती प्रतप्त श्वास से,
भविष्य को पुकारती हुई प्रचण्ड हास से;

उछाल देव-लोक को मही से तोलती हुईं,
मनुष्य के प्रताप का रहस्य खोलती हुईं;
विराट् रूप विश्व को दिखा रहीं जवानियाँ।

मही प्रदीप्त है, दिशा-दिगन्त लाल-लाल है,
व' देख लो, जवानियों की जल रही मशाल है;
व' गिर रहे हैं आग में पहाड़ टूट-टूट के,
व' आसमाँ से आ रहे हैं रत्न छूट-छूट के;

उठो, उठो कुरीतियों की राह तुम भी रोक दो,
बढ़ो, बढ़ो, कि आग में गुलामियों को झोंक दो।
परम्परा की होलिका जला रहीं जवानियाँ।

व' देख लो, खड़ी है कौन तोप के निशान पर;
व' देख लो, अड़ी है कौन जिंदगी की आन पर।
व' कौन थी जो कूद के अभी गिरी है आग में?
लहू बहा? कि तेल आ गिरा नया चिराग में?

अहा व' अश्रु था कि प्रेम का दबा उफान था?
हँसी थी या कि चित्र में सजीव, मौन गान था?
अलभ्य भेंट काल को चढ़ा रहीं जवानियाँ।

अहा, कि एक रात चाँदनी-भरी सुहावनी,
अहा, कि एक बात प्रेम की बड़ी लुभावनी;
अहा, कि एक याद दूब-सी मरुप्रदेश में,
अहा, कि एक चाँद जो छिपा विदग्ध वेश में;

अहा, पुकार कर्म की, अहा री पीर मर्म की,
अहा, कि प्रीति भेंट जा चढ़ी कठोर धर्म की।
अहा, कि आँसुओं में मुस्कुरा रहीं जवानियाँ।

(सामधेरी, 1944)

वैशाली

ओ भारत की भूमि वन्दिनी! ओ जंजीरोंवाली!
तेरी ही क्या कुक्षि फाड़ कर जन्मी थी वैशाली?

वैशाली! इतिहास-पृष्ठ पर अंकन अंगारों का,
वैशाली! अतीत गह्वर में गुंजन तलवारों का।

वैशाली! जन का प्रतिपालक, गण का आदि विधाता,
जिसे ढूँढता देश आज उस प्रजातंत्र की माता।

रुको, एक क्षण पथिक! यहाँ मिट्टी को शीश नवाओ,
राजसिद्धियों की समाधि पर फूल चढ़ाते जाओ।

डूबा है दिनमान, इसी खँडहर में डूबी राका,
छिपी हुई है यहीं कहीं धूलों में राजपताका;

ढूँढों उसे, जगाओ उनको जिनकी ध्वजा गिरी है;
जिनके सो जाने से सिर पर काली घटा घिरी है;

कहो, जगाती है उनको वन्दिनी बेड़ियोंवाली,
नहीं उठे वे तो न बसेगी किसी तरह वैशाली।

फिर आते जागरण-गीत टकरा अतीत-गह्वर से,
उठती है आवाज एक वैशाली के खँडहर से।

करना हो साकार स्वप्न को तो वलिदान चढ़ाओ,
ज्योति चाहते हो तो पहले अपनी शिखा जलाओ।

जिस दिन एक ज्वलन्त वीर तुम में से बढ़ आएगा,
एक-एक कण इस खँडहर का जीवित हो जाएगा।

किसी जागरण की प्रत्याशा में हम पड़े हुए हैं,
लिच्छवि नहीं मरे, जीवित मानव ही मरे हुए हैं।

(इतिहास के आँसू, 1944)

उमंग

हम मान गये, हैं चाँद निठुर,
पीयूष नहीं लेने देगा,
देवों का है जो भाग, नरों
के लिए नहीं देने देगा।

हम मान गये सुरराज
स्वर्ग के पास न जाने देता है,
कल्पद्रुम के दो फूल भूमि
के लिए न लाने देता है।

है जहाँ-जहाँ पीयूष-कुण्ड,
हैं वहाँ-वहाँ पहरे जारी।
हैं पंक्ति बाँध कर शत्रु खड़े,
है महायुद्ध की तैयारी।

हम मान गये, सब ने विरुद्ध
आशा के शस्त्र निकाले हैं।
हम मान गये, तुम एक,
उधर वे लाख रोकने वाले हैं।

पर एक बार क्यों नहीं हमें
अम्बर पर छाने देते हो?
क्यों नहीं इन्द्रपुर की पल में
धज्जियाँ उड़ाने देते हो?

(प्रण-भंग तथा अन्य कविताएँ, 1944)

दिल्ली और मास्को

जय विधायिके अमर क्रान्ति की! अरुण देश की रानी!
रक्त-कुसुम-धारिणि! जगतारिणि! जय नव शिवे! भवानी!

अरुण विश्व की काली, जय हो,
लाल सितारोंवाली, जय हो,
दलित, बुभुक्षु, विषण्ण मनुज की,
शिखा रुद्र मतवाली, जय हो।

जगज्ज्योति, जय-जय, भविष्य की राह दिखानेवाली,
जय समत्व की शिखा, मनुज की प्रथम विजय की लाली।
भरे प्राण में आग, भयानक विप्लव का मद ढाले,
देश-देश में घूम रहे तेरे सैनिक मतवाले।

नगर-नगर जल रहीं भट्ठियाँ,
घर-घर सुलग रही चिनगारी;

यह आयोजन जगद्दहन का,
यह जल उठने की तैयारी;

देश-देश में शिखा क्षोभ की
उमड़-घुमड़ कर बोल रही है;
लरज रहीं चोटियाँ शैल की,
धरती क्षण-क्षण डोल रही है।

ये फूटे अङ्गार, कढ़े अम्बर में लाल सितारे,
फटी भूमि, वे बढ़े ज्योति के लाल-लाल फव्वारे।
बन्ध, विषमता के विरुद्ध सारा संसार उठा है,
अपना बल पहचान, लहर कर पारावार उठा है।
छिन्न-भिन्न हो रहीं मनुजता के बन्धन की कड़ियाँ,
देश-देश में बरस रहीं आजादी की फुलझड़ियाँ।

एक देश है जहाँ विषमता
से अच्छी हो रही गुलामी,
जहाँ मनुज पहले स्वतन्त्रता
से हो रहा साम्य का कामी।

भ्रमित ज्ञान से जहाँ जाँच हो–
रही दीप्त स्वातन्त्र्य-समर की,
जहाँ मनुज है पूज रहा जग को,
बिसार सुधि अपने घर की।

जहाँ मृषा सम्बन्ध विश्व-मानवता
से नर जोड़ रहा है,
जन्मभूमि का भाग्य जगत् की
नीति-शिला पर फोड़ रहा है।

चिल्लाते हैं 'विश्व, विश्व' कह जहाँ चतुर नर ज्ञानी,
बुद्धि-भीरु सकते न डाल जलते स्वदेश पर पानी।

जहाँ मास्को के रणधीरों के गुण गाये जाते,
दिल्ली के रुधिराक्त वीर को देख लोग सकुचाते।

दिल्ली, आह, कलङ्क देश का,
दिल्ली, आह, ग्लानि की भाषा,
दिल्ली, आह, मरण पौरुष का,
दिल्ली, छिन्न-भिन्न अभिलाषा।

विवश देश की छाती पर ठोकर की एक निशानी,
दिल्ली, पराधीन, भारत की जलती हुई कहानी।
मरे हुओं की ग्लानि, जीवितों को रण की ललकार,
दिल्ली, वीरविहीन देश की गिरी हुई तलवार।

बरबस लगी देश के होठों
से यह भरी जहर की प्याली,
यह नागिनी स्वदेश-हृदय पर
गरल उँड़ेल लोटनेवाली।

प्रश्नचिह्न भारत का, भारत के बल की पहचान,
दिल्ली राजपुरी भारत की, भारत का अपमान।

ओ समता के वीर सिपाही,
कहो, सामने कौन अड़ी है?
बल से दिये पहाड़ देश की
छाती पर यह कौन पड़ी है?

यह है परतन्त्रता देश की,
रुधिर देश का पीनेवाली;
मानवता कहता तू जिसको
उसे चबाकर जीनेवाली।

यह पहाड़ के नीचे पिसता
हुआ मनुज क्या प्रेय नहीं है?

इसका मुक्ति-प्रयास स्वयं ही
क्या, उज्ज्वलतम श्रेय नहीं है?

यह जो कटे वीर-सुत माँ के,
यह जो बही रुधिर की धारा,
यह जो डोली, भूमि देश की,
यह जो काँप गया नभ सारा;

यह जो उठी शौर्य की ज्वाला, यह जो खिला प्रकाश;
यह जो खड़ी हुई मानवता रचने को इतिहास;
कोटि-कोटि सिंहों की यह जो उट्ठी मिलित दहाड़;
यह जो छिपे सूर्य-शशि, यह जो हिलने लगे पहाड़।

सो क्या था विस्फोट अनर्गल?
बाल-कुतूहल? नर-प्रमाद था?
निष्पेषित मानवता का यह
क्या न भयंकर तूर्य-नाद था?

इस उद्वेलन-बीच प्रलय का
था पूरित उल्लास नहीं क्या?
लाल भवानी पहुँच गयी है
भरत-भूमि के पास नहीं क्या?

फूट पड़ी है क्या न प्राण में नये तेज की धारा?
गिरने को हो रही छोड़कर नींव नहीं क्या कारा?
नगपति के पद में जबतक है बँधी हुई जंजीर,
तोड़ सकेगा कौन विषमता का प्रस्तर-प्राचीर?

दहक रही मिट्टी स्वदेश की,
खौल रहा गङ्गा का पानी;
प्राचीरों में गरज रही है
जंजीरों से कसी जवानी।

यह प्रवाह निर्भीक तेज का,
यह अजस्र यौवन की धारा,
अनवरुद्ध यह शिखा यज्ञ की,
यह दुर्जय अभियान हमारा।

यह सिद्धाग्नि प्रबुद्ध देश की जड़ता हरनेवाली,
जन-जन के मन में बन पौरुष-शिखा विहरनेवाली।
अर्पित करो समिध, आओ, हे समता के अभियानी!
इसी कुण्ड से निकलेगी भारत की लाल भवानी।

हा, भारत की लाल भवानी,
जवा-कुसुम के हारोंवाली,
शिवा, रक्त-रोहित-वसना,
कबरी में लाल सितारोंवाली।

कर में लिये त्रिशूल, कमण्डल,
दिव्य-शोभिनी, सुरसरि-स्नाता,
राजनीति की अचल स्वामिनी,
साम्य-धर्म-ध्वज-धर की माता।

भरत-भूमि की मिट्टी से शृङ्गार सजानेवाली,
चढ़ हिमाद्रि पर विश्व-शान्ति का शंख बजानेवाली।

दिल्ली का नभ दहक उठा, यह—
श्वास उसी कल्याणी का है।
चमक रही जो लपट चतुर्दिक्,
अंचल लाल भवानी का है।

खौल रहे जो भाव वह्निमय,
ये हैं आशीर्वाद उसी के,

'जय भारत' के तुमुल रोर में
गुंजित सङ्गर-नाद उसी के।

दिल्ली के नीचे मर्दित अभिमान नहीं केवल है,
दबा हुआ शत-लक्ष नरों का अन्न-वस्त्र, धन-बल है।
दबी हुई इसके नीचे भारत की लाल भवानी,
जो तोड़े यह दुर्ग, वही है समता का अभियानी।

(सामधेनी, 1945)

सरहद के पार से

जन्मभूमि से दूर, किसी वन में या सरित् किनारे,
हम तो लो, सो रहे लगाते आजादी के नारे।

ज्ञात नहीं किनको कितने दुख में हम छोड़ चले हैं,
किस असहाय दशा में किनसे नाता तोड़ चले हैं?

जो रोएँ, तुम उन्हें सुनाना ज्वालामयी कहानी,
स्यात्, सुखा दे यह ज्वाला उनकी आँखों का पानी।

आए थे हम यहाँ देश-माता का मान बढ़ाने,
स्वतन्त्रता के महा यज्ञ में अपना हविष् चढ़ाने।

सो पूर्णाहुति हुई; देवता की सुन अन्य पुकार,
मिट्टी की गोदी तज हम चलने को हैं तैयार।

माँ का आशीर्वाद, प्रिया का प्रेम लिए जाते हैं,
केवल है सन्देश, एक जो तुम्हें दिए जाते हैं।

यह झण्डा, जिसको मुर्दे की मुट्ठी जकड़ रही है,
छिन न जाए, इस भय से अब भी कस कर पकड़ रही है;

थामो इसे; शपथ लो, बलि का कोई क्रम न रुकेगा,
चाहे जो हो जाए, मगर, यह झण्डा नहीं झुकेगा।

इस झण्डे में शान चमकती है मरने वालों की,
भीमकाय पर्वत से मुट्ठी भर लड़ने वालों की।

इसके नीचे ध्वनित हुआ 'आजाद हिन्द' का नारा,
बही देश भर के लोहू की यहाँ एक हो धारा।

जिस दिन हो तिमिरान्त, विजय की किरणें जब लहराएँ,
अलग-अलग बहनेवाली ये सरिताएँ मिल जाएँ।

संगम पर गाड़ना ध्वजा यह, इसका मान बढ़ाना,
और याद में हम-जैसों की भी दो फूल चढ़ाना।

(सामधेनी, 1945)

फलेगी डालों में तलवार

धनी दे रहे सकल सर्वस्व
तुम्हें इतिहास दे रहा मान;
सहस्रों बलशाली शार्दूल
चरण पर चढ़ा रहे हैं प्राण।

दौड़ती हुई तुम्हारी ओर
जा रहीं नदियाँ विकल, अधीर;
करोड़ों आँखें पगली हुईं,
ध्यान में झलक उठी तस्वीर।

पटल जैसे-जैसे उठ रहा,
फैलता जाता है भूडोल।

हिमालय रजत-कोष ले खड़ा,
हिन्द-सागर ले खड़ा प्रवाल,
देश के दरवाजे पर रोज
खड़ी होती ऊषा ले माल।

कि जानें तुम आओ किस रोज
बजाते नूतन रुद्र-विषाण,
किरण के रथ पर हो आसीन
लिए मुट्ठी में स्वर्ण-विहान।

स्वर्ग जो हाथों को है दूर,
खेलता उससे भी मन लुब्ध।

धनी देते जिसको सर्वस्व,
चढ़ाते बली जिसे निज प्राण,
उसी का ले कर पावन नाम
कलम बोती है अपने गान।

गान, जिनके भीतर सन्तप्त
जाति का जलता है आकाश;
उबलते गरल, द्रोह, प्रतिशोध,
दर्प से बलता है विश्वास।

देश की मिट्टी का असि-वृक्ष,
गान-तरु होगा जब तैयार,
खिलेंगे अंगारों के फूल,
फलेगी डालों में तलवार।

चटकती चिनगारी के फूल,
सजीले वृन्तों के शृंगार,
विवशता के विषजल में बुझी,
गीत की, आँसू की तलवार।

(सामधेनी, 1945)

मैंने कहा, लोग यहाँ तब भी हैं मरते?

[सन् 1945 ई. में, उत्तर-बिहार में, हैजा और मलेरिया, दोनों बड़े जोर से उठे थे। यह वह समय था जब अधिकांश नेता और सामाजिक कार्यकर्त्ता जेलों में बन्द थे। बिहार ने पुकार की कि जनता की सेवा के लिए राजेन्द्र बाबू रिहा किए जाएँ। किन्तु सरकार ने उन्हें रिहा नहीं किया। तब भी रिलीफ के नाम पर कई कार्यकर्त्ताओं को छुड़ाकर रिलीफ का काम शुरू कर दिया। सरकार उन दिनों राँची में थी, और रिलीफ का संगठन पटने (पटना) में हो रहा था। अतएव राँची और पटने के बीच नेताओं और अफसरों का आवागमन खूब बढ़ा। रिलीफ के काम के लिए सेठ भी दौड़े, साहूकार और बाबू भी तथा स्कूलों और कालेजों के लड़के भी। पटने के एक अंग्रेजी दैनिक ने उत्तर-बिहार की विपत्ति का प्रचार जोरों से शुरू किया। यहाँ तक कि गांधीजी को उसने खासतौर से तार भेजा कि उत्तर-बिहार में कस्तूरबा-स्मारक-निधि का काम बन्द कीजिए। मजे की बात यह हुई कि सरकार इस अखबार से बिगड़ उठी, बल्कि प्रधान सम्पादक को सरकार ने निकलवाकर दम लिया। फिर भी, लोग बदस्तूर मरते ही गए, मरते ही गए। रिलीफ कागज पर ज्यादा, व्यवहार में कम कामयाब हुआ। यह कविता तभी लिखी गई थी और पटने के विख्यात साप्ताहिक 'योगी' में बाबा अगिनगिर के नाम से छपी थी।]

भीषण विशूचिका, मलेरिया विकट है।
बना हुआ उत्तरी बिहार मरघट है।
एक-एक गाँव में पचास रोज मरते,
लाशें कढ़ती हैं हाय, रोज घर-घर से।

विधि की बिगाड़ी कौन बात थी बिहार ने?
मोटे हरफों में छाप डाला अखबार ने।

हलचल मच गई पूरे एक देश में,
दौड़े कई लोग उपकारियों के वेश में।
कुनैन, हँडुली भर, घड़ा भर फाज ले,
कुछ साबू-चीनी, कुछ बोरिया अनाज ले।

चुल्लू भर पानी से बुझाने आग गाँव की,
चल पड़ी टोलियाँ अमीर-उमराव की।

फट पड़ी मीटिंग-कमेटी सब ओर से,
बड़े-बड़े लोग लगे रोने जोर-शोर से।
नेता लगे रोने, "ईश देश पै दया करें,
कैद हैं राजेन्द्र बाबू, हम हाय, क्या करें?"

अखबार रोने लगे तार* चढ़-चढ़ के,
गांधी जी के पास जा पहुँचे बढ़-बढ़ के।

लंबे-लंबे रोने के बयान लगे छपने,
ऐसा हुआ हल्ला कि पहाड़** लगा कँपने।
रोते देख दूसरों को रोई सरकार भी,
और इसी बात पर हुई तकरार भी।

डाँटा एक को कि तेरा रोना बड़ा तेज है,
धीरे-धीरे रो, न हाल हैरतअंगेज है।

रो रही हूँ मैं, यथेष्ट यही अश्रुधार है,
तू तो सनकी-सा गले को ही रहा फाड़ है।

हाकिम-हुक्काम ने भी कोई कमी की नहीं,
लेकिन, वो चीज उन्हें मिलने को थी नहीं।
मिलती है सिर्फ जो कि उसको बाजार में,
छपते हैं जिसके रुदन अखबार में।

आँसुओं की बाढ़ देख कोसी*** हुई मात है।
और इस साल रुक गई बरसात है।

---

* तार भी और ताड़ भी।

** बिहार का तत्कालीन गवर्नर, रदरफोर्ड, जो उस समय राँची में था।

*** उत्तर बिहार की शैतान नदी, जो हर साल तबाही लाती है।

अथ क्षेपक

और कल की ही ये कहानी जरा सुन लो,
सच कहता हूँ याकि झूठ खुद गुन लो।
एक गाँव हो के जा रही थीं बैलगाड़ियाँ
ढोती हुई दस मरे हुओं की सवारियाँ।
गाँववाले कहते थे, भाई! ठहरो जरा,
एक मुरदा है पहले से ही यहाँ पड़ा।
और चार आदमी घड़ी के मेहमान हैं,
पाँच लाशें ढोने के यहाँ नहीं सामान हैं।

ठहरो अभी ही गाड़ियों में लाशें भरके।
साथ होंगे हम भी कलेजा कड़ा करके।

इति क्षेपक

सेवा छोड़ हम कोई काम नहीं करते।
मैंने कहा, लोग यहाँ तब भी हैं मरते?
गाँव-गँवई के लोग मानते न गुन हैं,
जो भी करो, बस, इन्हें मरने की धुन है।

इनके लिए है पड़ा किसको न खटना?
एक हो रहा है आज राँची और पटना।

नेता इनके लिए ही जुट रहे टूट के,
जेलों से हैं दौड़ रहे नेता छूट-छूट के।
देखने को आने ही वाले हैं छोटे लाट भी।
फिर भी, पनाह ले पड़े हैं लोग खाट की।
अरे ओ मुमूर्षु! मरने से जरा पहले,
एक सीधी बात का जवाब मुझे कह ले।

नेता परीशान, परीशान सरकार है।
बोल, मरने का तुझे कौन अधिकार है?

और मरना भी चाहता उस रोग से
जिसका इलाज है सहज सिद्ध-योग से?
मरने का पाप इस मुल्क पै धरेगा क्या?
छपते बयान, तिस पर भी मरेगा क्या?
तेरा नाम ले के चल पड़े अखबार हैं,
और कई लोगों ने गरेबाँ* लिये फाड़ हैं,

गूँज रहे शोर से अनेक हाट-बाट हैं,
दौड़ रहे नेतागण, दौड़ रहे लाट हैं।

देख, दौड़ते हैं मुरदे भी दबी गोर** के,
छोकड़े हैं दौड़ रहे अंडे तोड़-तोड़ के।
अगुनी! कृतघ्न! तब भी तू मरने चला?
देश के ललाट पै कलंक धरने चला?

(नीम के पत्ते, 1945)

पटना जेल की दीवार से

मृत्यु-भीत शत-लक्ष मानवों की करुणार्द्र पुकार!
ढह पड़ना था तुम्हें अरी! ओ पत्थर की दीवार!
निष्फल लौट रही थी जब मरने वालों की आह,
दे देनी थी तुम्हें अभागिनि, एक मनुज को राह।

एक मनुज, चालीस कोटि मनुजों का जो है प्यारा,
एक मनुज भारत-रानी की आँखों का ध्रुवतारा।
एक मनुज जिसके इंगित पर कोटि लोग चलते हैं,
आगे-पीछे नहीं देखते, खुशी-खुशी जलते हैं।

---

* उत्तरीय : अंचल अथवा पोशाक का निचला भाग।
** कब्र।

एक मनुज जिसका शरीर ही बन्दी है पाशों में,
लेकिन,जो जी रहा मुक्त हो जनता की साँसों में।
लेकिन ज्वलित विचार देश की छाती में बलता है,
और दीप्त आदर्श पवन में भी निश्चल जलता है।

कोटि प्राण जिस यशःकाय ऋषि की महिमा गाते हैं,
इतिहासों में स्वयं चरण के चिन्ह बने जाते हैं।
वह मनुष्य जो आज तुम्हारा बन्दी केवल तन से,
लेकिन, व्याप रहा है जो सारे भारत को मन से।

मुट्ठी भर हड्डियाँ निगलकर पापिनि, इतराती हो!
मुक्त विराट पुरूष की माया समझ नहीं पाती हो!
तुम्हें, ज्ञात, उर-उर में किसकी पीड़ा बोल रही है?
धर्म-शिखा किसकी प्रदीप्त गृह-गृह में डोल रही है?

किसके लिए असंख्य लोचनों से झरने हैं जारी?
किसके लिए दबी आहों से छिटक रही चिनगारी?
धुँधुआती भट्ठियाँ एक दिन फूटेंगी, फूटेंगी;
ये जड़ पत्थर की दीवारें टूटेंगी-टूटेंगी।

जंजीरों से बड़ा जगत में बना न कोई गहना,
जय हो उस बलपुंज सिंह की, जिसने इनको पहना।
आँखों पर पहरा बिठलाकर हँसें न किरिचोंवाले,
फटने ही वाले हैं युग के बादल काले-काले।

मिली न जिसको राह वेग से विद्युत बन आते हैं,
बहे नहीं जो अश्रु, वही अंगारे बन जाते हैं।
मानवेन्द्र राजेन्द्र हमारा अहंकार है, बल है,
तपःपूत आलोक, देश माता का खड्ग प्रबल है।

जिस दिन होगी खड़ी तान कर भृकुटी भारत रानी,
खड्ग उगल देगा ओ पिशाचिनी दीवानी!

घड़ी मुक्ति की नहीं टलेगी कभी किसी के टाले,
शाप दे गए तुम्हें, किन्तु, मिथिला के मरनेवाले*

(मृत्ति-तिलक, 1945)

हिमर्षि राजेन्द्र

सब कहते, तुम सहनशील, तुम निरनल, तुम हिमशीत,
तुम न हलाहल, तुम न वह्नि, तुम शीतल वारि पुनीत।

पर, तुषार, नवनीत, मृत्ति, निरनलता के उस पार,
मुझे दीखती खुली, चमकती भारत की तलवार।

भारत की तलवार, न्याय के दर्शन की प्रतिमान।
भारत की तलवार, धर्म की आभा-सी द्युतिमान।

भारत की तलवार, त्याग-सी तप्त, मृत्यु-सी घोर,
फूल देखने में, छूने में दाहक वज्र कठोर।

निस्सहाय, निःशस्त्र जाति का यह अमोध आधार।
बल की, बलि की, निर्भयता की, हिम्मत की तलवार।

(प्रण-भंग तथा अन्य कविताएँ, 1945)

शहीद

(नेताजी की आज़ाद हिन्द फौज के शहीदों की याद में)

जन्म-भूमि से दूर किसी
वन में या नदी-किनारे

---

* उत्तर बिहार में फैली हुई महामारी के समय पूज्य राजेन्द्र बाबू की रिहाई के लिए उठाए गए आन्दोलन की विफलता पर रचित।

हम तो लो सो रहे
लगाते आजादी के नारे।

ज्ञात नहीं, किसको हम
कितने दुख में छोड़ चले हैं;
किस असहाय दशा में
किससे नाता तोड़ चले हैं।

जो रोयें, तुम उन्हें सुनाना
ज्वालामयी कहानी।
स्यात् सुखा दे यह ज्वाला
उनकी आँखों का पानी।

आये थे हम यहाँ देश-
माता का मान बढ़ाने,
स्वतन्त्रता का महायज्ञ में
अपना हविष् चढ़ाने।

सो पूर्णाहुति हुई, देवता
की सुन अन्य पुकार
मिट्टी की गोदी तज हम
चलने को हैं तैयार।

माँ का आशीर्वाद, प्रिया का
प्रेम लिये जाते हैं,
केवल है संदेश एक
जो तुम्हें दिये जाते हैं।

यह झण्डा, जिसको मुरदे की
मुट्ठी जकड़ रही है,
छिन न जाय, इस भय से
अब भी कस कर पकड़ रही है।

थामो इसे, शपथ लो, बलि का
कोई क्रम न रुकेगा।
चाहे जो हो जाय, किंतु,
यह झण्डा नहीं झुकेगा।

जिस दिन हो तिमिरान्त,
विजय की किरणें जब लहरायें,
अलग-अलग बहने वाली
ये सरिताएँ मिल जायें।

संगम पर गाड़ना ध्वजा यह
इसका मान बढ़ाना।
और याद में हम जैसों की
भी दो फूल चढ़ाना।

(प्रण-भंग तथा अन्य कविताएँ, 1945)

गांधी

सत्यध्वज मनुष्य कहाँ तक ऊपर उठ सकता है?
बापू, तुम पृथ्वी पर हिमालय हो,
आकाश में सूर्य हो।

जिसमें चींटी के दब जाने की विनम्रता है,
समुद्र और गजराज उसकी आज्ञा
को नहीं टालते।

तो फिर ब्रिटिश सिंह इतना मदोन्मत्त क्यों है?
अथवा तुमने अब तक उसे आज्ञा ही
नहीं दी थी।

किन्तु, अब तो तुम बोल चुके,

'अंगरेज़ो, भारत छोड़ दो।'

सप्त सिन्धुओं के पार से आये हुए,
हे गौरांग मृगराज,
गांधी के इस वचन का पालन करो।

यह घृणा नहीं प्रेम की वाणी है।
इंग्लैण्ड और भारतवर्ष
एक राज्य के अंग होकर भी
पास नहीं, दूर हैं।

तुम भारत छोड़ दो।
तब बापू दो देशों के बीच
प्रेम का सेतु बनाएँगे।

हिटलर और स्टालिन तो बिलकुल ही नहीं,
गांधी को तुम चर्चिल और रूज़वेल्ट भी
नहीं समझना।

वह चंद्रगुप्त और चाणक्य नहीं,
मुकुटहीन अशोक है।
स्वर्ग के हृदय में जो संदेश है,
वह गांधी के मुख से फूटता है।
तुलसी का पौधा, जो भटक कर
राजवाटिका में आ गया है।
देशभक्ति और राजनीति के अखाड़े में
उतरा हुआ संत,
जिसे आत्मा है, देह नहीं है।

भगवान का निशान अपने माथे पर
धारण करनेवाला महाभिक्षु।

ईसा, बुद्ध और महावीर का सखा।

देखते हो भारतवासियों को?
गांधी को देख कर उनकी आँखें
अब भी तो जुड़ा नहीं पायी हैं।
"दिने दीप ज्वालि, ओरे ओ ख्याली
कि लिखिछे हिजीबिजी?
नगर-प्रान्ते रोल उठे शोनो
गांधी जी, गांधी जी।"

कवियो, फटे बादलों में
तुम कविता खोज रहे हो।
किन्तु, यहाँ मिट्टी पर ही
कर्मठ कवि खड़ा है,
जिसका चरित्र कोटि कविताओं के
निर्झर के समान
शुभ्र और उन्मेषशाली है।
विष्णु के तेज से दीप्त वैष्णव
(वाच, काछ, मन निश्चल राखे
धनि, धनि, जननी तेणीं रे)
जिसके सत्याग्रह-रूपी पारस के स्पर्श से
तलवारें भी लौह गुण को छोड़ कर
स्वर्ण बन जाती हैं।

(प्रण-भंग तथा अन्य कविताएँ, 1945)

जा रही देवता से मिलने?

जा रही देवता से मिलने?
तो इतनी कृपा किए जाओ।
अपनी फूलों की डाली में
दर्पण यह एक लिए जाओ।

आरती, फूल, फल से प्रसन्न
जैसे हों, पहले कर लेना,
जब हाल धरित्री का पूछें,
सम्मुख दर्पण यह धर देना।

विम्बित है इसमें पुरुष पुरातन
के मानस का घोर भँवर;
है नाच रही पृथ्वी इसमें,
है नाच रहा इसमें अम्बर।

यह स्वयं दिखाएगा उनको
छाया मिट्टी की चाहों की,
अम्बर की घोर विकलता की,
धरती के आकुल दाहों की।

ढहती मीनारों की छाया,
गिरती दीवारों की छाया,
बेमौत हवा के झोंके में
मरती झंकारों की छाया,

छाया, छाया-ब्रह्माणी की
जो गीतों का शव ढोती है—
भुज में वीणा की लाश लिए
आतप से बचकर सोती है।

झाँकी उस भीत पवन की जो
तूफानों से है डरा हुआ—
उस जीर्ण खमण्डल की जिसमें
आतंक-शेर है भरा हुआ!

हिलती वसुन्धरा की झाँकी,
बुझती परम्परा की झाँकी;

अपने में सिमटी हुई, पलित
विद्या अनुर्वरा की झाँकी।

झाँकी उस नयी परिधि की जो
है दीख रही कुछ थोड़ी-सी;
क्षितिजों के पास पड़ी पतली,
चमचम सोने की डोरी-सी।

छिलके उठते जा रहे, नया
अंकुर मुख दिखलाने को है।
यह जीर्णतनोवा सिमट रहा,
आकाश नया आने को है।

(सामधेनी, 1946)

हे मेरे स्वदेश!

छिप जाऊँ कहाँ तुम्हें लेकर?
इस विष का क्या उपचार करूँ?
प्यारे स्वदेश! खाली आऊँ?
या हाथों में तलवार धरूँ?

पर, हाय, गीत के खड्ग!
धार उनकी भी आज नहीं चलती,
जानती जहर का जो उतार,
मुझ में वह शिखा नहीं जलती।

विश्वास काँपता है रह-रह,
चेतना न थिर रह पाती है!
लपटों में सपनों को समेट
यह वायु उड़ाए जाती है।

चीखूँ किस का ले नाम? कहीं
अपना कोई तो पास नहीं;
धरती यह आज नहीं अपनी,
अपना लगता आकाश नहीं।

बाहर है धुआँ कराल, गरल का
भीतर स्रोत उबलता है,
यह हविष् नहीं, है विघ्न-पिण्ड
जो आज कुण्ड में जलता है।

भीतर-बाहर, सब ठौर गरल,
देवता! कहाँ ले जाऊँ मैं?
इस पूति-गन्ध, इस कुटिल दाह
से तुम को कहाँ छिपाऊँ मैं?

यह विकट त्रास! यह कोलाहल!
इस वन से मन उकताता है;
भेड़िए ठठाकर हँसते हैं,
मनु का बेटा चिल्लाता है।

यह लपट! और यह दाह! अरे!
क्या अमृत नहीं कुछ बाकी है?
भारत पुकारता है, गंगाजल
क्या न कहीं कुछ बाकी है?

देवता तुम्हारा मरता है,
हो कहाँ ध्यान करनेवालो!
इस मन्दिर की हर ईंट-तले
अपना शोणित धरनेवालो!

छप्पर को फाड़ धुआँ निकला,
जल सींचो, सुधा निकट लाओ!

किस्मत स्वदेश की जलती है,
दौड़ो! दौड़ो! आओ! आओ!

नारी-नर जलते साथ, हाय!
जलते हैं मांस-रुधिर अपने;
जलती है वर्षों की उमंग,
जलते हैं सदियों के सपने!

ओ बदनसीब! इस ज्वाला में
आदर्श तुम्हारा जलता है,
समझाएँ कैसे तुम्हें कि
भारतवर्ष तुम्हारा जलता है?

जलते हैं हिन्दू-मुसलमान,
भारत की आँखें जलती हैं,
आनेवाली आजादी की
लो! दोनों पाँखें जलती हैं।

ये छुरे नहीं चलते, छिदती
जाती स्वदेश की छाती है,
लाठी खाकर भारतमाता
बेहोश हुई-सी जाती है।

चाहो तो डालो मार इसे,
पर, याद रहे, पछताओगे;
जो आज लड़ाई हार गए,
फिर जीत न उसको पाओगे।

आदर्श अगर जल खाक हुआ,
कुछ भी न शेष रह पाएगा;
मन्दिर के पास पहुँच कर भी
भारत खाली फिर जाएगा।

हिलती है पाँवों-तले धरा
तो थामो, इसको अचल करो
आकाश नाचता है सम्मुख?
दृग में त्राटक-साधना भरो।

साँसों से बाँधो महाकाश,
मारुतपति नाम तुम्हारा है;
नाचती मही को थिर करना
योगेश्वर! काम तुम्हारा है।

धीरज धर! धीरज, महासिन्धु!
मत वेग खोल अपने बल का;
सह कौन सकेगा तेज कहीं
विस्फोट हुआ बड़वानल का?

नगराज! कहीं तू डोल उठा,
फिर कौन अचल रह पाएगा?
धरती ही नहीं, खमण्डल भी
यह दो टुकड़े हो जाएगा।

सच है, गिरती जब गाज कठिन,
भूधर का उर फट जाता है,
जब चक्र घूमता है, मस्तक
शिशुपालों का कट जाता है।

सच है, जल उठते महल,
बिखेरे जब अंगारे जाते हैं;
औ' मचकर रहता कुरुक्षेत्र
जब चीर उतारे जाते हैं।

सम्मुख है राजसभा लेकिन,
प्रस्ताव अभी तक बाकी है;

केशव को लगना, स्यात्,
आखिरी घाव अभी तक बाकी है।

आदर्श दुहाई देता है,
धीरज की बाँध नहीं टूटे।
आदर्श दुहाई देता है,
धन्वा से बाण नहीं छूटे।

सपने जल जाएँ, सावधान!
ऐसी कोई भी बात न हो।
आदर्श दुहाई देता है,
उसके तन पर आघात न हो।

आदर्श माँगता सुधा आज,
आदर्श माँगता शीतल जल;
ओ एक राष्ट्र के विश्वासी,
आदर्श माँगता भाव अचल।

आदर्श माँगता मुक्त पन्थ,
वह कोलाहल में जाएगा;
लपटों से घिरे महल में से
जीवित स्वदेश को लाएगा।

विश्वासी बन तुम खड़े रहो,
कंचन की आज समीक्षा है;
यह और किसी की नहीं, स्वयं
सीता की अग्नि-परीक्षा है।

दुनिया भी देखे अन्धकार की
कैसी फौज उमड़ती है!
औ' एक अकेली किरण
व्यूह में जाकर कैसे लड़ती है।*

(सामधेनी, 1946)

---

* 1946 में नोआखाली और बिहार के दंगे के समय लिखित।

जयप्रकाश

झंझा सोई, तूफान रुका,
प्लावन जा रहा कगारों में;
जीवित है सब का तेज किन्तु,
अब भी तेरे हुंकारों में।

दो दिन पर्वत का मूल हिला,
फिर उतर सिन्धु का ज्वार गया,
पर, सौंप देश के हाथों में
वह एक नयी तलवार गया।

जय हो! भारत के नये खड्ग;
जय तरुण देश के सेनानी!
जय नयी आग! जय नयी ज्योति!
जय नये लक्ष्य के अभियानी!

स्वागत है आओ, काल-सर्प के
फण पर चढ़ चलने वाले!
स्वागत है, आओ, हवनकुण्ड में
कूद स्वयं बलने वाले!

मुट्ठी में लिये भविष्य देश का,
वाणी में हुंकार लिये,
मन से उतार कर हाथों में
निज स्वप्नों का संसार लिये।

सेनानी! करो प्रयाण अभय,
भावी इतिहास तुम्हारा है;
ये नखत अमा के बुझते हैं,
सारा आकाश तुम्हारा है।

जो कुछ था निर्गुण निराकार,
तुम उस द्युति के आकार हुए,
पी कर जो आग पचा डाली,
तुम स्वयं एक अंगार हुए।

साँसों का पा कर वेग देश की
हवा तवी-सी जाती है,
गंगा के पानी में देखो,
परछाईं आग लगाती है।

विप्लव ने उगला तुम्हें, महामणि
उगले ज्यों नागिन कोई;
माता ने पाया तुम्हें यथा
मणि पाये बड़भागिन कोई।

लौटे तुम रूपक बन स्वदेश की
आग भरी कुरबानी का,
अब **जयप्रकाश** है नाम देश की
आतुर, हठी जवानी का।

कहते हैं उसको 'जयप्रकाश'
जो नहीं मरण से डरता है,
ज्वाला को बुझते देख, कुण्ड में
स्वयं कूद जो पड़ता है।

है 'जयप्रकाश' वह जो न कभी
सीमित रह सकता घेरे में,
अपनी मशाल जो जला
बाँटता फिरता ज्योति अँधेरे में।

है 'जयप्रकाश' वह जो कि पंगु का
चरण, मूक की भाषा है,

है 'जयप्रकाश' वह टिकी हुई
जिस पर स्वदेश की आशा है।

हाँ, 'जयप्रकाश' है नाम समय की
करवट का, अँगड़ाई का;
भूचाल बवण्डर के ख्वाबों से
भरी हुई तरुणाई का।

है 'जयप्रकाश' वह नाम जिसे
इतिहास समादर देता है,
बढ़ कर जिसके पद-चिह्नों को
उन पर अंकित कर लेता है।

ज्ञानी करते जिसको प्रणाम,
वलिदानी प्राण चढ़ाते हैं,
वाणी का अंग बढ़ाने को
गायक जिसका गुण गाते हैं।

आते ही जिसका ध्यान,
दीप्त हो प्रतिभा पंख लगाती है,
कल्पना ज्वार से उद्वेलित
मानस-तट पर थर्राती है।

वह सुनो, भविष्य पुकार रहा,
"वह दलित देश का त्राता है,
स्वप्नों का द्रष्टा 'जयप्रकाश'
भारत का भाग्य-विधाता है।"

(सामधेनी, 1946)

राही और बाँसुरी

राही

सूखी लकड़ी! क्यों पड़ी राह में
यों रह-रह चिल्लाती है?
सुर से बरसा कर आग
राहियों का क्यों हृदय जलाती है?

यह दूब और वह चन्दन है;
यह घटा और वह पानी है?
ये कमल नहीं हैं, आँखें हैं;
वह बादल नहीं, जवानी है।

बरसाने की है चाह अगर
तो इनसे लेकर रस बरसा।
गाना हो तो मीठे सुर में,
जीवन का कोई दर्द सुना।

चाहिए सुधामय शीतल जल,
है थकी हुई दुनिया सारी।
यह आग-आग की चीख किसे,
लग सकती है कब तक प्यारी?

प्यारी है आग अगर तुझको,
तो सुलगा उसे स्वयं जल जा।
सुर में हो शेष मिठास नहीं,
तो चुप रह या पथ से टल जा।

बाँसुरी

बजता है समय अधीर पथिक,
मैं नहीं सदाएँ देती हूँ।

हूँ पड़ी राह से अलग, भला
किस राही का क्या लेती हूँ?

मैं भी न जान पायी अब तक,
क्यों था मेरा निर्माण हुआ?
सूखी लकड़ी के जीवन का
जानें सर्वस् क्यों गान हुआ

जानें, किसकी दौलत हूँ मैं
अनजान, गाँठ से गिरी हुई।
जानें किसका हूँ ख्वाब,
न जानें, किस्मत किसकी फिरी हुई।

तुलसी के पत्ते चले गये
पूजोपहार बन जाने को।
चन्दन के फूल गये जग में
अपना सौरभ फैलाने को।

जो दूब पड़ोसिन है मेरी,
वह भी मन्दिर में जाती है।
पूजतीं कृषक-वधुएँ आकर,
मिट्टी भी आदर पाती है।

बस, एक अभागिन हूँ जिसका
कोई न कभी भी आता है।
तूफाँ से लेकर काल-सर्प तक
मुझको छेड़ बजाता है।

यह जहर नहीं मेरा राही,
बदनाम वृथा मैं होती हूँ।
दुनिया कहती है चीख
मगर, मैं सिसक-सिसक कर रोती हूँ।

हो बड़ी बात, कोई मेरी
ज्वाला में मुझे जला डाले।
या मुख जो आग उगलता है
आकर जड़ दे उस पर ताले।

दुनिया भर का सन्ताप लिये
हर रोज हवाएँ आती हैं।
अधरों से मुझको लगा
व्यथा, जानें, किस-किस की गाती हैं।

मैं काल-सर्प से ग्रसित, कभी
कुछ अपना भेद न गा सकती,
दर्दीली तान सुना दुनिया
का मन न कभी बहला सकती।

दर्दीली तान, अहा, जिसमें
कुछ याद कभी की बजती है,
मीठे सपने मँडराते हैं,
मादक वेदना गरजती है।

धुँधली-सी है कुछ याद,
गाँव के पास कहीं कोई वन था;
दिन भर फूलों की छाँह-तले
खेलता एक मनमोहन था।

मैं उसके ओठों से लगकर,
जानें, किस धुन में गाती थी,
झोंपड़ियाँ दहक-दहक उठतीं,
गृहिणी पागल बन जाती थी।

मुँह का तृण मुँह में धरे विकल
पशु भी तन्मय रह जाते थे,

चंचल समीर के दूत कुंज में
जहाँ-तहाँ थम जाते थे।

रसमयी युवतियाँ रोती थीं,
आँखों से आँसू झरते थे,
सब के मुख पर बेचैन,
विकल कुछ भाव दिखायी पड़ते थे।

मानों, छाती को चीर हृदय
पल में कढ़ बाहर आयेगा,
मानों फूलों की छाँह-तले
संसार अभी मिट जायेगा।

यह सुधा थी कि थी आग?
भेद कोई न समझ यह पाती थी,
मैं और तेज होकर बजती
जब वह बेबस हो जाती थी।

उफ री! अधीरता उस मुख की,
वह कहना उसका "रुको, रुको,
चूमो, यह ज्वाला शमित करो
मोहन! डाली से झुको, झुको।"

फूली कदम्ब की डाली पर
लेकिन, मेरा वह इठलाना,
उस मृगनयनी को बिंधी देख
पंचम में और पहुँच जाना।

मदभरी सुन्दरी ने आखिर
होकर अधीर दे शाप दिया—
'कलमुँही, अधर से लग कर भी
क्या तूने केवल जहर पिया?

"जा, मासूमों को जला कभी
तू भी न स्वयं सुख पायेगी।
मोहन फूँकेंगे पांचजन्य
तू 'आग-आग' चिल्लायेगी।"

सच ही, मोहन ने शंख लिया,
मुझसे बोले, "जा, आग लगा,
कुत्सा की कुछ परवाह न कर
तू जहाँ रहे, ज्वाला सुलगा।"

तब से ही धूल-भरे पथ पर
मैं रोती हूँ, चिल्लाती हूँ।
चिनगारी मिलती जहाँ
गीत की कड़ी बनाकर गाती हूँ।

मैं बिकी समय के हाथ पथिक,
मुझ पर न रहा मेरा बस है।
है व्यर्थ पूछना, बंसी में
कोई मादक, मीठा रस है?

जो मादक है, जो मीठा है,
जानें, वह फिर कब आयेगा,
गीतों में भी बरसेगा या
सपनों में ही मिट जायेगा?

जलती हूँ जैसे हृदय-बीच
सौरभ समेटकर कमल जले,
बलती हूँ जैसे छिपा स्नेह
अन्तर में कोई दीप बले।

तुम नहीं जानते पथिक, आग
यह कितनी मादक पीड़ा है।

भीतर पसीजता मोम
लपट की बाहर होती क्रीड़ा है।

मैं पीकर ज्वाला अमर हुई,
दिखला मत रस-उन्माद मुझे,
रौशनी लुटाती हूँ राही,
ललचा सकता अवसाद मुझे?

हतभागे, यों मुँह फेर नहीं,
जो चीज आग में खिलती है,
धरती तो क्या? जन्नत में भी
वह नहीं सभी को मिलती है।

मेरी पूँजी है आग, जिसे
जलना हो, बढ़े, निकट आये,
मैं दूँगी केवल दाह,
सुधा वह जाकर कोयल से पाये।

(सामधेनी, 1946)

साथी

उसे भी देख, जो भीतर भरा अंगार है साथी।

सियाही देखता है, देखता है तू अँधेरे को,
किरण को घेर कर छाये हुए विकराल घेरे को।
उसे भी देख, जो इस बाहरी तम को बहा सकती,
दबी तेरे लहू में रौशनी की धार है साथी।

पड़ी थी नींव तेरी चाँद-सूरज के उजाले पर,
तपस्या पर, लहू पर, आग पर, तलवार-भाले पर।
डरे तू नाउम्मीदी से, कभी यह हो नहीं सकता,
कि तुझमें ज्योति का अक्षय भरा भण्डार है साथी।

बवण्डर चीखता लौटा, फिरा तूफान जाता है,
डराने के लिए तुझको नया भूडोल आता है;
नया मैदान है राही, गरजना है नये बल से;
उठा इस बार वह जो आखिरी हुंकार है साथी।

विनय की रागिनी में बीन के ये तार बजते हैं,
रुदन बजता, सजग हो क्षोभ-हाहाकार बजते हैं।
बजा, इस बार दीपक-राग कोई आखिरी सुर में;
छिपा इस बीन में ही आगवाला तार है साथी।

गरजते शेर आये, सामने फिर भेड़िये आये,
नखों को तेज, दाँतों को बहुत तीखा किये आये।
मगर, परवाह क्या? हो जा खड़ा तू तानकर उसको,
छिपी जो हड्डियों में आग-सी तलवार है साथी।

शिखर पर तू, न तेरी राह बाकी दाहिने-बायें,
खड़ी आगे दरी यह मौत-सी विकराल मुँह बाये,
कदम पीछे हटाया तो अभी ईमान जाता है,
उछल जा, कूद जा, पल में दरी यह पार है साथी।

न रुकना है तुझे झण्डा उड़ा केवल पहाड़ों पर,
विजय पानी है तुझको चाँद-सूरज पर, सितारों पर।
वधू रहती जहाँ नरवीर की, तलवारवालों की,
जमीं वह इस ज़रा से आसमाँ के पार है साथी।

भुजाओं पर मही का भार फूलों-सा उठाये जा,
कँपाये जा गगन को, इन्द्र का आसन हिलाए जा।
जहाँ में एक ही है रौशनी, वह नाम की तेरे,
जमीं को एक तेरी आग का आधार है साथी।

(सामधेनी, 1946)

अग्निपर्व

विघ्नों की ग्रीवा पर कराल
निज भार तोलने जाने दे।
सब हार थके, मुझको
मन्दिर का द्वार खोलने जाने दे।

हारे वे, जिनकी ध्वजा
गगन से भी ऊपर लहराती थी।
हारे वे, जिनकी किरण पहुँच
सुरपुर में धूम मचाती थी।

हारी व्रत की चाँदनी, तपस्या
के उज्ज्वल शायक हारे।
वीणे, जड़ता के व्यूह बीच
तेरे चेतन गायक हारे।

तेरी कविता ने देख लिया,
फूलों की राह नहीं आगे।
तप की कोमल पावनता की
पथ को परवाह नहीं आगे।

आँसू में है जो तेज निहित,
जानता उसे केवल जन है।
मानव की दुनिया खत्म हुई,
आगे यह बाघों का वन है।

हाँ, जीत नहीं, यह हार,
जाल पर जाल फैलते जाते हैं,
ग्रन्थियाँ और उलझी जातीं
जितना उनको सुलझाते हैं।

नीरव था व्योम भले, तूने
क्यों नाद भरा झंकारों से?
सोती ज्वाला की नींद तोड़
डाली क्यों तीव्र पुकारों से?

अब देख रोष, जिसमें प्रचण्ड
यह पारावार गरजता है,
विष का कोलाहल, अहंकार
जिसमें ज्वाला का बजता है।

तू ने आमंत्रण दिया, क्षितिज
पर आकर खड़ी भवानी है।
यह आग खेलने आ पहुँची,
अब खोज रही क्या पानी है?

(प्रण-भंग तथा अन्य कविताएँ, 1946)

अरुणोदय

नई ज्योति से भींग रहा
उदयाचल का आकाश,
जय हो, आँखों के आगे
यह सिमट रहा खग्रास।

है फूट रही लालिमा, तिमिर
की टूट रही घन कारा है,
जय हो, कि स्वर्ग से छूट रही
आशिष की ज्योतिर्धारा है।

बज रहे किरण के तार,
गूँजती है अम्बर की गली-गली,
आकाश हिलोरें लेता है,
अरुणिमा बाँध धारा निकली।

प्राची का रुद्ध कपाट खुला,
ऊषा आरर्ती सजाती है,
कमला जयहार पिन्हाने को
आतुर-सी दौड़ी आती है।

जय हो उनकी, कालिमा धुली
जिनके अशेष बलिदानों से,
लाली का निर्झर फूट पड़ा
जिनके शायक-सन्धानों से।

परशवता-सिन्धु तरण करके
तट पर स्वदेश पग धरता है,
दासत्व छूटता है, सिर से
पर्वत का भार उतरता है।

मंगल-मुहूर्त्त; रवि! उगो, हमारे
क्षण ये बड़े निराले हैं,
हम बहुत दिनों के बाद विजय
का शंख फूँकनेवाले हैं।

मंगल-मुहूर्त्त; तरुगण! फूलो,
नदियो! अपना पयदान करो,
जंजीर तोड़ना है भारत,
किन्नरियो! जय-जय गान करो।

भगवान साथ हों, आज हिमालय
अपनी ध्वजा उठाता है,
दुनिया की महफ़िल में भारत
स्वाधीन बैठने जाता है।

आशिष दो वनदेवियो! बनी
गंगा के मुख की लाज रहे,

माता के सिर पर सदा बना
आजादी का यह ताज रहे।

आजादी का यह ताज बड़े
तप से भारत ने पाया है,
मत पूछो, इसके लिए देश
ने क्या कुछ नहीं गँवाया है।

जब तोप सामने खड़ी हुई,
वक्षस्थल हमने खोल दिया,
आई जो नियति तुला लेकर,
हमने निज मस्तक तोल दिया।

माँ की गोदी सूनी कर दी,
ललनाओं का सिन्दूर दिया,
रौशनी नहीं घर की केवल,
आँखों का भी दे नूर दिया।

तलवों में छाले लिए चले
बरसों तक रेगिस्तानों में,
हम अलख जगाते फिरे युगों
तक झंखाड़ों, वीरानों में।

आजादी का यह ताज विजय-
साका है मरनेवालों की,
हथियारों के नीचे से खाली
हाथ उभरनेवालों की।

इतिहास! जुगा इसको, पीछे
तस्वीर अभी जो छूट गई,
गांधी की छाती पर जाकर
तलवार स्वयं ही टूट गई।

जर्जर वसुन्धरे! धैर्य धरो,
दो यह संवाद विवादी को,
आजादी अपनी नहीं; चुनौती
है रण के उन्मादी को।

हो जहाँ सत्य की चिनगारी,
सुलगे, सुलगे, वह ज्वाल बने,
खोजे अपना उत्कर्ष अभय,
दुर्दान्त शिखा विकराल बने।

सबकी निर्बाध समुन्नति का
संवाद लिए हम आते हैं,
सब हों स्वतन्त्र, हरि का यह
आशीर्वाद लिए हम आते हैं।

आजादी नहीं, चुनौती है,
है कोई वीर जवान यहाँ?
हो बचा हुआ जिसमें अब तक
मर-मिटने का अरमान यहाँ?

आजादी नहीं, चुनौती है,
यह बीड़ा कौन उठाएगा?
खुल गया द्वार, पर कौन देश
को मन्दिर तक पहुँचाएगा?

है कौन, हवा में जो उड़ते
इन सपनों को साकार करे?
कौन उद्यमी नर, जो इस
खँडहर का जीर्णोद्धार करे?

माँ का अँचल है फटा हुआ,
इन दो टुकड़ों को सीना है,

देखें, देता है कौन लहू,
दे सकता कौन पसीना है?

रोली लो, उषा पुकार रही,
पीछे मुड़कर टुक झुको-झुको
पर, ओ अशेष के अभियानी,
इतने पर ही तुम नहीं रुको।

आगे वह लक्ष्य पुकार रहा,
हाँकते हवा पर यान चलो,
सुरधनु पर धरते हुए चरण,
मेघों पर गाते गान चलो।

पीछे ग्रह और उपग्रह का
संसार छोड़ते बढ़े चलो,
करगत फल-फूल-लताओं की
मदिरा निचोड़ते बढ़े चलो।

बदली थी जो पीछे छूटी,
सामने रहा, वह तारा है,
आकाश चीरते चलो, अभी
आगे आदर्श तुम्हारा है।

निकले हैं हम प्रण किए अमृत
घट पर अधिकार जमाने को,
इन ताराओं के पार इन्द्र के
गढ़ पर ध्वजा उड़ाने को।

सम्मुख असंख्य बाधाएँ हैं,
गरदन मरोड़ते बढ़े चलो,
अरुणोदय है, यह उदय नहीं,
चट्टान फोड़ते बढ़े चलो।

(धूप और धुआँ, 1947)

ध्वजा वन्दना-1

नमो, नमो, नमो!
नमो स्वतंत्र जाति की ध्वजा, नमो, नमो!

(1)

नमो नगाधिराज-श्रृग की विहारिणी!
नमो अनन्त सौख्य-शील-शक्ति-धारिणी!
प्रणय-प्रसारिणी, नमो अरिष्ट-वारिणी!
नमो मनुष्य की शुभेषणा-प्रचारिणी!
नवीन सूर्य की नयी प्रभा, नमो, नमो!

(2)

हम न किसी का चाहते तनिक अहित, अपकार।
प्रेमी सकल जहान का भारतवर्ष उदार।
सत्य न्याय का हेतु
फहर-फहर ओ केतु,
हम विरचेंगे देश-देश के बीच मिलन का सेतु!
पवित्र सौम्य, शान्ति की शिखा, नमो, नमो!

(3)

तार-तार में है गुँथा ध्वजे, हमारा त्याग,
दहक रही है आज भी, तुम में बलि की आग।
सेवक सैन्य कठोर
हम चालीस करोड़,
कौन देख सकता कुभाव से ध्वजे, तुम्हारी ओर?

(4)

करते तव जय गान
वीर हुए बलिदान,
अंगारों पर चला तुम्हें ले सारा हिन्दुस्तान!
प्रताप की विभा, कृशानुजा, नमो, नमो!

(प्रण-भंग तथा अन्य कविताएँ, 1947)

ध्वजा वन्दना-2

(1)

मंगलमूर्त्ति तिरंगा प्यारा,
झंडा ऊँचा रहे हमारा।
बल, बलिदान, विजय का साका,
सखा शूरता, निर्भयता का,
जनता की यह राजपताका,
जन-जन की आँखों का तारा।

(2)

धरती की हरियाली है यह,
सत्पथ की उँजियाली है यह,
बल, विक्रम की लाली है यह,
यह पौरुष, यह मान हमारा।

(3)

लहरे अचल हिमाचल-कर में
फहरे हिन्द-महासागर में,
नगर-नगर में, डगर-डगर में
गूँजे भेद गगन यह नारा।

(4)

"इस पर न्योछावर तन मन है,
न्योछावर जीवन, यौवन है।
यह सारे भारत का प्रण है।
न्योछावर सर्वस्व हमारा।"

(5)

इसमें गौरव-गान भरा है,
बल, पौरुष, बलिदान भरा है,
यौवन का अरमान भरा है
उगता हिन्दुस्तान हमारा।*

(प्रण-भंग तथा अन्य कविताएँ, 1947)

---

1. 'झण्डा ऊँचा रहे हमारा' इस पंक्ति के आविष्कर्ता श्री श्यामलाल जी गुप्त पार्षद हैं।

बापू

(1)

संसार पूजता जिन्हें तिलक,
रोली, फूलों के हारों से,
मैं उन्हें पूजता आया हूँ
बापू! अब तक अंगारों से।

अंगार, विभूषण यह उनका
विद्युत् पीकर जो आते हैं,
ऊँघती शिखाओं की लौ में
चेतना नयी भर जाते हैं।

उनका किरीट, जो कुहा-भंग
करते प्रचंड हुंकारों से,
रोशनी छिटकती है जग में
जिनके शोणित की धारों से।

झेलते वह्नि के वारों को
जो तेजस्वी बन वह्नि प्रखर,
सहते ही नहीं, दिया करते
विष का प्रचंड विष से उत्तर।

अंगार हार उनका, जिनकी
सुन हाँक समय रुक जाता है,
आदेश जिधर का देते हैं,
इतिहास उधर झुक जाता है।

आते जो युग-युग में मिट्टी–
का चमत्कार दिखलाने को,
ठोंकने पीठ भूमंडल की
नभ-मंडल से टकराने को।

अंगार हार उनका, जिनके
आते ही कह उठता अम्बर,
"हम स्ववश नहीं तब तक जब तक
धरती पर जीवित है यह नर।"

अंगार हार उनका कि मृत्यु भी
जिनकी आग उगलती है
सदियों तक जिनकी सही
हवा के वक्षस्थल पर जलती है।

पर, तू इन सब से परे, देख
तुझको अंगार लजाते हैं,
मेरे उद्वेलित-ज्वलित गीत
सामने नहीं हो पाते हैं।

(2)

बापू! तू वह कुछ नहीं, जिसे
ज्वालाएँ घेरे चलती हैं,
बापू! तू वह कुछ नहीं,
दिशाएँ जिसको देख दहलती हैं।

तू सहज शान्ति का दूत, मनुज-
के सहज प्रेम का अधिकारी,
दृग में उँड़ेल कर सहज शील
देखती तुझे दुनिया सारी।

धरती की छाती से अजस्र
चिर-संचित क्षीर उमड़ता है,
आँखों में भर कर सुधा तुझे
यह अम्बर देखा करता है।

कोई न भीत; कोई न त्रस्त्र;
सब ओर प्रकृति है प्रेम-भरी,

निश्चिन्त जुगाली करती है
छाया में पास खड़ी बकरी।

(३)

भू पर तो आते वे भी जो
जीता या हारा करते हैं,
मिट्टी में छिपे अनल को अपनी
ओर पुकारा करते हैं।

जीते लपटों के बीच मचा
धरणी पर भीषण कोलाहल,
जाते-जाते दे जाते हैं
भावी युग को निज तेज-अनल।

पर, तू इन सब से भिन्न ज्योति
जेताजेता से महीयान,
कूटस्थ पुरुष! तेरा आसन
सब से ऊँचा, सब से महान।

क्या हार-जीत खोजे कोई
उस अद्‍भुत पुरुष अहन्ता की,
हो जिसकी संगर-भूमि बिछी
गोदी में जगन्नियन्ता की!

संगर की अद्‍भुत भूमि, जहाँ
पड़ने वाला प्रत्येक कदम—
है विजय; पराजय भी जिसकी
होती न प्रार्थनाओं से कम।

संगर की अद्‍भुत भूमि, नहीं
कुछ दाह, न कोई कोलाहल;
चल रहा समर सबसे महान,
पर, कहीं नहीं कुछ भी हलचल।

(4)

देवों को जिस पर गर्व, योग्य
उस शुचिता के वसुधा भी है,
नर में है जहाँ विकार अमित,
अन्तर्हित वही सुधा भी है।

सब ने देखे विद्वेष-गरल,
तू ने देखा अमृत-प्रवाह,
सब ने बड़वानल लिया, लिया
तूने करुणा-सागर अथाह।

नर के भीतर की दुनिया में
है कहीं अवस्थित देवालय,
सदियों में कभी-कभी कोई
मरमी पाता जिसका परिचय।

देवालय, सूना नहीं, देवता हैं,
लेकिन, कुछ डरे हुए;
दानव के गर्जन-तर्जन से
कुछ भीति-भाव से भरे हुए।

मानवता का मरमी सुजान!
आया तू भीति भगाने को,
अपदस्थ देवता को नर में
फिर से अभिषिक्त कराने को।

तू चला, लोग कुछ चौंक पड़े,
'तूफान उठा या आँधी है?'
ईसा की बोली रूह, 'अरे!
यह तो बेचारा गांधी है!'

दुनिया ने चाहा प्रश्न करे,
क्या कहिये इस दीवाने को?
दो बूँद सुधा लेकर निकला
है जग की आग बुझाने को।

पर, तू न रुका; सीधे अपने
निर्दिष्ट पन्थ पर जा निकला,
पद-चिह्नों को देखते हुए
पीछे-पीछे इतिहास चला।

(5)

इतिहास चला, पर, नहीं मुग्ध
होकर ज्वलन्त भाषाओं से,
वह चला स्वयं प्रेरित होकर
अपनी अस्फुट आशाओं से।

मानवता का इतिहास, युद्ध के
दावानल से जला हुआ,
मानवता का इतिहास, मनुज
की प्रखर बुद्धि से छला हुआ।

मानवता का इतिहास, मनुज
की मेधा से घबराता-सा
मानवता का इतिहास ज्ञान
पर विस्मय-चिह्न बनाता-सा,

मानवता का इतिहास, निराशा
से टकरा कर फिरा हुआ;
मानवता का इतिहास, आपदाओं
में आ कर घिरा हुआ।

मानवता का इतिहास विकल,
हाँफता हुआ, लोहू-लुहान;
दौड़ा तुम से माँगता हुआ
बापू! दुःखों से सपदि त्राण!

(6)

पर, त्राण, कहाँ? किस्मत के लाखों
भोग अभी तक बाकी हैं
धरती के तन में एक नहीं
सौ रोग अभी तक बाकी हैं।

जल रही आग दुर्गन्ध लिये,
छा रहा चतुर्दिक विकट धूम,
विष के मतवाले कुटिल नाग
निर्भय फण जोड़े रहे घूम।

द्वेषों का भीषण तिमिर-व्यूह,
पग-पग प्रहरी हैं अविश्वास,
है चमू सजी दानवता की,
खिलखिला रहा है सर्वनाश।

पर, हो अधीर मत मानवते!
पर, हो अधीर मत मेरे मन!
है जूझ रही इस व्यूह-बीच
धरती की कोमल एक किरण।

अब प्रश्न नहीं, यह एक किरण
किस तरह द्वन्द्व से छूटेगी,
है प्रश्न, व्यूह पर इसी तरह
बाकी किरणें कब टूटेंगी?

बापू ने राह बना डाली,
चलना चाहे, संसार चले,

डगमग होते हों पाँव अगर
तो पकड़ प्रेम का तार चले।

(7)

दानवता से मैं भी अधीर,
नर पर मेरा भी सहज प्यार,
मैं भी चाहता पकड़ पाऊँ
इस अमिट प्रेम का क्षीण तार।

पर, हाय, प्रणय के तार! छोर
बस एक हमारे कर में है;
क्या अन्य छोर भी इसी तरह
आबद्ध अपर अन्तर में है?

उत्तर दे सकता कौन? शान्त,
मेरे शंकाकुल कुटिल हृदय!
जब तक शंकाएँ शेष, नहीं
दर्शन दे सकता, तुझे प्रणय।

चाहता प्रेम-रस पाना तो
हिम्मत-कर, बढ़कर बलि हो जा,
मत सोच, मिलेगा क्या पीछे,
पहले तो आप स्वयं खो जा।

है प्रेम-लोक का नियम, सहन कर
जो बीते कुछ बोल नहीं;
है पाँव खड्ग की धारा पर,
चल बँधी चाल में, डोल नहीं।

(8)

ली जाँच प्रेम ने बहुत, मगर
बापू तू सदा खरा उतरा,

शूली पर से भी बार-बार
तू नूतन ज्योति-भरा उतरा।

प्रेमी की यह पहचान, परुषता
को न जीभ पर लाते हैं,
दुनिया देती है जहर, किन्तु,
वे सुधा छिड़कते जाते हैं।

जानें कितने अभिशाप मिले,
कितना है पीना पड़ा गरल,
तब भी नयनों में ज्योति हरी,
तब भी मुख पर मुस्कान सरल।

सामान्य मृत्तिका के पुतले,
हम समझ नहीं कुछ पाते हैं,
तू ढो लेता किस भाँति पाप
जो हम दिन-रात कमाते हैं?

कितना विभेद! हम भी मनुष्य,
पर, तुच्छ स्वहित में सदा लीन,
पल-पल चंचल, व्याकुल, विषण्ण,
लोहू के तापों के अधीन।

पर, तू तापों से परे, कामना-जयी,
एकरस, निर्विकार,
पृथ्वी को शीतल करता है,
छाया-द्रुम-सी बाँहें पसार।

(9)

इतिहास आँकती है गाथा,
था भरत-भूमि का एक भाग,

संयोग, अकारण वहाँ कभी
फुँकार उठे विकराल नाग।

विष की ज्वाला से दह्यमान
हो उठा व्यग्र सारा खगोल,
मतवाले नाग अशंक चले
खोले जिह्वाएँ लोल-लोल।

हँसों के नीड़ लगे जलने,
हँसों की गिरने लगी लाश,
नर नहीं, नारियों से होली
खेलने लगा खुल सर्वनाश।

कामार्त्त दानवों के नीचे
जगदम्बा काँप उठीं थर-थर,
पर, साथ आज ही खड्ग नहीं,
पर, साथ आज ही नहीं जहर।

लपटों से लज्जा ढँको, कहाँ हो?
धधको, धधको घोर अनल!
कब तक ढँक पायेंगे इसको
रमणी के दो छोटे करतल।

नारी का शील गिरा खंडित,
कौमार्य गिरा लोहू-लुहान;
भगवान भानु जल उठे क्रुद्ध,
चिंग्घार उठा यह आसमान।

पर, हिली नहीं कुरु की परिषद्,
पर, हिले नहीं पांडव सभीति,
ललकार कौंध कर चली गई,
रह गये सोचते धर्म-नीति।

बापू! तू कलि का कृष्ण,
विकल आया आँखों में नीर लिये,
थी लाज द्रौपदी की जाती
केशव-सा दौड़ा चीर लिये।

(10)

इतिहास! परख नूतन विधान,
पन्ने समेट ले पुराचीन
बापू ने कलम उठाई है
लिखने को कुछ गाथा नवीन।

थी पड़ी दृष्टि पहले भी क्या
तेरी ऐसे नर नामी पर,
जो खुले पाँव निःशंक घूमता
हो साँपों की बामी पर?

विस्मय है, जिस पर घोर
लौह-पुरुषों का कोई बस न चला,
उस गढ़ में कूदा दूध और
मिट्टी का बना हुआ पुतला!

सारे सम्बल के तीन खंड,
दो वसन, एक सूखी लकड़ी,
सारी सेनाओं की प्रतीक
पीछे चलने वाली बकरी।

दानव की आँखों में अशंक
अपनी आँखें डालते हुए,
कुछ घृणा कलह से नहीं,
प्रेम से ही उसको सालते हुए,

बापू आगे जा रहे जहर की
बाढ़ निघटती जाती है;

सहमी-सहमी-सी अनी तिमिर की
पीछे हटती जाती है।

(11)

वह सुनो सत्य चिल्लाता है,
ले मेरा नाम अँधेरे में,
करुणा पुकारती है मुझको
आबद्ध घृणा के घेरे में!

श्रद्धा, मैत्री, विश्वास, प्रेम,
बन्दी हैं मेरे सभी लोग,
धिक्कार मुझे जो सहूँ किसी–
के भय से मैं इनका वियोग।

देवता चाहते हैं जाऊँ,
मैं सत्वर उन्हें बचाने को,
या कारागृह में कूद स्वयं
बँधने को या जल जाने को।

मत साथ लगे कोई मेरे,
एकाकी आज चलूँगा मैं,
जो आग उन्हें है भून रही
उसमें जा स्वयं जलूँगा मैं।

एकाकी, हाँ एकाकी हूँ,
डँसना चाहे तो व्याल डँसे,
करुणा को जिसने ग्रसा,
बढ़े आगे, मुझको वह काल ग्रसे।

मैत्री, विश्वास, अहिंसा को
जिस महा दनुज ने खाया है,

है कहाँ छिपा! ले ले, भोजन
फिर वैसा ही कुछ आया है।

बामी से कढ़ बाहर आवे,
वह दनुज मुझे भी खाने को,
मैं हो आया तैयार प्रेम का
अन्तिम मोल चुकाने को।

भर गया पेट इतने से ही?
मुझको खाने की चाह नहीं?
पर, याद रहे मैं सहज छोड़-
देने वाला हूँ राह नहीं।

बामी-बामी पर घूम-घूम
मैं तब तक अलख जगाऊँगा,
जब तक न हृदय की सीता को
तुमसे वापस फिर पाऊँगा।

या दे दूँगा मैं प्राण
खमंडल में हो चाहे जो उपाधि,
मानवता की जो कब्र वही
गांधी की भी होगी समाधि।

(12)

पाताल, तलातल, अतल, वितल
को फोड़ महीतल पर सरसो
अयि सुधे! गगन से धार बाँध
धरती पर द्रुत बरसो-बरसो।

हो रहा बड़ा अतिकाल, मही को
भरो, भरो रस-धारा से,
अपनी लहरों पर लो उछाल
बापू को विष की कारा से।

यह नहीं प्रतिज्ञा बापू की,
विपदा है गहन-गंभीर खड़ी,
बन हठी जहर के कीचड़ में
धरती की है तकदीर खड़ी।

बापू जो हारे, हारेगा
जगतीतल का सौभाग्य-क्षेम
बापू जो हारे, हारेंगे
श्रद्धा, मैत्री, विश्वास, प्रेम।

श्रद्धा, विश्वास, क्षमा, ममता,
सत्यता, स्नेह करुणा अथोर,
सबको सहेज कर बापू ने
सागर में दी है नाव छोड़।

भँवरों में यों मत नचा इसे,
मत इसे तरंगों पर उछाल;
चिर-सहज क्षुब्धता को समेट
शीतल हो जा अम्बुधि विशाल।

देवों की भी है साँस रुकी,
सागर! सागर! हो सावधान!
है लदी हुई इस नौका पर
मानवता की पूँजी महान।

यह डूब गई तो डूबेंगे
मानवता के सारे सिंगार,
यह पार लगी तो धरती की
घायल किस्मत भी लगी पार।

अन्धड़ के झोंके नाच रहे,
है नाच रहा विप्लव कराल,

बाँसों उठ-उठ फण पटक रहा
सागर का यह विक्षुब्ध व्याल।

नाविक दृग मूँदे, हाथ जोड़,
जा बैठा लोक, अपर में है,
भगवान! सँभालो, नौका को
पतवार तुम्हारे कर में है।

(13)

बापू! मैं तेरा समयुगीन;
है बात बड़ी, पर कहने दे;
लघुता को भूल तनिक गरिमा
के महासिन्धु में बहने दे।

यह छोटी-सी भंगुर उमंग,
पर, कितना अच्छा नाता है,
लगता है पवन वही मुझको
जो छू कर तुझको आता है।

सच है कि समय के स्मृति-पट पर
रवि-सा होगा तू भासमान,
हम चमक-चमक बुझ जायेंगे
क्षीणायु, क्षणिक उडु के समान।

पर, कहीं राम-सा साथ-साथ
तेरे पीछे चल पड़ा देश;
बापू! मैं तेरा समयुगीन
होकर हूँगा उपकृत विशेष।

(14)

तू कालोदधि का महास्तम्भ,
आत्मा के नभ का तुंग केतु,

बापू! तू मर्त्य-अमर्त्य,
स्वर्ग-पृथ्वी, भू-नभ का महासेतु।

तेरा विराट यह रूप कल्पना-
पट पर नहीं समाता है,
जितना कुछ कहूँ, मगर कहने
को शेष बहुत रह जाता है;

लज्जित मेरे अंगार; तिलक-
माला भी यदि ले आऊँ मैं,
किस भाँति उठूँ इतना ऊपर?
मस्तक कैसे छू पाऊँ मैं?

ग्रीवा तक हाथ न जा सकते,
उँगलियाँ न छू सकतीं ललाट,
वामन की पूजा किस प्रकार
पहुँचे तुझ तक मानव विराट?

(बापू, 1947)

भारत का आगमन

कुछ आए शर-चाप उठाए राग प्रलय का गाते,
मानवता पर पड़े हुए पर्वत की धूल उड़ाते।

कुछ आए आसीन अनल से भरे हुए झोंकों पर,
गाँथे हुए मुकुट-मुंडों को बरछों की नोकों पर।

कुछ आए तोलते कदम को मणि-मुक्ता, सोने से,
कुछ आए बाँधते जगत का मन जादू-टोने से।

दानदक्ष अंजलि में सबके लिए लिये कल्याण,
सहज, धीर गति से आए, बस, एक तुम्हीं गुणवान।

तुम आए, जैसे आते सावन के मेघ गगन में,
तुम आए, जैसे आता हो संन्यासी मधुवन में।

तुम आए, जैसे आवे जल-ऊपर फूल कमल का,
तुम आए, भू पर आवे ज्यों सौरभ नभ-मंडल का।

निज से विरत, सकल मानवता के हित में अनुरत-से,
भारत! राजभवन में आओ, सचमुच, आज भरत-से।

हवन-पूत कर में सुदंड नव, जटाजूट पर ताज,
जगत देखने को आएगा, संन्यासी का राज।

(धूप और धुआँ, 1947-48)

वज्रपात!

टूटा पर्वत-सा महावज्र
सब तरह हमारा ह्रास हुआ,
रोने दो, हम मर-मिटे हाय,
रोने दो सत्यानाश हुआ।

है तरी भँवर के बीच और
पतवार हाथ से छूट गयी;
रोने दो हाय अनाथ हुए,
रोने दो किस्मत फूट गयी!

कैसा अभाग्य! अपने हाथों ही
हाय स्वयं हम छले गये,
यह भी न पूछ सकते बापू!
क्यों हमें छोड़ तुम चले गये?

पापी! तूने क्या किया हाय?
किस पर यह दारुण वार किया?

यह वज्र गिराया कहाँ हाय?
किसका अकरुण संहार किया?

वह देख फटी किसकी छाती?
पहचान, कौन निश्चेत गिरा?
किसकी किस्मत में आग लगी?
किसका उगता सौभाग्य फिरा?

यह लाश मनुज की नहीं,
मनुजता के सौभाग्य-विधाता की;
बापू की अरथी नहीं, चली
अरथी यह भारत माता की।

तप से पवित्र यह देह और
वह हँसी अमृत देने वाली,
चालीस कोटि की नौका को
वह एक मूर्ति खेने वाली,

अब नहीं मिलेगी कहीं, नयन!
दर्शन की व्यर्थ न आस करो,
बापू! सचमुच ही चले गये,
भोली श्रुतियों! विश्वास करो।

बापू सचमुच ही गये, निखिल
भूमंडल का श्रृंगार गया,
बापू सचमुच ही गये, विकल
मानवता का आधार गया!

बापू सचमुच ही गये, जगत से
अद्भुत एक प्रकाश गया;
बापू सचमुच ही गये, मृत्ति पर
से हरि का आभास गया।

किरणें समेट फिर नबी एक
भूतल को कर श्रीहीन चला,
फिर एक बार मोहन यसुदा को
सभी भाँति कर दीन चला!

यह अवधपुरी के राम चले,
वृन्दावन के घनश्याम चले,
शूली पर चढ़कर चले ख्रष्ट,
गौतम प्रबुद्ध निष्काम चले।

प्यासे को शोणित पिला, तोड़
कोई अपनी जंजीर चला,
दानव के दंशों पर हँसता
वह स्वर्ग-देश का वीर चला।

धरती को आकुल छोड़,
मनुजता को करके म्रियमाण चले,
बापू दे अन्तिम बार जगत को
हृदय-विदारक दान चले!

आकाश विभासित हुआ, भूमि से
हरि का लो! अवतार चला;
पृथ्वी को प्यासी छोड़ हाय,
करुणा का पारावार चला।

चालीस कोटि के पिता चले,
चालीस कोटि के प्राण चले,
चालीस कोटि हतभागों की
आशा, भुजबल, अभिमान चले।

यह रूह देश की चली अरे
माँ की आँखों का नूर चला,

दौड़ो, दौड़ो, तज हमें
हमारा बापू हमसे दूर चला।

रोको, रोको नगराज! पन्थ,
भारतमाता चिल्लाती है,
है जुल्म! देश को छोड़ देश की
किस्मत भागी जाती है।

अम्बर को रोको राह, बढ़ो,
नगराज! शून्य में जा ठहरो,
बापू वह भागे जाते हैं,
चरणों को बढ़ पकड़ो-पकड़ो।

पकड़ो वे दोनों चरण, पकड़ कर
जिन्हें हमें सौभाग्य मिला;
पकड़ो वे दोनों चरण, जिन्हें
छूकर जीवन का कुसुम खिला!

पकड़ो वे दोनों चरण, दासता
जिनके सेवन से छूटी,
पकड़ो वे दोनों पद जिनसे
आजादी की गंगा फूटी।

जल रहा देश का अंग-अंग,
शीतल घन को पकड़ो-पकड़ो,
भारतमाता कंगाल हुई,
जीवन-धन को पकड़ो-पकड़ो;

है खड़ा चतुर्दिक काल,
दासता-मोचन को पकड़ो-पकड़ो,
माता खा गिरी पछाड़,
भागते मोहन को पकड़ो-पकड़ो।

है बीच धार में नाव खबर है
प्रलय-वायु के आने की,
थी यही घड़ी क्या हाय, हमारे
कर्णधार के जाने की?

दौड़ो, कोई जा कहो, नाव
किस्मत की डूबी जाती है,
बापू! लौटो, अंचल पसार,
भारतमाता गुहराती है।

किस्मत का पट है तार-तार,
हा! इसे कौन सी पायेगा?
बापू! लौटो, यह देश
तुम्हारे बिना नहीं जी पायेगा।

अपनी विपन्नता की गाथा
यह रो-रो किसे सुनायेगी?
बापू, लौटो, भारतमाता रो
बिलख-बिलख मर जायेगी।

दुनिया पूछेगी कुशल हाय,
किससे क्या बात कहेंगे हम?
बापू! लौटो सिर झुका
ग्लानि का कैसे दाह सहेंगे हम?

लौटो अनाथ के नाथ,
देश की ईति-भीति हरने वाले।
लौटो हे दयानिकेत देव
शत पाप क्षमा करने वाले!

लौटो, दुखियों के प्राण!
निःस्व के धन! लौटो निर्बल के बल!

लौटो, वसुधा के अमृतकोष!
लौटो भारत के गंगाजल!

लौटो, बापू! हम तुम्हें
मृत्यु का वरण नहीं करने देंगे,
जीवन-मणि का इस तरह
काल को हरण नहीं करने देंगे।

लौटो, छूने दो एक बार फिर
अपना चरण अभयकारी,
रोने दो पकड़ वही छाती
जिसमें हमने गोली मारी।

करुणा की सुनो पुकार, फिरो,
या अपनी बाँह दिये जाओ,
संतप्त देश को राम-सदृश
हे बापू! साथ लिये जाओ।

(बापू, 1948)

अघटन घटना, क्या समाधान?

उस दिन अभागिनी संध्या को
अभिशप्त गोद में गिरे
देश के पिता,
राष्ट्र के कर्णधार,
जग के नर-सत्तम,
भारत के बापू महान्
प्रार्थना-मंच पर इन्द्रप्रस्थ के अंचल में
गोली खाकर।

कहने में जीभ सिहरती है,
मूर्च्छित हो जाती कलम,
हाय, हिन्दू ही था वह हत्यारा।

तब भी बापू की छाती से
करुणा ही अन्तिम बार वेग से बह निकली
शोणित का बनकर स्रोत; स्यात्
मानव के निर्घिन चरम पाप को देख विकल
लज्जित होकर हो गई लाल
गंगाजल-सी परिपूत,
दूध-सी निर्मल-धवल अहिंसा ही।

कूटस्थ पुरुष ने किया मृत्यु का सहज वरण,
बोले केवल "हे राम!" और आनन्दलीन
आनन पर धारे शान्ति जोड़ कर-कंज गिरे
प्रार्थना-निरत होकर अदृश्य के चरणों पर;
अन्तिम प्रार्थना न होती जिसका अन्त कभी।

काँपा सहसा ब्रह्माण्ड,
प्रकृति चीत्कार उठी,
रुक गई सृष्टि के उर की एक घड़ी धड़कन,
मानों, तीनों गोलियाँ गयी हों
समा उसी की छाती में।
यह महा भयानक दृश्य!
देख रवि सहम उठा;
रह सका नहीं स्थिर कैसे भी मन को सँभाल,
अस्ताचल पर गिर गया विकल, मूर्च्छित होकर।

डरता-डरता चन्द्रमा क्षितिज-पट से निकला,
पर, देख न वह भी सका जगत को आँख खोल;
घन में छिप चलता रहा रात-भर सहम-सहम।

पातक का भीमाकार एक पर्वत अपार
आ गिरा धमकता इन्द्रप्रस्थ की छाती पर,
मानों, भू पर कूदा हो कुम्भीपाक नरक!
कलमला उठा नीचे आकुल हो शेषनाग;
दिल्ली डोली, सारे जग में भूडोल हुआ।

आकाश काँपता पूछ उठा "क्या हुआ अरे?"
सागर सहस्र मुख से बोला, "अम्बर! यह क्या?"
तब सिसक-सिसक बोला समीर, "बापू न रहे;
गोली से डाला मार उन्हें उन्मत्त एक हत्यारे ने
जो हिन्दू था।"

शोकाकुल हो रो उठा निखिल संसार,
स्वर्ग सन्तप्त हुआ;
कुम्हला करके झुक गये कल्पतरु के पत्ते;
हरि के सिंहासन की मणि तेजोहीन हुई;
हो गये मूक परियों के सतत-मुखर नूपुर;
सुरपुर में छाया शोक, मौन हो गया वियत,
इन्द्रासन की चाँदनी अमा की रात हुई।

दिक्काल-बन्ध को भेद विकलता का प्लावन
यों बढ़ा कि मानों, ब्रह्मा की रचना विशाल
इस शोक-सिन्धु में ही हो जायेगी विलीन।

सहसा अतीत के गह्वर में कुहराम मचा,
पूछने परस्पर लगी विगत सदियाँ अधीर,
तुमने देखी थी कभी क्रूरता क्या ऐसी?
ऐसा पातक? ऐसी हत्या? ऐसा कलंक?
कोई कुछ बोली नहीं; मौन सोचती रही,
"हिन्दू भी करने लगे अगर ऐसा अनर्थ
तो शेष रहा जर्जर भू का भवितव्य कौन?"

तब भारत का इतिहास व्यग्र होकर निकला
पूछते हुए, "अब तो छाती की बुझी आग?
देखे थे अगनित पाप और
थी लिखी मलिनता भी उनकी,
पर, आज किया जो कुछ तुमने
मैं उसे देख थर्राता हूँ
जो लिखूँ इसे तो राम-कृष्ण की
पोथी पर कालिख लगती,
धरती का उज्ज्वलतम चरित्र
पल में मलीन हो जाता है।
जो नहीं लिखूँ तो भी जघन्य
यह पाप छोड़ कर तुम्हें
और किसके सिर पर मँडरायेगा?

"सोचो, तुमने क्या किया;
गोलियाँ किसकी छाती में मारीं
घायल हो सृष्टि कराह रही,
उर-उर से रुधिर टपकता है।
है चोट प्रकृति को लगी,
विश्व के उर में गहरा घाव लगा;
सुर-नर, दोनों, छटपटा रहे हैं मर्म-बेधिनी पीड़ा से।"
विस्मय है चारों ओर गहन,
सब सोच रहे व्याकुल-विषण्ण,
"यह क्या हो गया अचानक ही?"

"यह क्या हो गया?" पूछते हैं
नभ के अबोध नक्षत्र, विकल;
"यह क्या हो गया?" पूछती हैं
अवसन्न दिशाएँ चकित, मौन;
"यह क्या हो गया?" पूछती है
उठ-उठ पिछली प्रत्येक सदी;
"यह क्या हो गया?" पूछता है

जग का समीपवर्ती भविष्य।
अघटन घटना, क्या समाधान?

काँटे भी जिसके पाँव तले
कोमल होकर मुड़ जाते थे,
पत्थर को भी था ध्यान,
कहीं छाले न चरण में पड़ जायें!

छाया देते थे जलद और
श्रद्धा से जिसके आस-पास
झंझा भी हो जाती विनीत,
मलयानिल व्यजन डुलाता था।

वसुधा अपने वक्षस्थल पर
जिसको चलते-चलते निहार
आनन्द-मग्न हो जाती थी,
कहती थी हो सुख में विभोर—
''यह अहोभाग्य!
मेरे वक्षस्थल पर सदेह हैं घूम रहे भगवान स्वयं।''

जिस पुण्य-पुरुष के दर्शन से
जन-मन हो उठता था पवित्र,
देखा न जिन्होंने कभी
प्रेम से सुनते थे वे भी चरित्र

आते ही जिसका रुचिर ध्यान
मन में भर जाता था सुवास;
इस एक कल्पना से ही नर
उड़ने लगता था अनायास—
''हम बापू के हैं समयुगीन,
एक ही समय, एक ही काल
है किरण सूर्य की वही जो कि

बापू जी को नहलाती है
हम साँस ले रहे वही वायु
जो छूकर उनको आती है।
है धन्य विधाता
जिसने गांधी-युग में हमको जन्म दिया।"

जिसकी विनम्रता के आगे
कुण्ठित हो जाती थी कराल
तलवार शर्म से सकुचाकर।
अंगार बर्फ बन जाते थे,
लगते थे पद चाटने सिंह
घर के पालतू हरिण-जैसे

हाँ, यह भी हुआ कि एक बार
जाँघों पर आ बैठा भुजंग;
मुड़ इधर-उधर, कुछ सूँघ-साँघ
जानें, क्या खुशबू मिली!
सरक कर धीरे-धीरे उतर गया;
यह सोच, न कोई जहर यहाँ,
फिर मैं ही क्यों यह पाप करूँ?
निर्विष शरीर में दंश मार
क्यों नरक-कुण्ड में वृथा पड़ूँ?

पर, तुम साँपों से भी कराल,
काँटों से भी काले निकले
खाली कर दी पिस्तौल
उसी निर्गरल पुरुष की छाती में
जो शीतल था चन्द्रमा-सदृश
निष्कलुष कमल-सा कोमल था

काँपा न हृदय, सहमे न प्राण,
सामने देखकर भी बापू को

हाय, बँधी मुट्ठी न हिली;
या जब वे गिरने लगे हाय।
तुम लज्जा से मर भी न गये।

जग माँग रहा है समाधान,
"क्यों बापू पर गोलियाँ चलीं?"
आने वाली पीढ़ियाँ यही पूछेंगी,
क्या उत्तर दूँगा?

क्या मुख ले आगे बढ़ूँ?
सदी पर सदी गरजती आयेगी;
क्या होगा मेरा हाल
सही उत्तर न अगर वह पायेगी?

लिखता हूँ होकर, अतः वज्र
ये वर्ण अमिट काले-काले,
अधिकार किसी को नहीं,
सत्य के मुखड़े पर पर्दा डाले।

लिखता हूँ कुंभीपाक नरक के
पीब-कुण्ड में कलम बोर,
बापू का हत्यारा पापी
था कोई हिन्दू ही कठोर।

कायर, नृशंस, कुत्सित, पामर,
दनुजों में भी अति घृणित दनुज;
मानव न जिसे पहचान सके,
ऐसा जघन्य विकराल मनुज।

सोचा, क्यों बिना विभेद किये
सब पर ठंढक यह बरसाती;

पापी ने डाली फाड़ चाँदनी
की करुणा-विह्वल छाती।

असहिष्णु नहीं सह सका, छाँह
सब को देता क्यों तरु उदार;
निर्मम ने निधड़क चला दिया
पादप के धड़ पर ही कुठार।

खल ने सोचा, निस्सीम जलद
क्यों धरती पर खुलकर बरसे?
इससे अच्छा है पानी को
हम भी तरसें, जग भी तरसे।

वारिद के पावन तूल-पुंज में
पामर ने दी फूँक आग;
जल गया जगत का दया-मेघ,
जल गया सुधा-पूरित तड़ाग।

चाँदनी मरी, पादप सूखा,
जलकर वारिद हो गया शेष,
जग के समक्ष काले मुख पर
वध लिये खड़ा है हिन्द-देश।

पापी! यों ही तुम खड़े रहो
सदियों के सम्मुख झुका शीश,
भोगो हत्या का कुटिल दंश;
भोगो वध की विष-भरी टीस।

निर्वाक, उपेक्षित खड़े रहो,
गरदन में वध का कफन डाल;
बोलोगे मनोव्यथा किससे?
पूछेगा आकर कौन हाल?

देखो, वे सूरज और चाँद
तुमसे कतरा कर जाते हैं;
खग-मृग भी चलते चौंक
तुम्हारी छाया से घबराते हैं।

जग में सबसे हिलती-मिलती
सदियों पर सदियाँ आयेंगी,
बस, एक तुम्हारे पास पहुँच
वे आँख बचा बढ़ जायेंगी।

जीवन-जुलूस से दूर खड़े
तरसोगे तुम बतियाने को
हमदर्द किसी हमराही को
अन्तर की व्यथा सुनाने को।

हरि के हिय में दे शूल, वद्ध
निर्दोष पिता का घात करे,
है कौन यहाँ जो उस जघन्य
पापी से भी दो बात करे?

हाँ, एक दयामय था ऐसा
जो सब को गले लगाता था;
पातक पर दे पद-धूलि
पापियों को बढ़कर अपनाता था।

यह देह उसी की गिरी टूट,
पापी! अब भी तो होश करो;
गति नहीं अन्य, गति नहीं अन्य,
इन चरणों को पकड़ो-पकड़ो!

रोओ मिट्टी से लिपट, गहो
अब भी ये चरण अभयकारी;

रोओ, भुज में भर वही वक्ष
जिसमें तुमने गोली मारी।

रो-रोकर माँगो क्षमा,
त्राहि! धरती न पाप से फट जाये
आसेतु-हिमाचल विकल, व्यग्र
यह भूमि न कहीं उलट जाए।

पातकी देश पर बरस पड़े
हरि का न कहीं कटु कोप-अनल,
धँस पड़ें न पर्वत-कूट कहीं,
उड़ जाए नहीं नदियों का जल।

टल जाएँ न पीड़ित मेघ कहीं
अन्यत्र तुम्हारा छोड़ व्योम;
वध-ग्रसित तुम्हारे अम्बर में
उगना न छोड़ दें सूर्य-सोम।

बहना न छोड़ दे पवन कहीं,
हो जाये न उडुओं की विरक्ति;
सूखें न शस्य, मारी न जाए
इन खेतों की उर्वरा-शक्ति।

आकाश नाच कर गिरे नहीं,
हो सागर में पृथ्वी न लीन;
जल उठे न औचक किसी रोज
यह देश तुम्हारा भाग्यहीन।

धरती विदीर्ण हो सकती है,
अम्बर धीरज खो सकता है;
बापू की हत्या हुई, किसी भी दिन
कुछ भी हो सकता है।

रो-रो कर माँगो क्षमा,
अश्रु से करो पितृ-शव काऽभिषेक,
अगुणी, कृतघ्न जन के अब भी
हैं बापू ही आधार एक।

करुणामय, करुणाप्राण, निखिल
अशरण पतितों की एक शरण,
जग को देने को अमल
मृत्यु का किया जिन्होंने स्वयं वरण।

पहचानो, कौन चला जग से?
पापी! अब भी कुछ होश करो।
गति नहीं अन्य, गति नहीं अन्य,
इन चरणों को पकड़ो-पकड़ो।

(बापू, 1948)

मगध-महिमा

(पद्य-नाटिका)

दृश्य 1

[नालन्दा का खँडहर : गैरिक वसन पहने हुए कल्पना खँडहर के भग्न प्राचीरों की ओर जिज्ञासा से देखती हुई गा रही है।]

कल्पना का गीत

यह खँडहर किस स्वर्ण-अजिर का?
धूलों में सो रहा टूटकर रत्नशिखर किसके मन्दिर का?
यह खँडहर किस स्वर्ण-अजिर का?

यह किस तापस की समाधि है?
किसका यह उजड़ा उपवन है?
ईंट-ईंट हो बिखर गया यह
किस रानी का राजभवन है?

यहाँ कौन है, रुक-रुक जिसको
रवि-शशि नमन किए जाते हैं?
जलद जोड़ते हाथ और
आँसू का अर्घ्य दिए जाते हैं?

प्रकृति यहाँ गम्भीर खड़ी
किसकी सुषमा का ध्यान रही कर?
हवा यहाँ किसके वन्दन में
चलती रुक-रुक, ठहर-ठहर कर?

है कोई इस शून्य प्रान्त में
जो यह भेद मुझे समझा दे,
रजकण में जो किरण सो रही
उसका मुझको दरस दिखा दे?

(नेपथ्य से इतिहास उत्तर देता है।)

इतिहास के गीत

(1)

कोमले! धीरे-धीरे गा!
यह टूटा प्रासाद सिद्धि का, महिमा का खँडहर है;
ज्ञानपीठ यह मानवता की तपोभूमि उर्वर है।
इस पावन गौरव-समाधि को सादर शीश झुका।
कोमले! धीरे-धीरे गा!

(2)

मैं बूढ़ा प्रहरी उस जग का
जिसकी राह अश्रु से गीली;
मुरझा कर ही जहाँ शरण
पाती दुनिया की कली फबीली।

डूब गई जो कभी चाँदनी
वही यहाँ पर लहराती है;
उजड़े वन, सूखे समुद्र,
डूबे दिनमणि मेरी थाती हैं।

मैं चारण हूँ मृतक विश्व का,
सब इतिहास मुझे कहते हैं;
सिंहासन को छोड़ लोग
मेरे घर आते ही रहते हैं।

धूलों में जो चरण-चिह्न हैं,
पत्थर पर जो लिखी कथा है,
मुझे ज्ञात है, इस खँडहर के
कण-कण में जो छिपी व्यथा है।

ईंटों पर जिनकी लकीर,
पत्थर पर जिनकी चरण-निशानी
जिनकी धूल गमकती मह-मह,
उन फूलों की सुनो कहानी।

यहीं मगध में कहीं एक थी
उरुवेला वनभूमि सुहावन;
जिसे देख रम गया तपस्या में
गौतम संन्यासी का मन।

छह वर्षों तक घोर तपस्या की,
पर, तत्त्व नहीं लख पाये;
अमृत खोजने को निकले थे,
पर, तप से न उसे चख पाये।

कृश हो गई देह अनशन से,
अति दुष्कर तप करते-करते;

रही अस्थि भर शेष, तथागत;
बचे किसी विधि मरते-मरते।

बरगद के नीचे बैठे थे
सोच रहे, अब कौन राह है;
तप से शक्ति क्षीण होती है,
सम्मुख यह सागर अथाह है।

ऐसे में, ले स्वर्ण-पात्र में
पावन खीर सुजाता आई;
वट-वासी देवता-सदृश
उसको कृश गौतम पड़े दिखाई।*

अंचल से पद पोंछ, चढ़ा कर
धूप, दीप, अक्षत, फल, रोली;
सम्मुख थाल परोस, देवता से
कर जोड़ सुजाता बोली।

(पट-परिवर्तन)

दृश्य-2

[उरुवेला की भूमि : बरगद के पेड़ के नीचे कृशकाय गौतम विराजमान हैं; सामने सोने की थाल में खीर परोसी हुई है : आरती जल रही है : धूप का धुआँ उठ रहा है : सामने सुजाता प्रार्थना कर रही है।]

सुजाता का गीत

हमारे पूरे ज्यों मन-काम।
पूर्ण करें वट-देव! तुम्हारी भी इच्छा त्यों राम।
हमारे पूरे ज्यों मन-काम।

---

* सुजाता ने अपने ग्राम के वट-देवता से यह मांगा था कि अगर मुझे पुत्ररत्न की प्राप्ति हो तो मैं तुझे खीर खिलाऊँगी। उसे पुत्र हुआ और जिस दिन वह वटवृक्ष को खीर चढ़ानेवाली थी, ठीक उसी दिन, गौतम उसी वृक्ष के नीचे आ विराजमान हुए, जिससे सुजाता ने यह समझा कि वट-देवता ही देह धरकर वृक्ष के नीचे बैठ गए हैं।

जैसे आसमान में तारे,
फूलें त्यों संकल्प तुम्हारे,
अन्धकार में उगो, देवता! तुम शशि-सूर्य-समान।

जग को स्नेह-सलिल से सींचो,
जीव-जीव पर अमृत उलीचो,
रहे उजागर नाम तुम्हारा देश-देश, प्रति धाम।

भरी गोद मेरी यह जैसे,
पूर्णकाम तुम भी हो वैसे,*
मिला मुझे ज्यों तोष देव! त्यों मिले तुम्हें उपराम।
हमारे पूरे ज्यों मन-काम।

गौतम का गीत

तुम्हारे हाथों की यह खीर।
माँ! बल दे, मैं तोड़ सकूँ भव की दारुण जंजीर।
तुम्हारे हाथों की यह खीर।

यहाँ जन्म से मरण-काल तक केवल दुख-ही-दुख है;
वह भी है निस्सार, दीखता जहाँ-तहाँ जो सुख है।
फूलों-सा दो दिन हँसकर झर पड़ता मनुज-शरीर।
तुम्हारे हाथों की यह खीर।

मैं हूँ कौन? कौन तुम? हम दोनों में क्या नाता है?
खेल-खेल दो रोज, मनुज फिर चला कहाँ जाता है?
सता रहे हैं मुझे, जननि! ये प्रश्न गहन-गम्भीर।
तुम्हारे हाथों की यह खीर।

---

* सुजाता की यह शुभैषणा पूर्णरूप से चरितार्थ हुई, क्योंकि उसी की खीर खाने के बाद बोधिवृक्ष के नीचे गौतम ने वह गहरी समाधि लगाई जिसमें उन्हें बुद्धत्व प्राप्त हुआ। कहते हैं, सुजाता के मुख से यह आशीर्वाद सुनकर भगवान अत्यन्त प्रसन्न हुए और उन्होंने कहा कि जब-तक तुम-सी भोली नारी मौजूद है, तब-तक मुझे भी सफलता की आशा है।

खोज रहा हूँ जिसे, अमृत की अगर मिली वह धार;
नर के साथ देवताओं का भी होगा उद्धार।
हैं जल रहे अदृश्य आग में तीनों लोक अधीर।
तुम्हारे हाथों की यह खीर।

रवि-सा उगूँ तिमिर में, सच ही, यह मेरी अभिलाषा,
आज देखकर तुम्हें विजय की हुई और दृढ़ आशा।
आशिष दो, ला सकूँ जगत के मरु में शीतल नीर।
तुम्हारे हाथों की यह खीर।

(पट-परिवर्तन)

दृश्य-3

[प्रथम दृश्य की आवृत्ति : कल्पना खड़ी सुन रही है : इतिहास नेपथ्य के भीतर से गाता है।]

इतिहास के गीत

(1)

सुधा-सर का करते सन्धान।
उरुवेला में यहीं कहीं विचरे गौतम गुणवान!
बैठे तरुतल यहीं लगा मुनि सहस्रार में ध्यान;
यहीं मिला बुद्धत्व, तथागत हुए यहीं भगवान।
सुधा-सर का करते सन्धान।

(2)

कल्पने! पूछ न कोई बात!
यह मिट्टी वह, खिला धर्म का कमल जहाँ अवदात;
फूटा जहाँ मृदुल करुणा का पहला दिव्य प्रपात।
कल्पने! पूछ न कोई बात।

कल्पना का गीत

कौन है इस गह्वर के पार?
रजकण में यह लोट रहा किस गरिमा का शृंगार?
कौन है इस गह्वर के पार?

धूल फूल-सी मह-मह करती,
चारों ओर सुरभि है भरती,
उपवन था वह कौन यहाँ जो हुआ सुलग कर क्षार?
कौन है इस गह्वर के पार?

जन-रव का मुकुलित कल-कल है,
तिमिर-कक्ष में कोलाहल है,
झनक रही है अन्धकार में यह किसकी तलवार?
कौन है इस गह्वर के पार?

दीपित देश-विदेश अभी भी,
विभा विमल है शेष अभी भी,
जला गया यह अमर धर्म का दीपक कौन उदार?
कौन है इस गह्वर के पार?

(नेपथ्य के भीतर से इतिहास गाता है।)

इतिहास के गीत

(1)

कल्पने! धीरे-धीरे बोल!
पग-पग पर सैनिक सोता है, पग-पग सोते वीर,
कदम-कदम पर यहाँ बिछा है ज्ञानपीठ गम्भीर।
यह गह्वर प्राचीन अस्तमित गौरव का खँडहर है!
सूखी हुई सरित् का तट यह उजड़ा हुआ नगर है।
एक-एक कण इस मिट्टी का मानिक है अनमोल।
कल्पने! धीरे-धीरे बोल!

(2)

यह खँडहर उनका जिनका जग
कभी शिष्य औ' दास बना था;
यह खँडहर उनका, जिनसे
भारत भू-का इतिहास बना था।

कहते हैं पा चन्द्रगुप्त को
मगध सिन्धुपति-सा लहराया,
राह रोकने को पश्चिम से
सेल्यूकस सीमा पर आया।

मगधराज की विजय-कथा सुन
सारा भारतवर्ष अभय हो;
विजय किया सीमा के अरि को,
राजा चन्द्रगुप्त की जय हो।

(पट-परिवर्तन)

दृश्य-4

[मगध की राजधानी का राजपथ : जहाँ-तहाँ फूलों के तोरण और बन्दनवार सजे हैं : ठौर-ठौर पर मंगल-कलश रखे हुए हैं तथा दीप जल रहे हैं : सड़क के दोनों ओर के महल भी सुसज्जित दीखते हैं : रास्ते पर नागरिक आनन्द की मुद्रा में आ रहे हैं, जा रहे हैं। नागरिकों का एक दल गाता हुआ प्रवेश करता है।]

नागरिकों का गीत

सब : जय हो, चन्द्रगुप्त की जय हो!

एक : जय हो उस नरवीर सिंह की, जिसकी शक्ति अपार,
जिसके सम्मुख काँप रहा थर-थर सारा संसार।
मोरिय-वंश अजय हो!

सब : चन्द्रगुप्त की जय हो!

दूसरा : जय हो उसकी, हार खड़ा जिसके आगे यूनान,
जिसका नाम जपेगा युग-युग सारा हिन्दुस्तान।
दिन-दिन भाग्य-उदय हो!

सब : चन्द्रगुप्त की जय हो!

कोर : जय हो बल-विक्रम-निधान की,
जय हो भारत के कृपाण की,

जय हो, जय हो मगधप्राण की!
सारा देश अभय हो;
चन्द्रगुप्त की जय हो!

तीसरा : गली-गली में तुमुल रोर है, घर-घर चहल-पहल है;
जिधर सुनो, बस, उधर मोद-मंगल का कोलाहल है।

पहला : घर-घर में, बस, एक गान है, सारा देश अभय हो!
घर-घर में, बस, एक तान है, चन्द्रगुप्त की जय हो!

(नेपथ्य में शंखध्वनि होती है)

दूसरा : देख रहे क्या वहाँ? शंख जय का वह उठा पुकार;
मगधराज का शुरू हो गया, स्यात्, विजय-दरबार!

चौथा : हाँ, राजा जा चुके, जा चुके हैं चाणक्य प्रवीण,
सेल्यूकस के साथ गया है पंडित एक नवीन।

पाँचवाँ : और सुना, यह खास बात कहती थी मुझे चेटी,
सेल्यूकस के साथ गई है सेल्यूकस की बेटी।

सब : चलो, चलें, देखें दरबार!
चलो, चलें : चलो, चलें!

(सब जाते हैं)

(पट-परिवर्तन)

दृश्य-5

[चन्द्रगुप्त का राजदरबार : सेल्यूकस, सेल्यूकस की युवती कन्या और मेगस्थनीज एक ओर बैठे हैं : चन्द्रगुप्त, चाणक्य और सभासद् यथास्थान। चौथे दृश्यवाले नागरिक भी आते हैं।]

एक नागरिक : **(आपस में कानोंकान)**

हैं महाराज खुद बोल
मत हिलो-डुलो,
चुपचाप सुनो!

चन्द्रगुप्त

मगध राज्य के सभासदो! पाटलीपुत्र के वीरो!
मगध नहीं चाहता किसी को अपना दास बनाना!
गुरु कहते हैं, दासभाव आर्यों के लिए नहीं है;*
मैं कहता हूँ, मनुजमात्र ही गौरव का कामी है।
मैं न चाहता, हरण करें हम किसी देश का गौरव,
किसी जाति को जीत उसे फिर अपना दास बनाएँ।
उठी नहीं तलवार मगध की किसी लोभ, लालच से,
और न हम प्रतिशोध-भाव से प्रेरित हुए कभी भी।

छिन्न-भिन्न है देश, शक्ति भारत की बिखर गई है;
हम तो केवल चाह रहे हैं उसको एक बनाना।
मृदु विवेक से, बुद्धि-विनय से, स्नेहमयी वाणी से,
अगर नहीं, तो धनुष-बाण से, पौरुष से, बल से भी।
ऋषि हैं गुरु चाणक्य; नीति उनकी हम बरत रहे हैं।

भरतभूमि है एक, हिमालय से आसेतु निरन्तर,
पश्चिम में कम्बोज-कपिश तक उसकी ही सीमा है।
किया कौन अपराध, गये जो हम अपनी सीमा तक?
अनाहूत हमसे लड़ने क्यों सेल्यूकस चढ़ आया?
मदोन्मत्त यूनान जानता था न मगध के बल को,
समझा था वह हमें छिन्न, शायद, पुरु-केकय-सा।
वह कलंक का पंक आज धुल गया देश के मुख से
हम कृतज्ञ हैं, सेल्यूकस ने अवसर हमें दिया है।

वीर सिकन्दर के गौरव का प्रतिभू सेल्यूकस था;
आज खड़ा है वह विपन्न, आहत-सा मगध सभा में;
उस बलिष्ठ शार्दूल-सदृश निष्प्रभ, हततेज, अकिंचन,
पर्वत से टकरा कर जिसने नख-रद तोड़ लिये हों;
उस भुजंग-सा जिसकी मणि मस्तक से निकल गई हो;

---

* न दासभावो ह्यार्यस्य (कौटिल्य का अर्थशास्त्र)।

उस गज-सा जिस पर मनुष्य का अंकुश पड़ा हुआ हो।
सभा कहे, बरताव कौन-सा मगध करे इस अरि से।

प्रमुख सभासद्

महाराज ने कही न ये अपने मन की ही बातें,
यही भाव है मगध देश के धर्मशील जन-जनमें,
नहीं चाहते किसी देश को हम निज दास बनाना,
पर, स्वदेश का एक मनुज भी दास न कहीं रहेगा।
हम चाहते सन्धि; पर, विग्रह कोई खड़ा करे तो,
उत्तर देगा उसे मगध का महा खड्ग बलशाली।
सेल्यूकस के साथ किन्तु, कैसा बरताव करें हम,
इसका उचित निदान बतायें गुरु चाणक्य स्वयं ही;
क्योंकि सभा अनुरक्त सदा है उनकी ज्ञान-विभा पर।

चाणक्य

आग के साथ आग बन मिलो,
और पानी से बन पानी,
गरल का उत्तर है प्रतिगरल,
यही कहते जग के ज्ञानी।

मित्र से नहीं शत्रुता और,
शत्रु से नहीं चाहिए प्रीति;
माँगने पर दो अरि को प्रेम,
किन्तु, है यह भी मेरी नीति।

शक्ति के मद में होकर चूर
विजय को निकला था यूनान,
एक ही टकराहट में गया
मगध को वह लेकिन; पहचान।

प्रीति जो निकली पीछे झूठ,
भीति क्या? हम तो हैं तैयार;

चरण फिर-फिर चूमेगी जीत,
मगध की तेज रहे तलवार।

अतः, है सेल्यूकस के हाथ,
मित्रता ले या ले आमर्ष,
खड़ा है लेकर दोनों भेंट
ग्रीस के सम्मुख भारतवर्ष।

सेल्यूकस

सामने नहीं, मंच पर आज
खड़ा है विजयी भारत वीर,
और है मिट्टी पर यूनान,
पराजय की पहने जंजीर।

हमारी बँधी हुई है जीभ,
हमारी कसी हुई है देह,
भला फिर मैं माँगूँ किस भाँति
गुणी चाणक्य! वैर या स्नेह?

मित्रता या कि शत्रुता घोर,
आपका जो जी चाहे करें,
एक है लेकिन, छोटी बात,
विनय है, उसको मन में धरें।

याद है कल पोरस के साथ
सिकन्दर ने सलूक जो किया?

चन्द्रगुप्त

धन्य सेल्यूकस! तुमने खूब
आज गुरुवर को उत्तर दिया।

वीरता का सच्चा बन्धुत्व,
झूठ है हार जीत का भेद;
वीर को नहीं विजय का गर्व,
वीर को नहीं हार का खेद।

किये मस्तक जो ऊँचा रहे
पराजय-जय में एक समान,
छीनते नहीं यहाँ के लोग
कभी उस बैरी का अभिमान।

सिकन्दर ही न, और भी लोग
प्रेम करते हैं अरि के साथ।
मगध का कर यह देखो बढ़ा,
बढ़ाओ अब तो अपना हाथ।

[चन्द्रगुप्त सिंहासन पर से अपना हाथ बढ़ाता है : सेल्यूकस दोनों हाथों से उसे थाम लेता है।]

सेल्यूकस

जय हो मगधनरेश! न था मुझको इसका अनुमान,
आज पराजित है, सचमुच ही, भारत में यूनान।
जय हो, दिन-दिन बढ़े मगध का बल, वैभव, उत्कर्ष,
हुआ आज से सेल्यूकस का भी गुरु भारतवर्ष।

सन्धि नहीं, सम्बन्ध जोड़कर मुझको करें सनाथ,
अर्पित है दुहिता यह मेरी, पकड़ें इसका हाथ।
ग्रीस देश की इस मणि को उर-पुर में रखें सहेज,
सीमा पर के चार प्रान्त देता हूँ इसे दहेज।
आज्ञा हो तो राजदूत मेगस्थनीज को छोड़,
अब जाऊँ मैं शेष दिवस काटने ग्रीस की ओर।

(चन्द्रगुप्त सेल्यूकस की पुत्री को उठाकर सिंहासन पर बिठलाते हैं : मेगस्थनीज उठकर राजा को प्रणाम करता है।)

(नागरिकों का कोरस गाते हुए प्रस्थान)

जय हो, चन्द्रगुप्त की जय हो।
जय हो बल-विक्रम-निधान की,
जय हो भारत के कृपाण की,
जय हो जय हो मगधप्राण की,
सारा देश अभय हो,
चन्द्रगुप्त की जय हो।

(गीत दूर पर खत्म होता सुनायी पड़ता है।)

(पट-परिवर्तन)

दृश्य-6

[प्रथम दृश्य की आवृत्ति : सामने कल्पना खड़ी सुन रही है : नेपथ्य के भीतर से इतिहास गाता है।]

इतिहास के गीत

(1)

कल्पने! तब आया वह काल।
उठा जगत में धर्म-तिलक-दीपित भारत का भाल
फिलस्तीन, ईरान, मिस्र, तिब्बत, सिंहल, जापान,
चीन, श्याम, सबने भारत के पद परसे गुरु मान।
भींग गई करुणा के जल से धरणी हुई निहाल।
कल्पने! तब आया वह काल।

(2)

करुणा की नई झंकार।
साधना की बीन से निकली अधीर पुकार।
स्नेह मानव का विभूषण, स्नेह जीवन-सार,
सत्य को नर ने निहारा, स्यात् पहली बार।

फट गया अन्तर जयी का देख नर-संहार,
जीतकर भी झुक गई संकोच से तलवार।
करुणा की नई झंकार।

(3)

एक बार कलिंग की करतूत से हो क्रुद्ध,
है कथा कि अशोक कर बैठे भयानक युद्ध।
जय मिली, पर, देख मृतकों से भरा रणप्रान्त,
हो उठा सम्राट् का भावुक हृदय उद्भ्रान्त।
देखकर रणभूमि को नर के रुधिर से लाल,
रात भर रोते रहे निज कृत्य पर भूपाल।

(पट-परिवर्तन)

दृश्य-7

[कलिंग की युद्धभूमि : लाशों से पटी हुई धरती पर फीकी चाँदनी फैली हुई है : घायल कराह रहे हैं, रह-रह कर "पानी! पानी!" की आवाज आती है। एक ओर जरा ऊँची जमीन पर मगध की राजपताका निष्कम्प झुकी हुई है, मानों, वह शर्म से अपना मस्तक नहीं उठा सकती। ध्वजा के दंड से पीठ लगाए हुए सम्राट् अशोक परिताप की मुद्रा में खड़े हैं।]

अशोक के गीत

(1)

जय की वासने उद्दास!
देख ले भर आँख निज दुष्कृत्य के परिणाम।
रुण्ड-मुण्डों के लुठन में नृत्य करती मीच;
देख ले भर आँख धरती पर रुधिर की कीच।
मनुज के पाँवों-तले मर्दित मनुज का मान,
आदमीयत के लहू में आदमी का स्नान।
यह की वासने उद्दाम!

(2)

रण का एक फल संहार।
मातृमुख की वेदना, वैधव्य की चीत्कार।
गन्ध से जिनकी कभी होता मुदित संसार,
वे मुकुल असमय समर में हाय, होते क्षार।
देह की जो जय, वही भावुक हृदय की हार,
जीतते संग्राम हम पहले स्वयं को मार।
रण का एक फल संहार।

(3)

हमने क्या किया भगवान?
यह बहा किसका लहू? किसका हुआ अवसान?
कौन थे, जिनको न जीने का रहा अधिकार?
कौन मैं, जिसने मचाया यह विकट संहार?
ऊर्मियाँ छोटी-बड़ी, पर, वारि एक समान।
सत्य ओझल, सामने केवल खड़ा व्यवधान।
हमने क्या किया भगवान?

(4)

पापी खड्ग घोर कठोर!
ले विदो मुझसे, सदा को संग मेरा छोड़।
अब नहीं जय की तृषा, फिर अब नहीं यह भ्रान्ति,
अब नहीं उन्माद फिर यह, अब नहीं उत्क्रान्ति।
अब नहीं विकरालता यह शत्रु के भी साथ,
अब रँगूँगा फिर नहीं नर के रुधिर से हाथ।
जोड़ना सम्बन्ध क्या जय से, दया को छोड़?
खोजना क्या कीर्ति अपने को लहू में बोर?
पापी खड्ग घोर कठोर!

गूँजे धर्म का जयगान।
शान्ति-सेवा में लगें समवेत तन, मन, प्राण।
व्यर्थ प्रभुता का अजय मद, व्यर्थ तन की जीत,

सार केवल मानवों से मानवों की प्रीत।
मृत्ति पर रेखा विजय की खींचते हम लाल,
मेटता उसको हमारी पीठ-पीछे काल।
पर, विजय की एक भू है और जिसके पास
मृत्यु जा सकती न, करती है अमरता वास।
ज्योति का वह देश, करुणा की जहाँ है छाँह,
अबल भी उठते जहाँ धर कर बली की बाँह।
दृग वही जो कर सके उस भूमि का सन्धान,
जो वहाँ पहुँचा सके सच्चा वही उत्थान।
गूँजे धर्म का जयगान।

(पट-परिवर्तन)

दृश्य-8

[प्रथम दृश्य की आवृत्ति : कल्पना खड़ी सुन रही है। नेपथ्य के भीतर से इतिहास है गाता।]

इतिहास के गीत

(1)

कल्पने! जीवन के उस पार।
चमक उठा आँखों के आगे एक नया संसार।
प्राणों की जब सुनी प्राण ने करुणा-सिक्त पुकार,
चू करके गिर गयी मुष्टि से स्वयं स्रस्त तलवार।
कल्पने! जीवन के उस पार।

(2)

दया की हुई जयश्री चेरी।
सकल विश्व में नृप अशोक की बजी धर्म की भेरी।
मैत्री ने मन पर मनुष्य के नयी तूलिका फेरी।
जीवन के पावन स्वरूप की करुणा हुई चितेरी।
दया की हुई जयश्री चेरी।

(३)

कल्पने! यह सन्देश हमारा।
बसता कहीं परिधि से आगे जीवन का ध्रुवतारा।
पा न सके हम उसे सतह के ऊपर कोलाहल में,
मिला हमें वह जब हम डूबे अपने हृदय-अतल में।

चन्द्रगुप्त-चाणक्य समर्थक-रक्षक रहे स्वजन के,
हीन बन्ध को तोड़ हो गये पर, अशोक त्रिभुवन के।
दो कूलों के बीच सिमटकर सरिताएँ बहती हैं,
सागर कहते उसे, दीखता जिसका नहीं किनारा।
कल्पने! यह सन्देश हमारा।

(पटाक्षेप)

(इतिहास के आँसू, 1948)

भारतीय सेना का प्रयाण-गीत

जाग रहे हम वीर जवान
जियो, जियो अय हिन्दुस्तान!

(1)

हम प्रभात की नई किरण हैं,
हम दिन वे आलोक नवल,
हम नवीन भारत के सैनिक,
धीर, वीर, गम्भीर, अचल।

हम प्रहरी ऊँचे हिमाद्रि के,
सुरभि स्वर्ग की लेते हैं।
हम हैं शान्तिदूत धरणी के,
छाँह सभी को देते हैं।

वीर-प्रसू माँ की आँखों के
हम नवीन उजियाले हैं।
गंगा, यमुना, हिन्दमहासागर
के हम रखवाले हैं।

तन, मन, धन तुम पर कुर्बान,
जियो, ज़ियो अय हिन्दुस्तान!

(2)

हम सपूत उनके, जो नर थे,
अनल और मधु के मिश्रण,
जिसमें नर का तेज प्रखर था,
भीतर था नारी का मन।

एक नयन संजीवन जिनका,
एक नयन था हालाहल,
जितना कठिन खड्ग था कर में,
उतना ही अन्तर कोमल।

थर-थर तीनों लोक काँपते
थे जिनकी ललकारों पर,
स्वर्ग नाचता था रण में
जिनकी पवित्र तलवारों पर।

हम उन वीरों की सन्तान,
जियो, जियो अय हिन्दुस्तान!

(3)

हम शकारि विक्रमादित्य हैं
अरिदल को दलनेवाले,
रण में जमीं नहीं, दुश्मन की
लाशों पर चलनेवाले।

हम अर्जुन, हम भीम, शान्ति के
लिए जगत में जीते हैं।
मगर, शत्रु हठ करे अगर तो,
लहू वक्ष का पीते हैं।

हम हैं शिवा-प्रताप रोटियाँ
भले घास की खाएँगे,
मगर, किसी जुल्मी के आगे,
मस्तक नहीं झुकाएँगे।

देंगे जान, नहीं ईमान,
जियो, जियो अय हिन्दुस्तान।

(4)

जियो, जियो अय देश! कि पहरे
पर ही जगे हुए हैं हम।
वन, पर्वत, हर तरफ चौकसी
में ही लगे हुए हैं हम।

हिन्द-सिन्धु की कसम, कौन
इस पर जहाज ला सकता है।
सरहद के भीतर कोई
दुश्मन कैसे आ सकता है?

पर की हम कुछ नहीं चाहते,
अपनी किन्तु, बचाएँगे,
जिसकी उँगली उठी,
उसे हम यमपुर को पहुँचाएँगे।

हम प्रहरी यमराज-समान,
जियो, जियो अय हिन्दुस्तान!

(धूप और धुआँ, 1948)

पहली वर्षगाँठ

ऊपर-ऊपर सब स्वाँग, कहीं कुछ नहीं सार,
केवल भाषण की लड़ी, तिरंगे का तोरण।
कुछ से कुछ होने को तो आजादी न मिली,
वह मिली गुलामी की ही नकल बढ़ाने को।

आजादी खादी के कुरते की एक बटन,
आजादी टोपी एक नुकीली तनी हुई।
फैशनवालों के लिए नया फैशन निकला,
मोटर में बाँधो तीन रंगवाला चिथड़ा
औ' गिनो कि आँखें पड़ती हैं कितनी हम पर,
हम पर यानी आजादी के पैगम्बर पर।

है कहाँ तुम्हारी आजादी? क्या स्कूलों में,
अनुशासन लँगड़ा हुआ जहाँ बिललाता है?
हड़ताल, कर्ण-भेदी प्रचंड कोलाहल में
है जहाँ गर्क भावी नेताओं के समूह?
या उस इंजन पर जिसे ड्राइवर खड़ा छोड़
है चला गया बाजार कहीं सुरती लाने?

अथवा मुट्ठी भर उन नोटों के बंडल में
हो रहे देखकर जिन्हें चाँद-सूरज अधीर?
टोपी कहती है, मैं थैली बन सकती हूँ।
कुरता कहता है, मुझे बोरिया ही कर लो।
ईमान बचाकर कहता है, आँखें सबकी,
बिकने को हूँ तैयार, खुशी हो जो दे दो।

सौदा करने को चले देख सब एक लग्न।
बहती गंगा में पद पखारने की खातिर
देखो, तट पर कैसों-कैसों की जुटी भीड़?
आजादी आई नहीं, विकट कुहराम मचा,

है मची हुई अच्छों-अच्छों में मार-पीट।
कहते हैं, जो थे साधु-सरीखे पाक-साफ,
डुबकियाँ लगा वे भी अब पानी पीते हैं।

बिक रही आग के मोल आज हर जिन्स, मगर,
अफसोस, आदमीयत की ही कीमत न रही।

आ रही, शोर है, आजादी की वर्षगाँठ।
है मुझे हुक्म, कोई उन्मादक गीत लिखो,
जी, बहुत खूब, सेवा में हाजिर हुआ अभी
अंगारों की कड़ियोंवाली कविता लेकर!

लेकिन, यह क्या? सपनों में हाथ बढ़ाने पर
आता न पकड़ में कुछ भी, है सब शून्य-शून्य।
मुट्‌ठी रह जाती रिक्त, नहीं कुछ भी मिलता,
कल्पना फूँक से भरी हुई, पर, पोली है।

महँगी आजादी के जीवन का एक साल!
बापू को डाला मार; नमक का दाम दिया।
महँगी आजादी के जीवन का एक साल,
कश्मीर-हैदराबाद धधकते-जलते हैं।
जाड़े का मौसिम, बड़े जोर की ठंडक है।
है देश ठिठुर कर ताप रहा इस ज्वाला को।

महँगी आजादी की यह पहली साल-गिरह,
रहने दो; बापू की वर्षी है दूर नहीं।
औ' धूमधाम से नहीं मनाओगे तुम क्या
कुछ ही वर्षों में दशक चोरबाजारी का?
छल, छद्म, कपट का, राजनीति की तिकड़म का,
क्रम-क्रम से उत्सव इनका भी होना चाहिए।

लपटों से चारों ओर घिरी आजादी है,
हाँ, अभी ग्रन्थ को खोल धर्म से राय करो,
'हिंसा हो जाती वैध कहाँ तक सहने पर?
गोलियाँ दगाने लगे शत्रु जब, तब उनको
गोलों से रोकें याकि सूत के पोलों' से?

लपटों से चारों ओर घिरी आजादी है;
मत हिलो-डुलो, बस, ध्यान लगाओ, सुनो, गुनो,
है कौन ठीक? गांधीवादी या कम्यूनिस्ट?
या सोशलिस्ट जो कांग्रेस से अलग कूद
कुछ नये ढंग के शस्त्र बनानेवाले हैं?

व्याख्यान सुनो, शायरी करो, सरकारों को
गालियाँ सुनाओ, थूको भीतर का बुखार।
सरदार-जवाहरलाल नहीं कुछ भी निकले,
हम होते तो किस्मत ही आज बदल जाती।

औ' आजादी की सालगिरह के आने पर
तोरण सजवाओ और निकालो विशेषांक।
दर्शनवेत्ताओं के बेटे क्या और करें?

हाँ, खूब मनाओ आजादी की वर्षगाँठ,
पर, नहीं इस खुशी में कि साल भर हुआ उसे।
इसलिए कि वह अब तक भी तुमसे छिनी नहीं।

(नीम के पत्ते, 1948)

राहु

चेतनाहीन ये फूल तड़पना क्या जानें?
जब भी आ जाती हवा कि पेंग बढ़ाते हैं।
झुलते रात भर मन्द पवन के झूलों पर,
फूटी न किरण की धार कि चट खिल जाते हैं।

लेकिन, मनुष्य का हाल? हाय, वह फूल नहीं,
दिनमान निठुर सारा दिन उसे जलाता है।
औ फुटपाथों पर लेट रात भर पड़ा-पड़ा
आदमी चाँद को अपना घाव दिखाता है।

जिसका सारा जादू समाप्त हो फूलों पर,
वह सूर्य जगत में किस बूते पर जीता है?
मरता न डूब क्यों चाँद, हृदय का मधु जिसका
मानव की आत्मा नहीं, दग्ध तन पीता है?

यह जलन? और यह दाह? सूर्य अम्बर छोड़े;
यह पीला-पीला चाँद? इसे बुझ जाने दो।
क्या अन्धकार इससे भी दुखदायी होगा?
मत रोको कोई राह, राहु को आने दो!

(धूप और धुआँ, 1949)

वलि की खेती

ओ अनिल-स्कन्ध पर चढ़े हुए प्रच्छन्न अनल!
हुतप्राण वीर की ओ ज्वलन्त छाया अशेष!
यह नहीं तुम्हारी अभिलाषाओं की मंजिल,
यह नहीं तुम्हारे सपनों से उत्पन्न देश।

काया-प्रकल्प के बीच मृत्ति में रहे ऊँघ,
हैं ऊँघ रहे आदर्श तुम्हारे महाप्राण।
वलिसिक्त भूमि में जिन्हें गिराया था मैंने,
जाने, मेरे भी ऊँघ रहे वे कहाँ गान।

यह सुरभि नहीं, मधु स्वप्न तुम्हारे जलते हैं,
यह चमक? तुम्हारे अरमानों में लगी आग।
श्री नहीं, छद्मिनी कोई वेश बदल आई
मल खूब तुम्हारी इच्छा का मुख पर पराग।

जादू की यह चाँदनी, धूप की चमक-दमक,
ये फूल और ये दीप, सभी छिप जाएँगे,
वलि की खेती पर पड़ी पपड़ियों को उछाल
अपने जब सूरज और चाँद उग आएँगे।

अंजलि भर जल से भी उगते दूर्वा के दल,
वसुधा न मूल्य के बिना कभी कुछ लेती है।
औ' शोणित से सींचते अंग हम जब उसका,
बदले में सूरज-चाँद हमें वह देती है।

(धूप और धुआँ, 1949)

वीर-वन्दना

(1)

वीर-वन्दना की वेला है, कहो, कहो क्या गाऊँ?
आँसू पातक बनें नींव की ईंट अगर दिखलाऊँ।

बहुत कीमती हीरे-मोती रावी लेकर भागी,
छोड़ गई जलियाँबाग की लेकिन, याद अभागी।

कई वर्ष उससे पहले, जब देश हुआ स्वाधीन,
लहू जवानों का पीती थी भारत में संगीन।

(2)

वीर-वन्दना की वेला है, कहो, कहो क्या गाऊँ?
भाँति-भाँति के चित्र टँगे हैं, किसको, कौन दिखाऊँ?

यह बहादुरों की लाशों से पटा हुआ है खेत,
यह प्रयाग की इन्द्राणी पर टूट रहे हैं बेंत।

कई वर्ष उससे पहले जब देश हुआ स्वाधीन,
भगत सिंह फाँसी पर झूले, घुल-घुल मरे यतीन।

(3)

वीर-वन्दना की वेला है, कहो, कहो क्या गाऊँ?
पन्ने पर पन्ने अनेक हैं, पहले किसे उठाऊँ?

कौंध गई बिजली-सी भारत में प्रताप की याद,
इम्फल में बन गया किरिच बापू का आशीर्वाद।

कई मास उससे पहले जब देश हुआ स्वाधीन,
भूले हुए खड्ग से लिक्खा हमने पृष्ठ नवीन।

(4)

वीर-वन्दना की वेला है, कहो, कहो क्या गाऊँ!
अमर ज्योति वह कहाँ देश की जिसको शीश झुकाऊँ?

दिखा नहीं दर्पण पातक का, अरे गाँस मत मार,
अश्रु पोंछकर जीने को होने तो दे तैयार।

काल-शिखर से बोल रहा यह किस ऋषि का बलिदान,
कमलपत्र पर लिखो, लिखो कवि! भारत का जयगान।

(धूप और धुआँ, 1949)

मृत्ति-तिलक

सब लाए कनकाभ चूर्ण,
विद्याधन हम क्या लाएँ?
झुका शीश नरवीर! कि हम
मिट्टी का तिलक चढ़ाएँ।

भरत-भूमि की मृत्ति सिक्त
मानस के सुधा-क्षरण से,

भरत-भूमि की मृत्ति दीप्त
नरता के तपश्चरण से।

गंधवती, शुचि रसा कुक्षि से
मलय उगानेवाली,
कामधेनु-कल्पद्रुम-सी यह
वरदायिनी निराली।

पारिजात से भी सुरभित,
यह अरुण कहीं कुंकुम से,
यह मिट्टी अनमोल कनक से,
मणि-मुक्ता-विद्रुम से।

भूप कहाकर भी न भूमि का
प्रेम सभी पाते हैं।
मुकुटवान इसकी चुटकी भर
रज को ललचाते हैं।

जनता के हाथों चढ़ता है
जिसे ज्योति का टीका,
उसी भाग्यशाली को मिलता
आशीर्वाद मही का।

तन के त्रासक को न, मृत्ति के
उर-पुर के जेता को,
मिट्टी का हम तिलक चढ़ाते
स्पृहामुक्त नेता को।

जय उनकी, जो नर निरीह
धूसर जन के नायक हैं,
हम विद्याधन विप्र मृत्ति
की महिमा के गायक हैं।

(धूप और धुआँ, 1949)

रूह की खाई

बापू! हम अगुणी, कृतघ्न,
पर, आँसू बलशाली है,
और जगत में कभी नहीं,
बलिदान गया खाली है।

गगन-रन्ध्र में गूँज रहा
आकुल आह्वान तुम्हारा,
बोल रहा सबके मस्तक पर
चढ़ बलिदान तुम्हारा।

बलि का विशिख लगा,
भारत का उर फटता जाता है,
भ्रम का जाल मनुज की आँखों
से हटता जाता है।

डूबेगा यह देश रूह की
इस बढ़ती खाई में,
उतरेंगे हम कभी प्रेम की
असली गहराई में।

बापू! तुमने होम दिया
जिसके निमित्त अपने को,
अर्पित सारी भक्ति हमारी
उस पवित्र सपने को।

क्षमा, शान्ति, निर्भीक प्रेम को
शतशः प्यार हमारा,
उगा गए तुम बीज, सींचने
का अधिकार हमारा।

निखिल विश्व के शान्ति-यज्ञ में
निर्भय हमीं लगेंगे,
आएगा आकाश हाथ में,
सारी रात जगेंगे।

(धूप और धुआँ, 1949)

अपराध

बापू, लोगे किसका प्रणाम?
सब हाथ जोड़ने आए हैं।

ये वे, जिनकी अंजलियों में
पूजा के फूल नहीं दिपते,
ये वे, जिनकी मुट्ठी में भी
लोहू के दाग नहीं छिपते;

ये वे, जिनकी आरती-शिखा
हाथों में सहमी जाती है;
मन के अगाध तम की छाया
को पास देख घबराती है।

श्रद्धा के सिर पर ग्लानि-भार,
गौरव की ग्रीवा झुकी हुई।
व्रणमयी भक्ति की आँखों में
काले-काले घन छाए हैं।

बापू! लोगे किसका प्रणाम?
सब हाथ जोड़ने आए हैं।

(धूप और धुआँ, 1949)

जनता और जवाहर

फीकी उसाँस फूलों की है,
मद्धिम है ज्योति सितारों की;
कुछ बुझी-बुझी-सी लगती है
झंकार हृदय के तारों की।

चाहे जितना भी चाँद चढ़े,
सागर न किन्तु, लहराता है;
कुछ हुआ हिमालय को, गरदन
ऊपर को नहीं उठाता है।

अरमानों में रौशनी नहीं,
इच्छा में जीवन का न रंग,
पाँखों में पत्थर बाँध कहीं
सूने में जा सोई उमंग।

गम की चट्टानों के नीचे
जिन्दगी पड़ी सोई-सी है,
निर्वापित दीप हुआ जब से,
जनता खोई-खोई-सी है।

झालरें ख्वाब के परदों की,
झाँकी रंगीन घटाओं की,
दिखलाते हैं ये तस्वीरें,
किसको आसन्न छटाओं की?

तम के सिर पर आलोक बाँध
डूबा जो नरता का दिनेश,
उस महासूर्य की याद लिए
बेहोशी में है पड़ा देश।

औरों की आँखें सूख गईं;
हैं सजल दीनता के लोचन,
औरों के नेता गए, मगर,
जनता का उजड़ गया जीवन।

चुभती है पल-पल, घड़ी-घड़ी
अन्तर में गाँस कसाले की,
भूलती याद ही नहीं कभी
छाती छिदवानेवाले की।

आँखें वे मलिन गुफाओं में
शीतल प्रकाश भरनेवाली,
मुस्कानें वे पीयूषमयी,
उम्मीद हरी करनेवाली।

सबके पापों का बोझ उठाए
फिरना जान अकेली पर,
बापू का वह घूमना प्राण
को निर्भय लिए हथेली पर।

अभिशप्त देश के हाथों से
विष-कलश खुशी से ले जाना,
फिर उसी अभागे की खातिर
अनमोल जिन्दगी दे देना।

इन अमिट झाँकियों से लिपटा
अन्तर स्वदेश का सोता है,
है किसे फिक्र आवाज सुने?
समझे कि कहाँ क्या होता है?

इस घमासान अँधियाले में
आशा का दीपक एक शेष,

जनता के ज्योतिर्नयन! तुम्हें
ही देख-देख जी रहा देश।

जो मिली विरासत तुम्हें,
आँख उसकी आँसू से गीली है,
आशाओं में आलोक नहीं,
इच्छाएँ नहीं रँगीली हैं।

इस महासिन्धु के प्राणों में
आलोड़न फिर भरना होगा,
जनतन्त्र बसाने के पहले
जन को जाग्रत करना होगा।

सपनों की दुनिया डोल रही,
निष्ठा के पग थर्राते हैं,
तप से प्रदीप्त आदर्शों पर
बादल-से छाए जाते हैं।

इस गहन तमिस्रा को बेधो,
शायक नवीन सन्धान करो,
ऊँघती हुई सुषमाओं का
किरणों पर चढ़ आह्वान करो।

जनता विषण्ण, जनता उदास,
जनता अधीर अकुलाती है,
निरुपाय तुम्हारी जय पुकार
वह अपना हृदय जुड़ाती है।

तम-गहन उदासी के भीतर
आशा का यह उच्चार सुनो,
इस महाघोर अँधियाले में
अपनी यह जय-जयकार सुनो।

भीतर आवेगों की आँधी
ज्यों-ज्यों हो विवश मचलती है,
त्यों-त्यों, अधीर जन-कंठों से
आकुल जयकार निकलती है।

हैं पूछ रहे जय के निनाद,
कब तक यह रात खत्म होगी?
सूखेंगे भींगे नयन और
वेदना देश की कम होगी?

जो स्वर्ग हवा में हिलता है,
मिट्टी पर वह कब आएगा?
काले बादल हैं जहाँ, वहाँ
कब इन्द्रधनुष लहराएगा?

झूलता तुम्हारी आँखों में
जो स्वर्ग, हमारी आशा है,
तुम पाल रहे हो जिसे, वही
भारत भर की अभिलाषा है।

आँसू के दानों में झरते,
वे मोती निर्धनता के हैं,
लिखते हो जो कुछ, वही लेख
सौभाग्य दीन जनता के हैं।

सब देख रहे हैं राह, सुधा
कब धार बाँधकर छूटेगी,
नरवीर! तुम्हारी मुट्ठी से
किस रोज रोशनी फूटेगी?

है खड़ा तुम्हारा देश, जहाँ भी
चाहो, वहीं इशारों पर!

जनता के ज्योतिर्नयन! बढ़ाओ
कदम चाँद पर, तारों पर!

है कौन जहर का वह प्रवाह
जो तुम चाहो औ' रुके नहीं?
है कौन दर्पशाली ऐसा
तुम हुक्म करो, वह झुके नहीं?

न्यौछावर इच्छाएँ, उमंग,
आशा, अरमान जवाहर पर।
सौ-सौ जानों से कोटि-कोटि
जन हैं कुरबान जवाहर पर।

नाज़ाँ है हिन्दुस्तान,
एशिया को अभिमान जवाहर पर।
करुणा की छाया किए रहें
पल-पल भगवान जवाहर पर।

(धूप और धुआँ, 1949)

पंचतिक्त

(1)

चीलों का झुंड उचक्का है,
लोभी, बेरहम, लुटेरा भी;
रोटियाँ देख कमजोरों पर
क्यों नहीं झपट्टे मारेगा?
डैने इनके झाड़ते रहो
दम-ब-दम कड़ी फटकारों से,
बस, इसीलिए तो कहता हूँ,
आवाजें अपनी तेज करो।
औ' हो जाएँ तो ढीठ, न मानें

अदब-रोब फटकारों का;
तो कहीं रोटियों के पीछे
नेजों की नोकें खड़ी करो।

(2)

साँपों को तो देखिए, मौत का
रस दातों में भरे हुए,
चन्दन से लिपट पड़े रहते,
खेलते फूल की छाँहों में।
जन्नत से कढ़वा दिया शुरू
में ही बेचारे आदम को,
औ' तब से ही ये पड़े स्वर्ग
में दूध-बताशे खाते हैं।
साँपों से पाएँ त्राण, अक्ल
में आती कोई बात नहीं,
जनमेजय कितना करें?
देवता ही साँपों के बस में हैं।
शंकर को तो देखिए, गले
में हैं नागों के हार लिए।
औ' विष्णुदेव भी साँपों की
गुलगुली सेज पर सोते हैं।

(3)

जो घटा घुमड़ती फिरती है,
वह बिना बुलाए ही आई?
आकाश! नहीं क्या चीख-चीख
तू ने इसका आह्वान किया?
क्वाँरी थी, काँप उठा था मन
कुन्ती का रवि के आने पर,
थरथरी तुझे क्यों लगी? अरे,
तू तो उस्ताद पुराना है।
है वृथा यत्न दम साध

पेट में यह तूफान पचाने का;
मानेंगे बरसे बिना नहीं
ये न्योते पर आनेवाले।

(4)

पीयूष गाड़ कर शीशे में
दूकान सजाना काम नहीं,
तारों को भट्ठी बीच डाल
सिक्के न ढालना आता है।
यों तो किस्मत ने फेंक दिया
मुझको भी उन्हीं जनों में जो,
बेचते नहीं शरमाते हैं
ईश्वर को भी बाजारों में।
पर, एकरूप होकर भी हम
दोनों आपस में एक नहीं,
अय चाँद! देख मत मुझे
आदमी समझ शुभा की आँखों से।

(5)

ओ बदनसीब! क्या हाथ उठाए है?
आगे को पाँव बढ़ा;
छाया देने के लिए घटा
कोई न स्वर्ग से आएगी।
संयोग, कभी मिल जाय, सभी
दिन तो ओयसिस नहीं मिलती,
पर, प्यास पसीने से भी तो
बुझती है रेगिस्तानों में।
आगे बढ़, खड़ा-खड़ा किसकी
आशा में समय बिताता है?
जिनकी थी आस बहुत तुझको,
वे चले गए तहखानों में।

(धूप और धुआँ, 1949)

जनता

मत खेलो यों बेखबरी में, जनता फूल नहीं है।
और नहीं हिन्दू-कुल की अबला सतवन्ती नारी,
जो न भूलती कभी एक दिन कर गहनेवालों को,
मरने पर भी सदा उसी का नाम जपा करती है।

जनसमुद्र यह नहीं, सिन्धु है यह अमोघ ज्वाला का,
जिसमें पड़कर बड़े-बड़े कंगूरे पिघल चुके हैं।
लील चुका है यह समुद्र जाने कितने देशों में,
राजाओं के मुकुट और सपने नेताओं के भी।

सुहलाते हो पीठ सुना कर चिकनी-चुपड़ी बातें?
पर, शेरनी स्पर्श में मन का पाप समझ जाती है।

मणि, मुक्ता, वैदूर्य, रत्न पच गए जहाँ पानी-से,
क्या बिसात है वहाँ तुम्हारे तृणकोमल वल्कल की?
सावधान, जनभूमि किसी का चरागाह नहीं है,
घास यहाँ की पहुँच पेट में काँटा बन जाती है।

(नीम के पत्ते, 1949)

जनतन्त्र का जन्म

सदियों की ठंढी-बुझी राख सुगबुगा उठी,
मिट्टी सोने का ताज पहन इठलाती है;
दो राह, समय के रथ का घर्घर-नाद सुनो,
सिंहासन खाली करो कि जनता आती है।

जनता? हाँ, मिट्टी की अबोध मूरतें वही,
जाड़े-पाले की कसक सदा सहनेवाली,
जब अंग-अंग में लगे साँप हों चूस रहे,
तब भी न कभी मुँह खोल दर्द कहनेवाली।

जनता? हाँ, लम्बी-बड़ी जीभ की वही कसम,
''जनता, सचमुच ही, बड़ी वेदना सहती है।''
''सो ठीक, मगर, आखिर, इस पर जनमत क्या है?''
''है प्रश्न गूढ़; जनता इस पर क्या कहती है?''

मानो, जनता हो फूल जिसे एहसास नहीं,
जब चाहो तभी उतार सजा लो दोनों में,
अथवा कोई दुधमुँही जिसे बहलाने के
जन्तर-मन्तर सीमित हों चार खिलौनों में।

लेकिन, होता भूडोल, बवंडर उठते हैं,
जनता जब कोपाकुल हो भृकुटि चढ़ाती है;
दो राह, समय के रथ का घर्घर-नाद सुनो,
सिंहासन खाली करो कि जनता आती है।

हुंकारों से महलों की नींव उखड़ जाती,
साँसों के बल से ताज हवा में उड़ता है;
जनता की रोके राह, समय में ताव कहाँ?
वह जिधर चाहती, काल उधर ही मुड़ता है।

अब्दों, शताब्दियों, सहस्राब्द का अन्धकार
बीता; गवाक्ष अम्बर के दहके जाते हैं;
यह और नहीं कोई, जनता के स्वप्न अजय
चीरते तिमिर का वक्ष उमड़ते आते हैं।

सबसे विराट जनतन्त्र जगत का आ पहुँचा,
तैंतीस कोटि-हित सिंहासन तैयार करो;
अभिषेक आज राजा का नहीं, प्रजा का है,
तैंतीस कोटि जनता के सिर पर मुकुट धरो।

आरती लिए तू किसे ढूँढ़ता है मूरख,
मन्दिरों, राजप्रसादों में, तहखानों में?

देवता कहीं सड़कों पर गिट्टी तोड़ रहे,
देवता मिलेंगे खेतों में, खलिहानों में।

फावड़े और हल राजदंड बनने को हैं,
धूसरता सोने से शृंगार सजाती है;
दो राह, समय के रथ का घर्घर-नाद सुनो,
सिंहासन खाली करो कि जनता आती है।

(धूप और धुआँ, 1950)

भारत

सीखो नित नूतन ज्ञान, नई परिभाषाएँ,
अब आग लगे, गहरी समाधि में रम जाओ;
या सिर के बल हो खड़े परिक्रम में घूमो।
ढब और कौन हैं चतुर बुद्धि-बाजीगर के?

गांधी को उलटा घिसो, और जो धूल झरे,
उसके प्रलेप से अपनी कुंठा के मुख पर
ऐसी नक्काशी गढ़ो कि जो देखे, बोले,
आखिर, बापू भी और बात क्या कहते थे?

डगमगा रहे हों पाँव लोग जब हँसते हों,
मत चिढ़ो, ध्यान मत दो इन छोटी बातों पर,
कल्पना जगद्गुरुता की हो जिसके सिर पर,
वह भला कहाँ तक ठोस कदम धर सकता है?

औ' गिर भी जो तुम गए किसी गहराई में,
तब भी तो इतनी बात शेष रह जाएगी?
यह पतन नहीं, है एक देश पाताल गया,
प्यासी धरती के लिए अमृतघट लाने को।

(धूप और धुआँ, 1950)

नेता

नेता! नेता! नेता!

क्या चाहिए तुझे रे मूरख!
सखा? बन्धु? सहचर? अनुरागी?
या जो तुझको नचा-नचा मारे
वह हृदय-विजेता?
नेता! नेता! नेता!

मरे हुओं की याद भले कर,
किस्मत से फरियाद भले कर,
मगर, राम या कृष्ण लौट कर
फिर न तुझे मिलनेवाले हैं।

टूट चुकी है कड़ी;
एक तू ही उसको पहने बैठा है।
पूजा के ये फूल फेंक दे,
अब देवता नहीं होते हैं।
बीत चुके हैं सतयुग-द्वापर,
बीत चुका है त्रेता।
नेता! नेता! नेता!

नेता का अब नाम नहीं ले,
अन्धेपन से काम नहीं ले,
हवा देश की बदल गई;
चाँद और सूरज, ये भी अब
छिपकर नोट जमा करते हैं।
और जानता नहीं अभागे,
मन्दिर का देवता चोर-बाजारी में पकड़ा जाता है?
फूल इसे पहनाएगा तू?
अपना हाथ घिनाएगा तू?

उठ मन्दिर के दरवाजे से,
जोर लगा खेतों में अपने;
नेता नहीं, भुजा करती है
सत्य सदा जीवन के सपने।
पूजे अगर खेत के ढेले
तो, सचमुच, कुछ पा जाएगा,
भीख याकि वरदान माँगता
पड़ा रहा तो पछताएगा।
इन ढेलों को तोड़,
भाग्य इनसे तेरा जगनेवाला है।
नेताओं का मोह मूढ़!
केवल तुझको ठगनेवाला है।
लगा जोर अपने भविष्य का बन तू आप प्रणेता।
नेता! नेता! नेता!

(नीम के पत्ते, 1950)

स्वर्ग के दीपक

[उनके लिए जो हमारी कतार में आने से इनकार करते हैं।]

कहता हूँ, मौसिम फिरा, सितारो! होश करो,
कतरा कर टेढ़ी चाल भला अब क्या चलना?
माना, दीपक हो बड़े दिव्य, ऊँचे कुल के,
लेकिन, मस्ती में अकड़-अकड़ कर क्या जलना?

सब हैं परेड में खड़े, जरा तुम भी तनकर,
सिलसिला बाँध हो जाओ खड़े कतारों में,
कैसे लगता है भला तुम्हें गुम्फित रहना
इस तरह, तिमिर के टेढ़े-मेढ़े तारों में?

आगाही सुनते नहीं, सितारे हँसते हैं,
कहते हैं, कवि की कथा निराली होती है;

देखती कला- विधि के विधान में भी त्रुटियाँ;
कल्पना, सत्य ही, खाम-खयाली होती है।

मिट्टीवाले बँधकर कतार में चला करें,
हमको क्या? हम तो अमरलोक के वासी हैं;
अम्बर पर कब मरनेवालों की रीति चली?
सुरपति होकर भी इन्द्र प्रसिद्ध विलासी हैं।

अच्छा, तब प्यारे! और चार दिन मौज करो,
भूडोल नहीं नीचे मिट्टी पर दम लेगा;
लीलेगा सारा व्योम और पूर्णाहुति में,
वह नहीं स्वर्ग से कभी ग्रास कुछ कम लेगा।

मैं देख रहा हूँ साफ, कौंधती है बिजली
अँधियाली में भावी की घोर घटाओं पर,
औ' मृत्ति वज्र बनकर अमोघ-सी टूट रही
नीचे से उड़ ऊपर की बड़ी अटाओं पर।

मत हँसो कि मन में छिपी हमारी आँखों पर
जादू-टोने का धुआँ न छाया करता है,
देखता नियन्ता जो कुछ भी जग से छिपकर,
सबसे पहले वह हमें दिखाया करता है।

मैं देख रहा हूँ, शैल उलटकर गिरते हैं,
सागर का जल ऊपर को भागा जाता है;
है नाच रहा घिरनी होकर अम्बर सारा,
नक्षत्रपुंज पत्तों-सा चक्कर खाता है।

क्या तुम सँभाल लोगे इस व्योम-विवर्तन को?
जादू-टोने से हवा न बाँधी जाएगी।
लाकर कतार के भीतर तुम्हें खड़ा करने
रूई के पुतलो! निश्चय, आँधी आएगी।

(धूप और धुआँ, 1951)

अमृत-मन्थन

(1)

जय हो, छोड़ो जलधि-मूल,
ऊपर आओ अविनाशी,
पन्थ जोहती खड़ी कूल पर
वसुधा दीन, पियासी।

मन्दर थका, थके असुरासुर,
थका रज्जु का नाग,
थका सिन्धु उत्ताल,
शिथिल हो उगल रहा है झाग।

निकल चुकी वारुणी, असुर
पी चुके मोहिनी हाला,
नीलकंठ शितिकंठ पी चुका
कालकूट का प्याला।

मिले नियति के भाग सभी को।
सबकी पूरी चाह
जन्मो, जन्मो अमृत!
देवता देख रहे हैं राह।

(2)

जन्मो पीड़ित, मथित उदधि
के आकुल अन्तस्तल से,
जन्मो उद्वेलन-अशान्ति से,
जन्मो कोलाहल से।

नर्तित गिरि के घूर्णिवेग,
वासुकि के कर्षित फण से,

जन्मो, सागर-शिला-नाग के
भीषण संघर्षण से।

जन्मो, जैसे जन्म ग्रहण
करती मणि चक्षुश्रवा से,
जन्मो, जैसे किरण जन्म
लेती है सघन कुहा से।

शमित करो विष की प्रचण्डता,
शमित करो यह दाह,
जन्मो, जन्मो अमृत! देवता
देख रहे हैं राह।

(धूप और धुआँ, 1951)

मरघट की धूप

तैर गए हम जिसे, कहो क्या
वह समुद्र था जल का?
विषपरिवह से विकल सिन्धु
पा पिघले हुए अनल का?

पुरस्कार में यही द्वीप पर,
थे क्या हम पाने को?
झंझा पर होकर सवार
थे चले यहीं आने को?

बालू का यह द्वीप, दीखती
कहीं नहीं हरियाली,
एक रंग सब ओर, चतुर्दिक्
उजियाली, उजियाली।

होती कभी न शाम, न कोई
तारक ही खिलता है,
जरा जुड़ाए आँख, न ऐसा
एक दृश्य मिलता है।

दोपहरी का अन्धकार!
निष्प्राण ज्योति की वेला
मही बड़ी निःसंग व्योम पर
रवि भी बड़ा अकेला।

सूखे पत्तों के समान
चुम्बन नभ से झरता है;
न तो जानती मही, न
सूरज ही अनुभव करता है।

भींगी किरणों की दुनिया,
वह आग चेतनावाली,
कहाँ गई? यह समारोह
करता किसकी रखवाली?

साँसों की है गूँज कि टिक-टिक
घड़ी बोलती है यह?
जीवन का पदचाप? कि मरु में
हवा डोलती है यह?

बड़ी धूप है इस मरघट में,
और कहीं चल भटके राही!
हाथ-पाँव रहते भोगें हम
क्यों मुर्दों के बीच तबाही?

कवि! कहता तू मरण, किन्तु,
इसने तो सुख का किया वरण है;

किसे चलाना चाह रहा तू?
"करुणा का यह थका चरण है।"

अच्छा, इसी द्वीप में बैठो,
सिकता से मुख धोओ,
मरी हुई चाँदनी ओढ़कर
सोओ, हे मन! सोओ!

पड़े रहो, आएगा, निश्चय,
किसी रोज अनजान
द्वीपान्तर में तुम्हें उड़ा
ले जाने को तूफान।

(धूप और धुआँ, 1951)

भूदान

कौन टोकता है शंका से? चुप रह, चुप, अपलापी!
क्रिया-हीन चिन्तन के अनुचर, केवल ज्ञान-प्रलापी!
नहीं देखता, ज्योति जगत् में नूतन उभर रही है?
गाँधी की चोटी से गंगा आगे उतर रही है।
अन्धकार फट गया, विनोबा में धर कर आकार
घूम-घूम वेदना देश की घर-धर रही पुकार।

ओ सिकता में चंचु गाड़ कर सुख से सोनेवालो!
चिन्ताएँ सब डाल भाग्य पर निर्भय होनेवालो!
पहुँच गयी है घड़ी, फैसला अब करना ही होगा,
दो में एक राह पर पगले! पग धरना ही होगा।
गाँधी की लो शरण, बदल डालो मिलकर संसार।
या फिर रहो कल्कि के हाथों कटने को तैयार।

अपने को ही नहीं देख, टुक, ध्यान इधर भी देना,
भूमि-हीन कृषकों की कितनी बड़ी खड़ी है सेना।

बाँध तोड़ जिस रोज फौज खुलरकर हल्ला बोलेगी,
तुम दोगे क्या चीज? वही जो चाहेगी, सो लेगी।
कृष्ण दूत बनकर आया है, सन्धि करो सम्राट।
मच जायेगा प्रलय, कहीं वामन हो पड़ा विराट।

पहचानो, यह कौन द्वार पर अधनंगा आया है,
किस कारण अधिकार स्वयं वन भिखमंगा आया है?
समझ सको यदि मर्म, बुलाये बिना दौड़ कर आओ,
जो समझो तुम अंश अपर का उसे स्वयं दे जाओ।
स्तत्व छीन कर क्रान्ति छोड़ती कठिनाई से प्राण।
बड़ी कृपा उसकी, भारत में माँग रही वह दान।

(नील कुसुम, 1952)

हक़ की पुकार

मन की उमंग पर जंजीरें,
तन ऊपर एक लँगोटी है;
आँखें गड्ढे में धँसी हुईं,
हाथों में सूखी रोटी है।
पतझड़ के बरगद के समान
सूखी हड्डी पर तना हुआ;
यह कौन खड़ा है धरती की
किस्मत पर शंका बना हुआ?
ओ जशन-मौज वालो! मन में
कुछ डूब भेद गुनते जाओ,
आजादी का है पर्व अगर,
हक की पुकार सुनते जाओ।
यह वही आदमी है, जिसकी
पीड़ाओं को आगे करके,
स्वाधीन हुए थे तुम जिसकी
प्रतिमा जग के सम्मुख धरके।

यह वही आदमी है, जिसकी
तुम कसम रात-दिन खाते थे,
बाहर-भीतर हर जगह नाम
जिसका हरदम दुहराते थे।
यह वही आदमी है, जिसकी
आहों की फौज सजा कर के
निकले थे रण के घमासान से
तुम दुन्दुभी बजा कर के।
यह वह मनुष्य, जिसकी ज्वाला
की ढाल बना तुम लड़ते थे,
जिसकी तावीज, पहनकर तुम
शेरों की तरह अकड़ते थे।
क्या हुआ कि इस भूखी प्रतिमा
को देख आज भय लगता है?
भर गई कौन-सी नस, जिससे
वह दर्द नहीं अब जगता है?
है तुम्हें खुशी, जंजीर गुलामी की
पाँवों से छूट गई?
मुझ को गम है, पहले वाली
तावीज, तुम्हारी टूट गई।
क्या असर करे वह आग
नाभितल से जो नहीं निकलती है,
जिससे न जलाने वाले की
अपनी छाती ही जलती है?
ओ बुझी हुई ज्वालाओं की
राखों के ढेर! सुने जाओ।
सोने से चंगुल मढ़े हुए
गद्दी के शेर! सुने जाओ।
दिल्ली की सारी चमक-दमक,
यह लोच-लचक सब झूठी है।
रेशम पर पड़ती हुई रौशनी
की लक-दक सब झूठी है।

झूठा है यह सारा बनाव,
झूठे ये महल-अटारी हैं।
तुम यहाँ फूँकते हो बंशी,
गाँवों में नाले जारी हैं।
आने दो इन आवाजों को,
मत एक राह भी बन्द करो।
गाँवों को रौशन करना हो,
रौशनी यहाँ की मन्द करो।
दिल्ली भारत की अमर-लता,
ऊपर-ऊपर छानेवाली,
मिट्टी में जड़ को फेंक नहीं
रस का प्रसाद पानेवाली।
आने दो नीचे इसे, देश का
पुष्टि-पेय कुछ पाने दो।
दिल्ली को अगर बचाना है,
धूसर इसको बन जाने दो।
धोने दो गालों का पराग
इसको आँसू की धारों में;
भेजो इसको घूमने देश के
अगणित हाहाकारों में।
भोगने इसे दो वह पीड़ा,
जिससे जल रहा समग्र देश।
करने दो नकली रानी को
गाँवों की कुटियों में प्रवेश।
जो है इसकी स्वामिनी, दर्द
उसका जिस दिन यह जानेगी,
भूखी, विषण्ण, काली प्रतिमा, को
जिस दिन यह पहचानेगी,
उस दिन फिर इसकी साड़ी में
सोने के तार नहीं होंगे,
प्यालों में सुरा नहीं, मुख में
झूठे गुंजार नहीं, होंगे।

तब चीर रँगेगी यह दिल्ली
धनखेतों की हरियाली से,
लेगी उधार लालिमा कपोलों की
आमों की लाली से।
तब रूमालों में मकई की
सोंधी सुगन्ध भीनी होगी,
तब आनन पर कुलवधुओं की
शरमीली रंगीनी होगी।
दो परी नहीं, मानवी हमें,
माता जो भारत-भर की हो,
जो नहीं खूबसूरत प्रतिमा
बेजान संगमरमर की हो।
धीरज से किसी तरह भी जो
बेटों का भाव सँजाए तो,
घर में रोटी हो नहीं अगर
तो लगा वक्ष से रोए तो।

(दिल्ली, 1952)

जमीन दो, जमीन दो

सुरम्य शान्ति के लिए, जमीन दो, जमीन दो,
महान् क्रान्ति के लिए, जमीन दो, जमीन दो।

(1)

जमीन दो कि देश का अभाव दूर हो सके,
जमीन दो कि द्वेष का प्रभाव दूर हो सके,
जमीन दो कि भूमिहीन लोग काम पा सकें,
उठा कुदाल बाजुओं का जोर आजमा सकें।

महा विकास के लिए, जमीन दो, जमीन दो,
नए प्रकाश के लिए, जमीन दो, जमीन दो।

(2)

जमीन दो, समाज से कड़ी पुकार आ रही,
जमीन दो कि एक माँग बार-बार आ रही।
जमीन मातृ-रूपिणी पुनीत है, पवित्र है,
जमीन, वारि, वायु का समान ही चरित्र है।

पुनीत कर्म के लिए, जमीन दो, जमीन दो,
नवीन धर्म के लिए, जमीन दो, जमीन दो।

(3)

जमीन चाहिए समाज के समत्व के लिए,
स्वराज्य के लिए, स्वदेश के महत्त्व के लिए।
मनुष्यता के मान के लिए जमीन चाहिए,
बहुत दुखी किसान के लिए जमीन चाहिए।

विपन्न, निःस्व के लिए जमीन दो, जमीन दो,
क्षुधार्त्त विश्व के लिए जमीन दो, जमीन दो।

(4)

जमीन दो कि शान्ति से नया समाज ला सकें,
जमीन दो कि राह विश्व को नई दिखा सकें,
जमीन दो कि प्रेम से समत्व-सिद्धि पा सकें,
जमीन दो कि दान से कृपाण को लजा सकें।

सुरम्य शान्ति के लिए, जमीन दो, जमीन दो।
महान क्रान्ति के लिए, जमीन दो, जमीन दो।

(मृत्ति-तिलक, 1953)

नींव का हाहाकार

काँपती है वज्र की दीवार।
नींव में से आ रहा है क्षीण हाहाकार।

जानते हो, कौन नीचे दब गया है?
दर्द की आवाज पहले भी सुनी थी?
या कि यह दुष्काण्ड बिलकुल ही नया है?

वस्त्र जब नूतन बदलते हो किसी दिन,
खून के छींटे पड़े भी देखते हो?
रात को सूनी, सुनहरी कोठरी में
मौन कुछ मुर्दे खड़े भी देखते हो?

रोटियों पर कौर लेते ही कहीं से
अश्रु की भी बूँद क्या चूती कभी है?
बाग में जब घूमते हो शाम को तब
सनसनाती चीज भी छूती कभी है?

जानते हो, यह अनोखा राज क्या है?
वज्र की दीवार यह क्यों काँपती है?
और गूँगी ईंट की आवाज क्या है?

तोड़ दो इसको, महल को पस्त औ' बर्बाद कर दो।
नींव की ईंटें हटाओ।
दब गये हैं जो, अभी तक जी रहे हैं।
जीवितों को इस महल के बोझ से आजाद कर दो।

तोड़ना है पुण्य जो तोड़ो खुशी से।
जोड़ने का मोह जी का काल होगा।
अनसुनी करते रहे इस वेदना को,
एक दिन ऐसा अचानक हाल होगा—

वज्र की दीवार यह फट जायेगी।
लपलपाती आग या सात्विक प्रलय का रूप धर कर
नींव की आवाज वाहर आयेगी।

वज्र की दीवार जब भी टूटती है,
नींव की यह वेदना विकराल वन कर छूटती है।
दौड़ता है दर्द की तलवार वन कर
पत्थरों के पेट से नरसिंह ले अवतार।
काँपती है वज्र की दीवार।

(नील कुसुम, 1953)

किसको नमन करूँ मैं?

तुझको या तेरे नदीश, गिरि, वन को नमन करूँ मैं?
मेरे प्यारे देश! देह या मन को नमन करूँ मैं?
किसको नमन भरूँ मैं भारत! किसको नमन करूँ मैं?

भू के मानचित्र पर अंकित त्रिभुज, यही क्या तू है?
नर के नभश्चरण की दृढ़ कल्पना नहीं क्या तू है?
भेदों का ज्ञाता निगूढ़ताओं का चिर ज्ञानी है;
मेरे प्यारे देश! नहीं तू पत्थर है, पानी है।
जड़ताओं में छिपे किसी चेतन को नमन करूँ मैं?
किसको नमन करूँ मैं भारत! किसको नमन करूँ मैं?

तू वह, नर ने जिसे बहुत ऊँचा चढ़कर पाया था;
तू वह, जो सन्देश भूमि को अम्बर से आया था।
तू वह, जिसका ध्यान आज भी मन सुरभित करता है;
थकी हुई आत्मा में उड़ने की उमंग भरता है।
गन्ध-निकेतन इस अदृश्य उपवन को नमन करूँ मैं?
किसको नमन करूँ मैं भारत! किसको नमन करूँ मैं?

वहाँ नहीं तू जहाँ जनों से ही मनुजों को भय है;
सबको सबसे त्रास सदा, सब पर सब का संशय है।
जहाँ स्नेह के सहज स्रोत से हटे हुए जनगण हैं,
झण्डों या नारों के नीचे बँटे हुए जनगण हैं।
कैसे इस कुत्सित, विभक्त जीवन को नमन करूँ मैं?
किसको नमन करूँ मैं भारत! किसको नमन करूँ मैं?

तू तो वह लोक जहाँ उन्मुक्त मनुज का मन है;
समरसता को लिये प्रवाहित शीत-स्निग्ध जीवन है।
जहाँ पहुँच मानते नहीं नर-नारी दिग्बन्धन को;
आत्म-रूप देखते प्रेम में भरकर निखिल भुवन को।
कहीं खोज इस रुचिर स्वप्न पावन को नमन करूँ मैं?
किसको नमन करूँ मैं भारत! किसको नमन करूँ मैं?

भारत नहीं स्थान का वाचक, गुण विशेष नर का है,
एक देश का नहीं, शील यह भूमण्डल भर का है।
जहाँ कहीं एकता अखण्डित, जहाँ प्रेम का स्वर है;
देश-देश में वहाँ खड़ा भारत जीवित भास्वर है।
निखिल विश्व को, जन्मभूमि-वन्दन को नमन करूँ मैं।
किसको नमन करूँ मैं भारत! किसको नमन करूँ मैं?

खण्डित है यह मही शैल से, सरिता से, सागर से;
पर, जब भी दो हाथ निकल मिलते आ द्वीपान्तर से;
तब खाई को पाट शून्य में महा मोद मचता है;
दो द्वीपों के बीच सेतु यह भारत ही रचता है।
मंगलमय इस महासेतु-बन्धन को नमन करूँ मैं।
किसको नमन करूँ मैं भारत! किसको नमन करूँ मैं?

दो हृदयों के तार जहाँ भी जो जन जोड़ रहे हैं,
मित्र-भाव की ओर विश्व की गति को मोड़ रहे हैं।
घोल रहे हैं जो जीवन-सरिता में प्रेम-रसायन,
खोल रहे हैं देश-देश के बीच मुँदे वातायन।

आत्मबन्धु कह कर ऐसे जन-जन को नमन करूँ मैं।
किसको नमन करूँ मैं भारत! किसको नमन करूँ मैं?

उठे जहाँ भी घोष शान्ति का, भारत, स्वर तेरा है,
धर्म-दीप हो जिसके भी कर में वह नर तेरा है।
तेरा है वह वीर, सत्य पर जो अड़ने जाता है,
किसी न्याय के लिए प्राण अर्पित करने जाता है।
मानवता के इस ललाट-चन्दन को नमन करूँ मैं।
किसको नमन करूँ मैं भारत! किसको नमन करूँ मैं?

(नील कुसुम, 1953)

राष्ट्र-देवता का विसर्जन

प्रकटे तुम पद-मर्दित नरता की पुकार पर,
पीकर मादक सुरा घृणा की पलते आये,
उन्मादों पर चढ़े, देश में जीवन डाला,
अंगारों पर धरकर चरण मचलते आये।

सुन पैरों की चाप जगा मानव-दल सारा,
भरतभूमि का चित्र तुम्हारा ध्यान बन गया।
भूल गये हम अगम-अगोचर के चिन्तन को,
पूजा का अधिकारी हिन्दुस्तान बन गया।

चमका सवर्ण-किरीट मिलाय की चोटी पर,
दमक उठा गंगा में उज्ज्वल हार तुम्हारा,
लिपटीं बन कटि-सूत्र विन्ध्य की हरित श्रेणियाँ,
धोने लगा पदाम्बुज पारावार तुम्हारा।

तुम बोले, बोलने लगी मानवता गूँगी,
तुम ने इंगित किया, पंगु चल पड़ा सुपथ पर,

फिर तो जीवन और प्रगति की धूम मच गयी,
चमू चली, पीछे स्वदेश, आगे तुम रथ पर।

पैठे लेकर वह्निवेश तुम हृदय-हृदय में,
कण्ठ-कण्ठ में तुम ज्योतिर्मय घोष बन गये,
भेज दिया इस ओर शहीदों को वेदी पर,
उधर तुम्हीं जनता का दारुण रोष बन गये।

तलवारों का जोर देह पर ही चलता है,
भावों की आँधियाँ नहीं काटे कटती हैं,
छाया हो जिस पर अजेय उन्माद तुम्हारा,
वह वरूथिनी किसे देख पीछे हटती है?

टूट गया प्राचीर तुम्हारे हुंकारों से,
दासों की बेड़ियाँ और जंजीर गल गयीं,
ऐसा भी क्या चमत्कार! देखते-देखते,
आजादी की लता फूल कर तुरत फल गयी।

क्या कह जोड़ें हाथ? चतुर्दिक् भूमण्डल पर,
तुमने आर्त्त जनों को जीवन-दान दिया है,
रोटी दी, गृह-वसन दिये, पर, सबसे बढ़कर,
मस्तक में गौरव, मन में अभिमान दिया है।

पर, क्या हो इस अहंकार का, इस गौरव का?
यह प्रदीप नर की आत्मा के पास जलेगा?
या बनकर तलवार हृदय से बाहर आकर
कहाँ कौन द्वेषी है? यह खोजता चलेगा?

जनता है सब ओर यही अभिमान मनुज का,
जग में है जो दाह, इसी गौरव का फल है,
राष्ट्रदेव! वह भी लेता है नाम तुम्हारा,
खींच रहा जो शान्ति-सुन्दरी का अंचल है।

भय से मुक्ति न मिली, मुक्ति का मोल रहा क्या?
अभय कौन, नर से नर को ही त्रास अगर है?
मही मुक्ति का स्वाद जान पायेगी कैसे,
मनुज स्वयं निज शंकाओं का दास अगर है?

शंका की यह आग नहीं क्या बुझ पायेगी?
देशों की दीवार तोड़ तुम जी न सकोगे?
फैल रहा है जहर तुम्हारा जो धरती पर,
राष्ट्रदेवता! उसे पुनः तुम पी न सकोगे?

तो फिर होगा ध्वंस तुम्हारे मन्दिर का भी,
भस्मासुर दो-एक नहीं, अब दल के दल हैं,
अवढर दानी! बचो, विश्व को भी बचने दो,
अब तो सबकी शरण विष्णु के पद केवल हैं।

विष्णु प्रेम का स्रोत, विष्णु करुणा की छाया,
जब भी यह संसार प्रलय से दब जाता है,
उठती ऊपर अमृतवाहिनी शक्ति पुरुष की,
नाभिकुण्ड से कमल-पुष्प बाहर आता है।

खण्ड-प्रलय हो चुका, राष्ट्रदेवता! सिधारो,
क्षीरोदधि को अब प्रदाह जग का धोने दो,
महानाग फण तोड़ अमृत के पास झुकेगा,
विषधर पर आसीन विष्णु-नर को होने दो।

(नील कुसुम, 1953)

रोटी और स्वाधीनता

अय ताइरे-लाहूती! उस रिज़्क से मौत अच्छी,
जिस रिज़्क से आती हो परवाज में कोताही।

—इक़बाल

(1)

आजादी तो मिल गई, मगर, यह गौरव कहाँ जुगाएगा?
मरभुखे! इसे घबराहट में तू बेच न तो खा जाएगा?
आजादी रोटी नहीं, मगर, दोनों में कोई वैर नहीं,
पर, कहीं भूख बेताब हुई तो आजादी की खैर नहीं।

(2)

हो रहे खड़े आजादी को हर ओर दगा देनेवाले,
पशुओं को रोटी दिखा उन्हें फिर साथ लगा लेनेवाले।
इनके जादू का जोर भला कब तक बुभुक्षु सह सकता है?
है कौन, पेट की ज्वाला में पड़कर मनुष्य रह सकता है?

(3)

झेलेगा यह बलिदान? भूख की घनी चोट सह पाएगा?
आ पड़ी विपद तो क्या प्रताप-सा घास चबा रह पाएगा?
है बड़ी बात आजादी का पाना ही नहीं, जुगाना भी,
बलि एक बार ही नहीं, उसे पड़ता फिर-फिर दुहराना भी।

(4)

केवल रोटी ही नहीं, मुक्ति मन का उल्लास अभय भी है,
आदमी उदर है जहाँ, वहाँ वह मानस और हृदय भी है।
बुझती स्वतन्त्रता क्या पहले रोटियाँ हाथ से जाने से?
गुम होती है वह सदा भोग का धुआँ प्राण पर छाने से।

(5)

स्वातंत्र्य गर्व उनका, जो नर फाकों में प्राण गँवाते हैं,
पर, नहीं बेच मन का प्रकाश रोटी का मोल चुकाते हैं।
स्वातंत्र्य गर्व उनका, जिन पर संकट की घात न चलती है,
तूफानों में जिनकी मशाल कुछ और तेज हो जलती है।

(6)

स्वातंत्र्य गर्व उनका, जिनका आराध्य सुखों का भोग नहीं,
जो सह सकते सब कुछ, स्वतन्त्रता का बस एक वियोग नहीं।
धन-धाम छोड़कर जा बसते जो वीरानों, सहराओं में,
सोचा है, वे क्या ज्योति जुगाते फिरते दरी-गुफाओं में?

(7)

स्वातंत्र्य उमंगों की तरंग, नर में गौरव की ज्वाला है,
स्वातंत्र्य रूह की ग्रीवा में अनमोल विजय की माला है।
स्वातंत्र्य भाव नर का अदम्य, वह जो चाहे, कर सकता है,
शासन की कौन बिसात? पाँव विधि की लिपि पर धर सकता है।

(8)

स्वातंत्र्य सोचने का हक है, जैसे भी मन की धार चले,
स्वातंत्र्य प्रेम की सत्ता है, जिस ओर हृदय का प्यार चले।
स्वातंत्र्य बोलने का हक है, जो कुछ दिमाग में आता हो,
आजादी है यह चलने की, जिस ओर हृदय ले जाता हो।

(9)

फरमान नबी-नेताओं के जो हैं राहों में टँगे हुए,
अवतार और ये पैगम्बर जो हैं पहरे पर लगे हुए,
ये महज मील के पत्थर हैं, मत इन्हें पन्थ का अन्त मान,
जिन्दगी माप की चीज नहीं, तू इसको अगम, अनन्त मान।

(10)

जिन्दगी वहीं तक नहीं, ध्वजा जिस जगह विगत युग ने गाड़ी,
मालूम किसी को नहीं अनागत नर की दुविधाएँ सारी।
सारा जीवन नप चुका, कहे जो, वह दासता-प्रचारक है,
नर के विवेक का शत्रु, मनुज की मेधा का संहारक है।

(11)

जो कहें, 'सोच मत स्वयं, बात जो कहूँ, मानता चल उसको',
नर की स्वतन्त्रता की मणि का तू कह आराति प्रबल उसको।
नर के स्वतन्त्र चिन्तन से जो डरता, कदर्य, अविचारी है,
बेड़ियाँ बुद्धि को जो देता, जुल्मी है, अत्याचारी है।

(12)

मन के ऊपर जंजीरों का तू किसी लोभ से भार न सह,
चिन्तन से मुक्त करे तुझको, उसका कोई उपचार न सह।
तेरे विचार के तार अधिक जितना चढ़ सकें चढ़ाता चल,
पथ और नया खुल सकता है, आगे को पाँव बढ़ाता चल।

(13)

लक्ष्मण-रेखा के दास तटों तक ही जाकर फिर जाते हैं,
वर्जित समुद्र में नाव लिए स्वाधीन वीर ही जाते हैं।
आजादी है अधिकार खोज की नई राह पर आने का,
आजादी है अधिकार नये द्वीपों का पता लगाने का।

(14)

आजादी है परिधान पहनना वही जो कि तन में आए,
आजादी है मानना उसे जो बात ठीक मन को भाये।
ढल कभी नहीं मन के विरुद्ध निर्दिष्ट किसी भी ढाँचे में,
अपनी ऊँचाई छोड़ समा मत कभी काठ के साँचे में।

(15)

स्वाधीन हुआ किस लिए? गर्व से ऊपर शीश उठाने को?
पशु के समान अथवा खूँटे पर घास पेट भर खाने को?
उस रोटी को धिक्कार, बचे जिससे मनुष्य का मान नहीं,
खा जिसे गरुड़ की पाँखों में रह पाती मुक्त उड़ान नहीं।

(16)

रोटी उसकी, जिसका अनाज, जिसकी जमीन, जिसका श्रम है,
अब कौन उलट सकता स्वतन्त्रता का सुसिद्ध, सीधा क्रम है?
आजादी है अधिकार परिश्रम का पुनीत फल पाने का,
आजादी है अधिकार शोषणों की धज्जियाँ उड़ाने का।

(17)

कानों-कानों की सही नहीं, चुपके-चुपके छिप आह न कर,
तू बोल, सोचता है जो कुछ, पहरों की टुक परवाह न कर।
अब नहीं गाँव में भिक्षु और दिल्ली में कोई दानी है,
तू दास किसी का नहीं, स्वयं स्वाधीन देश का प्राणी है।

(18)

है कौन जगत में, जो स्वतन्त्र जनसत्ता का अवरोध करे?
रह सकता सत्तारूढ़ कौन, जनता जब उस पर क्रोध करे?
आजादी केवल नहीं आप अपनी सरकार बनाना ही,
आजादी है उसके विरुद्ध खुलकर विद्रोह मचाना भी।

(19)

गौरव की भाषा नई सीख, भिखमंगों की आवाज बदल,
सिमटी बाँहों को खोल गरुड़! उड़ने का अब अन्दाज बदल।
स्वाधीन मनुज की इच्छा के आगे पहाड़ हिल सकते हैं,
रोटी क्या? ये अम्बरवाले सारे सिंगार मिल सकते हैं।

(नीम के पत्ते, 1953)

समर शेष है

ढीली करो धनुष की डोरी, तरकस का कस खोलो,
किसने कहा, युद्ध की वेला गई, शान्ति से बोलो?
किसने कहा, और मत बेधो हृदय वह्नि के शर से,
भरो भुवन का अंग कुंकुम से, कुसुम से, केसर से?

कुंकुम? लेपूँ किसे? सुनाऊँ किसको कोमल गान?
तड़प रहा आँखों के आगे भूखा हिन्दुस्तान।

फूलों की रंगीन लहर पर ओ उतरानेवाले!
ओ रेशमी नगर के वासी! ओ छवि के मतवाले!
सकल देश में हालाहल है, दिल्ली में हाला है,
दिल्ली में रोशनी, शेष भारत में अँधियाला है।
मखमल के पर्दों के बाहर, फूलों के उस पार,
ज्यों का त्यों है खड़ा आज भी मरघट-सा संसार।

वह संसार जहाँ पर पहुँची अब तक नहीं किरण है,
जहाँ क्षितिज है शून्य, अभी तक अम्बर तिमिर-वरण है।
देख जहाँ का दृश्य आज भी अन्तस्तल हिलता है,
माँ को लज्जा-वसन और शिशु को न क्षीर मिलता है।
पूछ रहा है जहाँ चकित हो जन-जन देख अकाज,
सात वर्ष हो गए, राह में अटका कहाँ स्वराज?

अटका कहाँ स्वराज? बोल दिल्ली! तू क्या कहती है?
तू रानी बन गई, वेदना जनता क्यों सहती है?
सबके भाग दबा रक्खे हैं किसने अपने कर में?
उतरी थी जो विभा, हुई वन्दिनी, बता, किस घर में?
समर शेष है, यह प्रकाश बन्दी-गृह से छूटेगा,
और नहीं तो तुझ पर पापिनि! महावज्र टूटेगा।

समर शेष है, इस स्वराज्य को सत्य बनाना होगा।
जिसका है यह न्याय, उसे सत्वर पहुँचाना होगा।
धारा के मग में अनेक पर्वत जो खड़े हुए हैं,
गंगा का पथ रोक इन्द्र के गज जो अड़े हुए हैं,
कह दो उनसे, झुके अगर तो जग में यश पाएँगे,
अड़े रहे तो ऐरावत पत्तों-से बह जाएँगे।

समर शेष है, जनगंगा को खुलकर लहराने दो,
शिखरों को डूबने और मुकुटों को बह जाने दो।
'पथरीली, ऊँची जमीन है? तो उसको तोड़ेंगे।
समतल पीटे बिना समर की भूमि नहीं छोड़ेंगे।
समर शेष है, चलो ज्योतियों के बरसाते तीर,
खंड-खंड हो गिरे विषमता की काली जंजीर।

समर शेष है, अभी मनुज-भक्षी हुंकार रहे हैं।
गाँधी का पी रुधिर, जवाहर पर फुंकार रहे हैं।
समर शेष है, अहंकार इनका हरना बाकी है,
वृक को दन्तहीन, अहि को निर्विष करना बाकी है।
समर शेष है, शपथ धर्म की, लाना है वह काल,
विचरें अभय देश में गाँधी और जवाहरलाल।*

तिमिरपुत्र ये दस्यु कहीं कोई दुष्कांड रचें ना!
सावधान, हो खड़ी देश भर में गाँधी की सेना।
बलि देकर भी बली! स्नेह का यह मृदु व्रत साधो रे!
मन्दिर औ' मस्जिद, दोनों पर एक तार बाँधो रे!
समर शेष है, नहीं पाप का भागी केवल व्याध,
जो तटस्थ हैं, समय लिखेगा उनका भी अपराध।

(परशुराम की प्रतिक्षा, 1953)

हिमालय का सन्देश

[चिन्ताव्यंजक संगीत]

कवि

तर्क से तर्कों का रण छिड़ा, विचारों से लड़ रहे विचार,
ज्ञान के कोलाहल के बीच डूबता जाता है संसार।

* जवाहर लाल नेहरू पर एक व्यक्ति ने छुरा चलाने की कोशिश की थी।

और सबका उलटा परिणाम, बुद्धि का जितना बढ़ता ज़ोर,
आदमी के भीतर की शिरा हुई जाती कुछ और कठोर।

ज्ञान के मरु में चलता हुआ आदमी खोता जाता है,
हृदय के सर का शीतल वारि और कम होता जाता है।

बुद्धि तृष्णा की दासी हुई, मृत्यु का सेवक है विज्ञान,
चेतता तब भी नहीं मनुष्य, विश्व का क्या होगा भगवान?

[बाँसुरी का आशाव्यंजक संगीत]

पहला स्वर

तेज़ करो मत धार चंचु की, विष की बात न बोलो,
बाज, पंख से बँधी कटीली तलवारों को खोलो।

बरसाओ मत आग नयन से, शीतलता छाने दो,
ऊपर उड़ते हुए हंस को भू पर अब आने दो।
बीत चली गर्मी, पावस के आने की बारी है,
शान्तिदूत के स्वागत की घर-घर में तैयारी है।

[दूरागत समवेत गान]

दाह भू का हरो, पन्थ शीतल करो,
विश्व का सर भरो वारि की धार से;
ओस का जाल दो, चाँदनी डाल दो,
आदमी का हृदय सींच दो प्यार से।
शान्ति के हंस को, धर्म-अवतंस को,
अंक में लो, इसे प्रेम दो, मान दो;
हो जहाँ भी ज़हर, क्षीर की दो लहर,
बाण की नोंक पर फूल को तान दो।

दूसरा स्वर

[विद्रूप हँसी के साथ]

शान्ति!!
कहीं दूध के बिना तरसती मानव की सन्तान,

कहीं क्षीर के मटके खाली करते जाते श्वान।
कहीं वसन रेशम के सस्ते, महँगी कहीं लँगोटी,
कोई घी से नहा रहा, मिलती न किसी को रोटी।
इस समाज की एक दवा है आग और उत्क्रान्ति।
शान्ति!!

तीसरा स्वर

हिंसा नहीं, हिंसा नहीं।
नर में छिपी जो आग है, उसको न उत्तेजित करो,
जितना बने, संसार में माधुर्य, शीतलता भरो।

है क्या उचित नर को चलाना लाठियों के ज़ोर से?
सकता कभी हो व्यक्ति का मन तृप्त नीति कठोर से?

बदला जगत् का ध्येय, साधन भी बदलना चाहिए,
तजकर घृणा, नर को प्रणय-पथ पर निकलना चाहिए।

बदलो मनुज को यों कि वह अपनी कमी पहचान ले,
तुम चाहते जो कुछ, मनुज उसको हृदय से मान ले।

ज़ंजीर कसते हो जहाँ, वह आदमी की देह है,
बसता जहाँ मन, वह बहुत भीतर हृदय का गेह है।

मन तक पहुँचने को नहीं यह लौहमय रथ चाहिए,
इसके लिए तो गन्ध-स्यन्दन, फूल का पथ चाहिए।

करके दलन नर में जगाओ बन्धु, प्रतिहिंसा नहीं।
हिंसा नहीं, हिंसा नहीं।

चौथा स्वर

वृथा है यह पावन उपदेश।
हिंसा नर की मलिन वृत्ति है, किसको यह अविदित है?
नर के विमल शील की महिमा किसपर नहीं विदित है?

किन्तु, शिला को भेद नहीं पाती जब प्रेम-पुकार,
खुलता नहीं द्वार अन्तर का, विनय मानती हार।

तब मनुष्य की भुजा पराजय वाणी की हरती है;
तोड़ लौह-अर्गला द्वार का उन्मोचन करती है।

हिंसा है तब तक जब तक नर में पशुत्व है शेष।
व्यर्थ है यह पावन उपदेश।

कई स्वर

[समवेत गान]

भूख लगी है, रोटी दो।
मन में नहीं प्रदीप हमारे, तन में दाहक आग,
हम न जानते हिंसा-प्रतिहिंसा का यह खटराग।

जिनका उदर पूर्ण हो वे सोचें चाहे जो बात,
हम भूखों को सिर्फ चाहिए एक वसन, दो भात।
भूख लगी है, रोटी दो।

पाँचवाँ स्वर

[सोचने की मुद्रा में]

"भूख लगी है, रोटी दो।"
कितनी कड़ी, मगर, कितनी सच्ची है यह आवाज!
रोक सकेगा इसे कहाँ तक कोई शाही ताज!
"भूख लगी है रोटी दो।"
सच है, अगर लोग भूखे हैं, भूख मिटानी ही होगी,
चाहे मिले जहाँ लेकिन, रोटी तो लानी ही होगी।
"भूख लगी है, रोटी दो।"
सच तो है, रोटियाँ नहीं तो क्या ये कविता खायेंगे?
थाली में धरकर विराट कवियों के गीत चबायेंगे?

छठा स्वर

इत घेरों को दूर करो।
मन के चारों ओर लकीरें, नहीं सोचने भी दोगे?
रोटी देकर क्या चिन्तन का भी अधिकार छीन लोगे?

अजब मुसीबत! पहले तो रोटी को जन बिललाता है,
और रोटियाँ मिलीं अगर तो मन कैदी हो जाता है।

मन के ऊपर पड़े शिलामय प्राचीरों को चूर करो।
इन घेरों को दूर करो।

सातवाँ स्वर

चिन्तक, यह तेरा भ्रम है।
नहीं खींचते हम रेखाएँ, केवल राह बताते हैं,
बहके हुए विचारों को हम ठीक बिन्दु पर लाते हैं।

चिन्ता सच्ची वही जो कि जनजीवन में बल भरती है,
नर की बिखरी हुई शक्ति को भू पर केन्द्रित करती है।

मिलती कौन वस्तु जनमन को इधर-उधर भटकाने से?
पेट भरेगा कभी मनुज का गीत स्वप्न का गाने से?

इस असंख्य भूखी जनता से तेरी कला बड़ी है क्या?
जिस विलास का तू प्रेमी है, उसकी आज घड़ी है क्या?

पाप-पुण्य की कड़ी, कल्पना नरक-स्वर्ग की टूट चुकी,
देख, मनुज के नये भाग्य की किरण गगन पर फूट चुकी।

इस मनुष्य का धर्म स्वेद है, ईश्वर अविश्रान्त श्रम है,
समझ नहीं पाता इसको तो चिन्तक, यह तेरा भ्रम है।

छठा स्वर

समझता हूँ, लेकिन क्या करूँ?
नीचे खिलते फूल और ऊपर जगमग तारे हैं,
मिट्टी और गगन मुझको तो दोनों ही प्यारे हैं।

मृत्ति न हो तो मूल पुष्प का किसमें करे निवास?
खिले कहाँ पर सुमन, नहीं ऊपर हो यदि आकाश?

किन्तु, गरज उठतीं विपत्तियाँ जिस दिन जनजीवन की,
कौन जानता व्यथा हाय, उस दिन चिन्तक के मन की?

आँख फेर ले इस विपत्ति से, ऐसा कौन कठोर?
तन से बँधे कला, पर, कैसे मन से नाता तोड़?

गगन भूमि में कैसे केवल किसी एक को वरूँ?
समझता हूँ, लेकिन क्या करूँ?

कई स्वर

[समवेत]

रोटी और अभय भी दो।
तन को दो आहार अन्न का, मन को चिन्तन का अधिकार,
तन-मन दोनों बढ़ें अगर तो चमक उठे, सचमुच संसार।
बाधामुक्त करो मानस को, शंकारहित हृदय भी दो।
रोटी और अभय भी दो।

[करुण वाद्य संगीत]

कवि

विचारों की आँधी विकराल।
उठा रही मानस-समुद्र में चटुल ऊर्मि उत्ताल।
हिला रही लाकर झकोर में विश्व-विटप की डाल।
टकरा रहे सपक्ष क्रुद्ध आदर्शों से आदर्श,
चढ़ता ज्यों-ज्यों समय, और बढ़ता जाता संघर्ष।

उड़ती हैं प्रत्येक दिशा में चिनगारियाँ कराल।
विचारों की आँधी विकराल।

[भीषण वाद्य-संगीत। धमाके से युद्ध के देवता के कूदने की आवाज़ और उसका अट्टहास।]

युद्ध-देवता

झन झन झन झन झन झनन झनन
झन झन झन झन झन झनन झनन।

है बड़ा ज़ोर आदर्शों का, हलचल है खूब विचारों की,
चल रही रोज़ ही खोज शान्ति के नये-नये आधारों की।
पर देखें, शान्ति महीतल पर किस ओर क्षितिज से आती है,
मेरी कराल दंष्ट्राओं से पृथ्वी कैसे बच पाती है?
मेरी फुंकारों की ज्वाला, देखें, करता है कौन शमन!
झन झन झन झन झन झनन झनन।

मैं संग्रामों का देव मही को मरघट करने आया हूँ,
नर के मन को विद्वेष, घृणा, तृष्णा से भरने आया हूँ।
कहता हूँ, संचय करो, लूट भी, चोरी भी अर्जन ही है,
जैसे भी पाओ विभव, आत्मसुख का समस्त सर्जन ही है।
अपने विकास के लिए किये जाओ समस्त भू का शोषण।
झन झन झन झन झन झनन झनन।

मेरी शिक्षा का सार, एक अपनेपन का सत्कार करो,
जो धर्म, जाति, कुल हो अपना, तुम केवल उससे प्यार करो।
सबसे अच्छा विश्वास जिसे तुमने पुरखों से पाया है,
सबसे अच्छा है धर्म वही जिसको तुमने अपनाया है।
खुलकर विधर्मियों पर करते जाओ हालाहल का वर्षण।
झन झन झन झन झन झनन झनन।

तुम जिसे मानते आये हो, उद्देश्य सभी से अच्छा है,
जन्मे हो जहाँ, जगत् भर में वह देश सभी से अच्छा है।

तुम सर्वश्रेष्ठ हो जाति, सदा यह हठ पवित्र करते जाओ,
इस अहंकार के पालन में मारते और मरते जाओ।
जो नहीं मानता हो तुमको, ठानो उस अभिमानी से रण।
झन झन झन झन झन झनन झनन।

मेरा संकल्प, महावसुधा को एक नहीं होने दूँगा,
मैं विश्वदेवता का भू पर अभिषेक नहीं होने दूँगा।
रेखाएँ खींच महीतल के सौ खण्ड युक्ति से काटे हैं,
देशों में अलग-अलग झण्डे मैंने न व्यर्थ ही बाँटे हैं।
इन झण्डों के नीचे पृथ्वी भोगती रहे अंगच्छेदन।
झन झन झन झन झन झनन झनन।

है कहाँ विश्व-मानव? जो हैं केवल स्वदेश के प्राणी हैं,
मानवता नहीं, मातृभू की महिमा के सब अभिमानी हैं।
जब तक ये झण्डे फहर रहे, अभिमान नहीं यह सोता है,
देखें तो, तब तक विश्व-मनुज का जन्म कहाँ से होता है?
मैं राष्ट्रवाद का सखा, कौन तोड़ेगा मेरा सम्मोहन?
झन झन झन झन झन झनन झनन।

[अट्टहास करता है। पृथ्वी के कराहने की आवाज़।]

कवि

यह प्रदाह! यह रोर भयानक! यह वेदना अशेष!
तू भी होगा सखा युद्ध का मेरे प्यारे देश?

तृष्णा की पंकिल तरंग में तू भी खो जायेगा?
या तेरा शुभ कलश कमल-सा ऊपर लहरायेगा?

पड़कर इस भीषण झकोर में धीरज पाल सकेगा?
वसुधा को विष के विवर्त से वीर! निकाल सकेगा?

या तू भी चलते-चलते, आख़िर, होकर लाचार?
वही राह पकड़ेगा, जिस पर विनश रहा संसार?

शंकाएँ हैं बहुत, मगर, तब भी यह बात सही है,
दुनिया तेरी ओर किसी आशा से ताक रही है।

चन्दन के रथ पर चढ़ कर आनेवाला यह देश
सब कहते हैं, लाया है कोई नवीन सन्देश।

मूक न रह, टुक बोल, हिमालय!
लोचन के पट खोल हिमालय!
अबकी बार जगत पायेगा
मन्त्र कौन अनमोल हिमालय!
जिस युग का विज्ञान वह्नि हो, विद्या धन की दासी हो,
जिसका शिल्प मृत्यु-पूजक, सभ्यता रुधिर की प्यासी हो।

उस युग का कल्याण कहाँ है?
दुख से उसका त्राण कहाँ है?
मूँदे जिसने नयन धर्म से
उसका फिर उत्थान कहाँ है?
भागी जाती ज्योति, ज्ञान करता किसकी रखवाली है?
सब कुछ पाकर भी मनुष्य क्यों इतना ख़ाली-ख़ाली है?

यह रस्य बतलायेगा क्या?
शंका-तिमिर हटायेगा क्या?
उलट गया जो दीप उसे
सीधा करके दिखलायेगा क्या?
योगेश्वर! क्यों मची हुई इतनी अशान्ति भारी है?
ले जाने को कहाँ जगत् को युग की तैयारी है?

[पहाड़ फटने की आवाज़]

हिमालय

(1)

लिये अन्तर में व्यथा अथाह।
हम भी तो दिन-रात यही सोचा करते हैं मौन,

पृथ्वी पर अवतरित हुआ आलोक नया यह कौन?
पाकर जिसे बढ़ी जाती है और अधिक उद्भ्रान्ति,
अन्धकार के साथ दूर भागी जाती है शान्ति।
चढ़ता ज्यों-ज्यों समय और बढ़ता है हाहाकार।
बड़ी विपद में आन फँसा है, सचमुच ही संसार।

(2)

दिशाओं में किरणों की धूम, धौंकता किरणों से आकाश,
गगन के रन्ध-रन्ध्र में बसा नये युग का प्रज्वलित प्रकाश।

जहाँ थी पहले थोड़ी छाँह, कुंज वे फूलों के भी गये,
कहीं पर भी द्वाभा का लेश नहीं छोड़ेंगे पण्डित नये।

रहस्यों में करते विश्लेष चली दुनिया ऐसे मग से,
महीतल से रूठी गोधूलि, चाँदनी विदा हुई जग से।

धूप का ऐसा तना वितान, अँधेरा कठिनाई में फँसा,
भागने को न मिली जब राह, आदमी के भीतर जा बसा।

सघन जब हो उठता है तिमिर, दृष्टि कुछ देख न पाती है,
ज्योति भी होकर सीमातीत अन्धता ही उपजाती है।

एक काली होती अन्धता, ज्योति से जो पलती है दूर,
एक उजली होती जो सदा ज्ञान से ही रहती है चूर।

आज जो लगी हुई है आग, ज्ञान के घर से आयी है,
जगत् की आँखों पर रोशनी, अन्धता बनकर छायी है।

(3)

कभी सोचा भी है, तुम क्या हो?
बल के अहंकार में भूले, भरे नित्य रहते हो,
सुनता हूँ, अपने को अपना ईश्वर भी कहते हो।

करते हो बन दास यन्त्र-चक्रों की नित्य गुलामी,
किन्तु, प्रकृति का कहते हो अपने को जेता-स्वामी।

नगरों को निर्मल रखने का ऐसा ढंग निकाला,
नदियों को कलुषित, समुद्र तक को दूषित कर डाला।

जीव-जन्तु को नशा, स्वच्छ कर डाला विपिन गहन को,
सब निचोड़ निस्तैल किये जा रहे मही के तन को।

लक्ष-लक्ष वर्षों के संचित खनिज लूट क्रम-क्रम से,
किये जा रहे रिक्त हृदय वसुधा का तुम निर्मम-से।

धरती का अन्तर खँगालना ही अब बड़ी प्रगति है,
हरियालियाँ जला कर ही अब करता जग उन्नति है।

यह सन्तुलन-विनाश प्रकृति का वृथा नहीं जायेगा,
आज दुखी है मनुज और कल निश्चय पछतायेगा।

करते नहीं प्रहार प्रकृति पर, गढ़ते क्लेश नया हो।
कभी सोचा भी है, तुम क्या हो?

(4)

युगों में अद्‌भुत रूप तुम्हारा!
भू पर तुम-सा विज्ञ मूढ़ पहले न कभी आया था,
वसुधा पर अन्धा प्रकाश यह कभी नहीं छाया था।

नहीं वंशधर तुम अतीत के, नूतन योनि अपर हो,
जो न कभी पहले जन्मा था, वह बौद्धिक बर्बर हो।

ज्ञान तुम्हारा अन्धकार है, किरण तुम्हारी तम है,
धर्म तुम्हारा ध्वंस, पूज्य देवता तुम्हारा यम है।

छाने तुमने अमित लोक, पर, मन को कभी न छाना,
लाखों आविष्कार किये, पर, अपना मर्म न जाना।

दृश्य-दृश्य रटते-रटते कुछ ऐसे दृश्य हुए तुम,
आत्मदेवता के मन्दिर में भी अस्पृश्य हुए तुम।

छूट गयी भाषा अदृश्य की अकथ कथा कहने की,
बकते-बकते भूल गये तुम महिमा चुप रहने की।

सतत चरियो! कभी-कभी रुक जाने में भी सुख है।
अहंकार को भूल कहीं झुक जाने में भी सुख है।

देख लिया, नीचे पृथ्वी, ऊपर अनन्त अम्बर है,
अब तो मानचित्र में खोजो, कहाँ तुम्हारा घर है।

जान चुके, कर दौड़-धूप कुछ और न जान सकोगे,
अब आगे का भेद ठहर कर ही पहचान सकोगे।

बिना रुके मिलता न शान्ति का शीतल कूल-किनारा।
युगों में अद्‌भुत रूप तुम्हारा।

(5)

कहें भी तो उससे क्या बात?
अभी भूख से ही जो प्राणी तड़प रहा दिन-रात,
रोटी की चिन्ता में कटते जिसके सायं-प्रात।

दहक रहे भीषण क्षुधाग्नि से जिसके प्राण अभागे,
निर्दय है, दर्शन परोसता है जो उसके आगे।

रोटी दो, मत उसे गीत दो, जिसको भूख लगी है,
भूखों में दर्शन उभारना छल है, दगा, ठगी है।

रोटी और वसन, ये जीवन के सोपान प्रथम हैं,
नवयुग के चिन्तको! तुम्हें इसमें भी कोई भ्रम है?

व्यष्टि-समष्टि-विवाद व्यर्थ है, झगड़ा मनमाना है,
है समष्टि ही हार, व्यक्ति तो मोती का दाना है।

बूँदें जब गिरतीं समुद्र में, व्यथा कौन पाती हैं?
सागर में मिलकर अगाध सागर ही बन जाती हैं।

आते सारे भाव व्यक्तियों के समाज से छन कर,
पुनः लौट जाते समष्टि में ही वे गायन बन कर।

जैसे मेघ धरा से उठ कर अम्बर पर घिरता है,
और वारि बन फिर वसुधा के ही तन पर गिरता है।

जहाँ व्यष्टि स्वाधीन अधिक है, नाश वहाँ छायेगा,
अनुशासन के बिना व्यक्ति कुछ प्राप्त न कर पायेगा।

झुक समष्टि के सम्मुख जिस दिन व्यष्टि दान देती है,
तभी व्यक्ति के भीतर, करुणा-विनय जन्म लेती है।

भरो विश्व-सर में करुणा के कमल सहज अवदात।
कहें भी तो उससे क्या बात।

(6)

वृथा मत लो भारत का नाम।
मानचित्र में जो मिलता है, नहीं देश भारत है,
भू पर नहीं, मनों में ही, बस, कहीं शेष भारत है।

भारत एक स्वप्न, भू को ऊपर ले जानेवाला,
भारत एक विचार, स्वर्ग को भू पर लानेवाला।

भारत एक भाव, जिसको पाकर मनुष्य जगता है,
भारत एक जलज, जिस पर जल का न दाग लगता है।

भारत है संज्ञा विराग की, उज्ज्वल आत्म-उदय की,
भारत है आभा मनुष्य की सबसे बड़ी विजय की।

भारत है भावना दाह जग-जीवन का हरने की,
भारत है कल्पना मनुज को राग-मुक्त करने की।

जहाँ कहीं एकता अखण्डित, जहाँ प्रेम का स्वर है,
देश-देश में खड़ा वहाँ भारत जीवित, भास्वर है।

भारत वहाँ, जहाँ जीवनसाधना नहीं है भ्रम में,
धाराओं को समाधान है मिला हुआ संगम में।

जहाँ त्याग माधुर्यपूर्ण हो, जहाँ भोग निष्काम,
समरस हो कामना, वहीं भारत को करो प्रणाम।
वृथा मत लो भारत का नाम।

(7)

साधना इस व्रत की भारी।
पग-पग पर हिंसा की ज्वाला, चारों ओर गरल है।
मन को बाँध शान्ति का पालन करना नहीं सरल है।

तब भी जो नर-वीर असिव्रत दारुण पाल सकेंगे,
वसुधा को विष के विवर्त से वही निकाल सकेंगे।

मना रहे क्यों, यह व्रतपाली केवल भारत होगा?
शेष विश्व हिंसा-लिप्सा में, इसी भाँति, रत होगा?

किसी एक को नहीं बदलना होगा साथ सभी को,
करना होगा ग्रहण शील भारत का निखिल मही को।

शमित करेगा कौन वह्नि प्रहरी का जाल बिछा कर?
रोकेगा विस्फोट विश्व को बल से कौन दबा कर?

तब उतरेगी शान्ति, मनुज का मन जब कोमल होगा,
जहाँ आज है गरल, वहाँ शीतल गंगाजल होगा।

देश-देश में जाग उठेंगे जिस दिन नर-नारी।
साधना इस व्रत की भारी।

(8)

धर्म को, श्रद्धा को मत त्यागो।

शील मुकुट नरता का, सबसे बड़ी भव्यता का है,
नहीं धर्म से बढ़कर कोई मित्र सभ्यता का है।

नरी बुद्धि के लिए भावना का मत दलन करो रे!
जो अदृश्य प्रहरी है, उससे भी तो कभी डरो रे!

शान्ति चाहते हो तो पहले सुमति शून्य से माँगो,
नवयुग के प्राणियो! ऊर्ध्वमुख जागो, जागो, जागो।
धर्म को, श्रद्धा को मत त्यागो।

(नील कुसुम, 1954)

भारत का यह रेशमी नगर

हो गया एक नेता मैं भी? तो बंधु, सुनो,
मैं भारत के रेशमी नगर में रहता हूँ,
जनता तो चट्टानों का बोझ सहा करती,
मैं चाँदनियों का बोझ किसी विध सहता हूँ।
दिल्ली फूलों में बसी, ओस-कण से भींगी,
दिल्ली सुहाग है, सुषमा है, रंगीनी है,

प्रेमिका-कंठ में पड़ी मालती की माला,
दिल्ली सपनों की सेज मधुर रस-भीनी है
बस, जिधर उठाओ दृष्टि, उधर रेशम केवल
रेशम पर से क्षण-भर को आँख न हटती है,
सच कहा एक भाई ने, दिल्ली में तन से
रेशम से रुखड़ी चीज न कोई सटती है।
आखिर हो भी क्यों नहीं? कि दिल्ली के भीतर
जानें, युग से कितनी सिद्धियाँ समाई हैं!
औ' सबका पहुँचा काल तभी से जब उनकी
आँखें रेशम पर बहुत अधिक ललचाई हैं।
रेशम के कोमल तार, क्लान्तियों के धागे,
हैं बँधे उन्हीं से अंग यहाँ आजादी के,
दिल्लीवाले गा रहे बैठ निश्चिंत, मगन
रेशमी महल में गीत खुरदरी खादी के।
वेतनभोगिनी, विलासमयी यह देबपुरी,
ऊँघती कल्पनाओं से जिसका नाता है,
जिसको इतनी चिंता का भी अवकाश नहीं
खाते हैं जो वह अन्न कौन उपजाता है।
उद्यानों का यह नगर, कहीं भी जा देखो,
इसमें कुम्हार का चाक न कोई चलता है,
मजदूर मिलें, पर, मिलता कहीं किसान नहीं,
फूलते फूल, पर, मक्का कहीं न फलता है।
क्या ताना है मोहक वितान मायापुर का!
बस, फूल-फूल, रेशम-रेशम फैलाया है;
लगता है, कोई स्वर्ग ख मंडल से उड़कर
मदिरा में माता हुआ भूमि पर आया है।
ये, जो फूलों के चीरों में चमचमा रहीं,
मधुमुखी इंद्रजाया की सहचरियाँ होंगी,
ये, जो यौवन की धूम मचाए फिरती हैं,
भूतल पर भटकी हुई इंद्रपरियाँ होंगी।
उभरे गुलाब से घट कर कोई फूल नहीं,
नीचे कोई सौन्दर्य न कसी जवानी से,

दिल्ली की सुषमाओं का कौन बखान करे?
कम नहीं कड़ी कोई भी स्वप्न-कहानी से।
गंदगी, गरीबी, मैलेपन को दूर रखो,
शुद्धोदन के पहरेवाले चिल्लाते हैं;
है कपिलवस्तु पर फूलों का शृंगार पड़ा,
रथ-समारूढ़ सिद्धार्थ घूमने जाते हैं।
सिद्धार्थ देख रम्यता रोज ही फिर आते,
मन में कुत्सा का भाव नहीं, पर, जगता है;
समझाए उनको कौन, नहीं भारत वैसा
दिल्ली के दर्पण में जैसा वह लगता है?
भारत धूलों से भरा, आँसुओं से गीला,
भारत अब भी आकुल विपत्ति के घेरे में।
दिल्ली में तो है खूब ज्योति की चहल-पहल,
पर, भटक रहा है सारा देश अँधेरे में!
रेशमी कलम से भाग्य-लेख लिखनेवालों,
तुम भी अभाव से कभी ग्रस्त हो रोए हो?
बीमार किसी बच्चे की दवा जुटाने में
तुम भी घर भर क्या पेट बाँधकर सोए हो?
असहाय किसानों की किस्मत को खेतों में
क्या अनायास जल में बह जाते देखा है?
'क्या खाएँगें?' यह सोच निराशा से पागल
बेचारों को नीरव रह जाते देखा है?
देखा है ग्रामों की अनेक रंभाओ को,
जिनकी आभा पर धूल अभी तक छाई है?
रेशमी देह पर जिन अभागिनों की अब तक,
रेशम क्या? साड़ी सही नहीं चढ़ पाई है।
पर, तुम नगरों के लाल, अमीरी के पुतले,
क्यों व्यथा भाग्यहीनों की मन में लाओगे?
जलता हो सारा देश, किंतु, होकर अधीर
तुम दौड़-दौड़कर क्यों यह आग बुझाओगे?
चिंता हो भी क्यों तुम्हें? गाँव के जलने से
दिल्ली में तो रोटियाँ नहीं कम होती हैं।

धुलता न अश्रु-बूँदों से आँखों का काजल
गालों पर की धूलियाँ नहीं नम होती हैं।
जलते हैं तो ये गाँव देश के जला करें,
आराम नई दिल्ली अपना कब छोड़ेगी?
या रक्खेगी मरघट में भी रेशमी महल,
या आँधी की खाकर चपेट सब छोड़ेगी।
चल रहे ग्राम-कुंजों में पछिया के झकोर,
दिल्ली, लेकिन, ले रही लहर पुरवाई में।
है विकल देश सारा अभाव के तापों से;
दिल्ली सुख से सोई है नरम रजाई में।
क्या कुटिल व्यंग! दीनता वेदना से अधीर
आशा से जिनका नाम रात-दिन जपती है,
दिल्ली के वे देवता रोज कहते जाते,
'कुछ और धरो धीरज, किस्मत अब छपती है।'
किस्मतें रोज छप रहीं, मगर, जलधार कहाँ?
प्यासी हरियाली सूख रही है खेतों में;
निर्धन का धन पी रहे लोभ के प्रेत छिपे,
पानी विलीन होता जाता है रेतों में।
हिल रहा देश कुत्सा के जिन आघातों से,
वे नाद तुम्हें ही नहीं सुनाई पड़ते हैं?
निर्माणों के प्रहरियों! तुम्हें ही चोरों के
काले चेहरे क्या नहीं दिखाई पड़ते हैं?
तो होश करो, दिल्ली के देवो, होश करो,
सब दिन तो यह मोहिनी न चलने वाली है;
होती जाती हैं गर्म दिशाओं की साँसें,
मिट्टी फिर कोई आग उगलनेवाली है!
हो रहीं खड़ी सेनाएँ फिर काली-काली
मेघों-से उभरे हुए नये गजराजों की,
फिर नये गरुड़ उड़ने को पाँखें तोल रहे,
फिर झपट झेलनी होगी नूतन बाजों की।
बृद्धता भले बँध रहे रेशमी धागों से,
साबित इनको, पर, नहीं जवानी छोड़ेंगी;

जिसके आगे झुक गये सिद्धियों के स्वामी,
उस जादू को कुछ नई आँधियाँ तोड़ेंगी।
ऐसा टूटेगा मोह, एक दिन के भीतर
इस राग-रंग की पूरी बर्बादी होगी,
जब तक न देश के घर-घर में रेशम होगा,
तब तक दिल्ली के भी तन पर खादी होगी।

(दिल्ली, 1954)

राजर्षि-अभिनन्दन

[स्वर्गीय राजर्षि पुरषोत्तमदास टंडन के अभिनन्दन में]

जन-हित निज सर्वस्व दान कर तुम तो हुए अशेष;
क्या देकर प्रतिदान चुकाए ऋषे! तुम्हारा देश?

राजदंड, केयूर, छत्र, चामर, किरीट, सम्मान;
तोड़ न पाए यती! ध्येय से बँधा तुम्हारा ध्यान!

ऐश्वर्यों के मोह-कुंज में भी न धीरता डोली,
तुमने तो की ग्रहण देवता! केवल अक्षत-रोली।

जय क़ामना-जयी! व्रतचारी! मधुकर चम्पक-वन के!
जय हो अभिनव भरत भव्य भारत के राजभवन के!

गत की तिमिराच्छन्न गुफा में शिखा सजानेवाले!
जय जीवित, उज्जवल अतीत की ध्वजा उठानेवाले!

ऋषे! मरेगा कभी न भारतवर्ष तुम्हारे मन का,
अब तो वह बन रहा ध्येय जग भर के अन्वेषण का।

टूट रहीं परतें, स्वरूप अपना धुलता जाता है,
मन्द-मन्द मुदित सरोज का मुख खुलता जाता है।

मन्द-मन्द उठ रही हमारी ध्वजा धर्म की, बल की,
विभा नर्मदा-कावेरी की, प्रभा जह्नुजा-जल की।

क्षमा, शान्ति, करुणा, ममता, ये सब आकार धरेंगे,
शमन किसी दिन हालाहल का जग में हमीं करेंगे।

संस्कृति से संपृक्त यहाँ विज्ञान मुक्त-दव होगा,
हुआ नहीं जो कहीं और, भारत में सम्भव होगा।

एक हाथ में कमल, एक में धर्मदीप्त विज्ञान,
ले कर उठनेवाला है धरती पर हिन्दुस्तान।

(मृत्ति-तिलक, 1955)

भारत-व्रत

[सन् 1955 ई. में रूसी नेताओं के दिल्ली-आगमन के अवसर पर विरचित]

स्वागत लोहित सूर्य! यहाँ निर्मल, नीलाभ गगन है,
क्षीर-कल्प सर-सरित, अगुरु-सौरभ से भरित पवन है।
लेकर नूतन-जन्म पुरातन व्रत हम साध रहे हैं,
युग की नींव क्षमा, करुणा, मुदिता पर बाँध रहे हैं।

खोज रहे वह उत्स जहाँ से पयस्विनी छूटी थी,
अभयदायिनी, शुभ्र अहिंसा की धारा फूटी थी।
वह निसर्ग-शुचि मन्त्र, धर्म-जाग्रत जिससे जन-मन हो,
बिना छुए विष को विष की ज्वाला का स्वयं शमन हो।

वह पथ, जिस पर चले मनुजता प्रेरित स्वयं हृदय से,
आलोकित निज पुण्य प्रभा से, दीपित आत्मोदय से।
लोभ-द्रोह-छल-छद्म-कलुष-कालिमा प्राण की धोकर
पहुँचे हम उस दिव्य लोक में मनुज पूर्ण विध होकर–

जहाँ नहीं शम-दम-बन्धन हैं, जहाँ नहीं शासन है,
समता की शीतल छाया में जहाँ सुखी जन-जन है।
शान्ति-लोक वह, जहाँ आणविक बम न कभी फूटेंगे,
कालमृत्यु बन मनुज मानवों पर न जहाँ टूटेंगे।

लक्ष्य दूर है, औ' विकास धीमे-धीमे चलता है,
इस विशाल तरु में फल सदियों बिना नहीं फलता है।
अगम साधना की घाटी यह और मनुज दुर्बल है,
किन्तु, बुद्ध, गाँधी, अशोक का साथ न कम सम्बल है।

अनेकान्त है सत्य, जिसे तुम खोज रहे भुजबल में,
उसी सत्य को ढूँढ रहे हम अपने अंतस्तल में।
जिस देवी के लिए तुम्हारे कर में जवा-कुसुम है,
अर्पित उसी शक्ति को भारत का अक्षत-कुंकुम है।

अक्षत, जवा, विजय जिसकी हो, जय है मानवता की,
जय है शान्ति, सुधा, मैत्री की, करुणा की, समता की।
शान्ति, सुधा, मैत्री, करुणा–ये पत्थर नहीं, पवन हैं,
देह नहीं जानती, उन्हें जानता मनुज का मन है।

जय हो लोहित भानु! मुक्त मानस का शुभ्र गगन है,
स्वागतार्थ अर्पित भारत का अक्षत है, चन्दन है।
जग में जो भी सखा शान्ति का, भारत का अपना है
साधन भिन्न भले, हम दोनों का अभिन्न सपना है।

यह सपना साकार बनेगा भय के प्रक्षालन से,
यह सपना साकार बनेगा पंचशील-पालन से।

स्वप्न सत्य होगा, प्रमाण है सह-अस्तित्व हमारा,
अर्पित जग के हेतु शान्ति-कामी व्यक्तित्व हमारा।

जय हो लोहित भानु! विश्व में यदि सर्वत्र अनल है,
तो ले जाओ, अभी यहाँ बाकी गंगा का जल है।
यह जल, यह पीयूष दाह जन-मन का हरनेवाला,
ज्वालामुखी कंठ में कोकिल, का स्वर भरनेवाला।

छिड़को इसे फणी के फण पर, उठती ज्वालाओं पर,
ज्ञान-ग्रीव में पड़ी आणविक बम की मालाओं पर।
कभी इसी जल से मनुष्य के मन का दाह धुलेगा,
खुला नहीं जो असि से, फूलों से वह द्वार खुलेगा।

(मृत्ति-तिलक, 1955)

भग्न मंदिर बन रहा है

"भग्न मन्दिर बन रहा है, स्वेद का जल दो।
रश्मियाँ अपनी निचोड़ो, ज्योति उज्ज्वल दो।"

पौ फटी, पर, कालिमा फटती नहीं थी;
छँट गयी थी रात, मन की क्लान्ति, पर छँटती, नहीं थी।
सोचता था मैं, जगाता कौन सब को, जागता है?
मुँह-अँधेरे कौन मुझसे ज्योति का स्वर माँगता है?

घूम कर देखा, न कोई था कहीं पर।
कान में फिर तीर-सा आया वही स्वर।
"भग्न मन्दिर बन रहा है, स्वेद का जल दो;
रश्मियाँ अपनी निचोड़ो, ज्योति उज्ज्वल दो।"

गेह से बाहर निकल देखा, बड़ी अद्‌भुत घड़ी थी;
टेक कर लकुटी किसी की सामने छाया खड़ी थी।

गिर पड़ा मैं पाद-पद्मों में, पिता! सब जानते हो।
हाय, बापू! तुम कमी किसकी नहीं पहचानते हो?

मैं स्वयं ही रश्मियों का गीत गाना चाहता हूँ,
भग्न मन्दिर में जिसे तुम धर गये हो,
उस मनोहर मूर्त्ति को जीवित बनाना चाहता हूँ।

पर, करूँ क्या? आग जलती ही नहीं है।
झाँझ, घंटा, शंख सारे बज रहे हैं,
आरती की वर्त्ति बलती ही नहीं है।
कौन है दोषी? हमारा पाप क्या है?

फूँकता हूँ बाँसुरी आभा जगाने के लिए,
भग्न मन्दिर को स्वरों से जगमगाने के लिए;
पर, न जानें, प्राण में क्या चीज जलती है,
रागिनी मुँह से धुआँ बन कर निकलती है।

प्रेम से मुझ पर पिता ने हाथ फेरा;
और बोले, पीर यह पहचानता हूँ।
तुम जहाँ बैठे हुए अकुला रहे हो,
उस मरुस्थल के जहर को जानता हूँ।

पर, धरो धीरज, निराशा फट रही है।
मूर्त्तियों में प्राण भरते जा रहे हैं।
अन्त है खग्रास का, तम से निकल कर,
पिंड ज्योतिर्मय उभरते आ रहे हैं।

अंकुरित होने लगे हैं स्वप्न मेरे,
सिक्त सरसाने लगी हैं क्यारियाँ।
पपड़ियों को तोड़ लहराने लगी हैं,
शस्य की नन्हीं नुकीली धारियाँ।

मूर्त्ति को तोड़ो, मही में बीज डालो,
भाग्य का आषाढ़ है, बरसात है यह।
अभ्युदय के मेघ छाये जा रहे हैं।
तुम समझते हो कि काली रात है यह?

स्वप्न को आकार देने की घड़ी है,
चिन्तना को छोड़ कर कुछ श्रम करो।
बुद्धि के खर व्यूह से बाहर निकल कर,
खेत में उद्यम करो, उद्यम करो।

ज्ञान की आराधना दिन का शयन है,
क्लेश से निस्तार केवल कर्म से है।
दर्शनों से सिद्धियाँ किसको मिली हैं?
जीव का उद्धार केवल धर्म से है।

लिख सको तो उँगलियों से खोद कर,
एक छोटा काव्य भूतल पर लिखो।
बुद्धि के बल पर जिसे पहले लिखा था,
आज उसको बाहु के बल पर लिखो।
पत्तियाँ इस काव्य की लहराएँगी,
विकलताएँ प्राण की मिट जायँगी।

एक द्रुम जिसके लगाये लग सके,
काव्य के जग का सहज नायक वही है।
प्रेरणा जिसके जगाये जग सके,
देश का सबसे बड़ा गायक वही है।

भग्न मन्दिर बन रहा है, स्वेद का जल दो,
रश्मियाँ अपनी निचोड़ो, ज्योति उज्ज्वल दो।

(चक्रवाल, 1955)

गांधी

“गोचर को दे छोड़, अगोचर को भज प्यारे!”
कहा धर्म ने, “जो कुछ है, ऊपर नभ में है।”
और मनुज, सचमुच, मिट्टी को छोड़ युगों तक
धूम-जाल में ग्रस्त घूमता रहा गगन में।

तब आया विज्ञान और बोला, “यन्त्रों से
छू सकते हम जिसे, सत्य है; और सत्य है
वह भी, जो तर्कों से जाना जा सकता है।”

थी इतनी-सी बात, नहीं विज्ञान गलत था,
क्योंकि मौन था वह उस पर, जो कुछ अदृश्य है
या कि जहाँ तक पहुँच नहीं है गोचर मन की।

किन्तु, मार्क्स ले उड़े, “सत्य है पत्थर केवल,
वायु सत्य उससे कम, नभ बिलकुल असत्य है।
ईश्वर नर की भ्रान्ति और यह धर्म जहर है।”

नर ने जब यह सुनी घोषणा, चौंक उठा वह।
व्योम-लोक से उसने अपनी दृष्टि हटा ली।
और सेवने लगा मृत्ति को वह यों, मानो,
मिट्टी ही जीवन, ईश्वर, सम्पूर्ण सत्य हो।

मृत्ति-क्षीर पीकर मनुष्य की देह उठी जग,
(मृत्ति देह का पालन खूब किया करती है।)
पर, अदृश्य पर से श्रद्धा हटते ही उसने
नये-नये कानून, नयी नीतियाँ बना लीं।

पहले नर अमरत्व चाहता था मरने पर।
पर, अब वह खोजता यहीं दीघार्यु सुयश है।
यद्यपि है यह भेद, अमरता के अन्वेषी

आत्मदेवता से कुछ भी न छिपा सकते थे;
कीर्त्तिकामियों को, पर, साधन सभी सुलभ हैं
निज अकीर्त्तियाँ छिपा कीर्त्ति उत्तम पाने की।
क्योंकि दृश्य है सत्य, झूठ जो कुछ अदृश्य है।

नया नियम निकला, जो कुछ भी करो, पुण्य है,
अगर पुलिस की दृष्टि नहीं तुम पर पड़ती हो।
नया नियम निकला, जो कुछ भी करो, श्रेष्ठ है,
कीर्त्ति-छत्र बाहर सिर पर यदि तना हुआ है।
नया नियम निकला कि राज्य सब से ऊपर है।
(उससे भी ऊपर जितना पहले ईश्वर था।)
अतः व्यक्ति या प्रजा धूलि-तृणवत् नगण्य है।

नया नियम निकला, सब को रोटियाँ मिलेंगी;
चिन्तन पर अधिकार, किन्तु, है केवल उनका
जो बलिष्ठ नेता बहुतों को मार-पीट कर
या कि चौर्य से सिंहासन तक पहुँच गए हैं।

नया नियम निकला, कविताएँ वही श्रेष्ठ हैं
जिनसे राजा और राज्य का बल बढ़ता हो।
नया नियम निकला कि विचारक वही पूज्य है,
जो राजा की भवें देख चिन्तन करता हो।

नया नियम निकला, शासन हो जहाँ तुम्हारा,
धरती के उतने हिस्से को जेल बना दो।
आने दो उन्मुक्त किसी को मत विदेश से
और नहीं अपने जन को बाहर जाने दो।
सब से सब का मिलन हमेशा ठीक नहीं है,
क्या जानें, क्या बात, कौन किसको सिखला दे!

तज अदृश्य को मार्क्स दृश्य पर आ अटके थे,
सो, उनका यह दृश्य भयानक जेल हो गया।

निकले मार्क्स अपूर्ण, अतः बापू! तुम आए।
नहीं बुलाया तुम्हें दासता ने भारत की,
न तो तुम्हारा तकली न आह्वान किया था।
तुम आए सारी मानवता की पुकार पर,
भारत की तो मुक्ति आप-से-आप हो गई।

तुम आए इसलिए कि टूटी कड़ियाँ जोड़ो
मानवता के अमित-कल्प-व्यापी विकास की।
तुम आए इसलिए कि भव्य अतीत मनुज का
वर्तमान अथवा भविष्य से छूट न जाए।
तुम आए यह भेद मनुष्यों को समझाने,
धर्म और विज्ञान परस्पर शत्रु नहीं हैं।
और न इनमें एक सत्य है, अपर मृषा है।

दो सौ वर्षों में मनुष्य ने अर्जन जिसका
किया, ज्ञान वह बहुत श्रेष्ठ है; और श्रेष्ठ है
वह धारा भी जो अनन्त सदियों से अविरल
जन-मन में भावना-रूप बहती आई है।

निरा ज्ञान हिमशिला, निरी भावना वाष्प है।
नर का जीवन-स्रोत शुभ्र पानीय तरल है।
गलने दो हिम के कठोर पिंडों को मन में
और वाष्प को सलिल-रूपता में ढलने दो।

तन का सौरभ व्यर्थ अगर मन के आँगन में
तुलसी का तरु नहीं, नहीं शुचि गन्ध अगुरु की।
वायुयान पर चढ़ कर तुम उड़ चले कहाँ को?
मानव का गृह तो मानव से दूर नहीं है।

(कोयला और कवित्व, 1958)

एक बार फिर स्वर दो-1

एक बार फिर स्वर दो।
अब भी वाणीहीन जनों की दुनिया बहुत बड़ी है।
आशा की बेटियाँ आज भी नीड़ों में सोती हैं
सुख से नहीं; विवश उड़ने के पंख नहीं होने से,
और मूक इसलिए कि उनके कंठ नहीं खुलते हैं।
सोचा है यह कभी कि गूँगापन कैसी पीड़ा है?
भीतर-भीतर दर्द भोगना, लेकिन, बँटा न पाना
उसे किसी से कह कर, मेरे मन को चोट लगी है।
बोल नहीं सकता जो, उसका भी दुख कोई दुख है?
कितने लोग समझते हैं भाषा उदास आँखों की?

एक बार फिर स्वर दो।
मूक, उदासी-भरे, दीन बेटे सम्पन्न मही के
मृत्यु-विवर के पास आज भी जीवन खोज रहे हैं।
उभर नहीं कोंपलें भेद कर सड़े हुए पत्तों को,
छाल तोड़ कर कढ़ने को टहनी छटपटा रही है।
प्रसवालय में घात लगाये खड़ी मृत्यु के मुख से
बचा नर्स भागी लेकर जिस नन्हें-से जीवन को,
देखा, वह कैसे हँसता था? मानो, समझ गया हो,
'अच्छा! यहाँ जन्म लेते ही यह सब भी होता है?'
और मृत्यु किस भाँति पराजय पर फुंकार रही थी?

एक बार फिर स्वर दो।
जो अदृश्य से निकल जन्म लेने के लिए विकल हैं,
आगाही दो उन्हें, यहाँ जीवन की कनक-पुरी में
पहले दरवाजे पर भी साँपों की कमी नहीं है;
आगे तो ये दुष्ट और भी बढ़ते ही जाते हैं।
और दु :ख तो यह कि यहाँ कुछ पता नहीं करुणा का,
डँसे एक को सर्प अगर तो दस मिलकर हँसते हैं।
कहो जन्म लेनेवालों से, सोच-समझ कर आयें;

यहाँ भेड़िये गुर्राते हैं बिना किसी कारण के
या इसलिए कि हम अपना शोणित न उन्हें देते हैं।

एक बार फिर स्वर दो।
उन्हें, प्रेम-गृह में जो सपनों से प्रमत्त आये थे,
लेकिन, अब वाणिज्य देख, विस्मय से, ठमक गए हैं।
और उन्हें जो भ्रम-विनाश की चोट हृदय पर खाकर
इस गृह से चुपचाप निकल निर्जन में चले गए हैं।

एक बार फिर स्वर दो।
कहो जन्म लेनेवाले से, जिन अप्रतिम गुणों से
भेज रही है प्रकृति, बड़े नाज़ों से, उन्हें सजा कर,
सब से पहले उन्हीं गुणों की भू पर लूट मचेगी।
वृक, श्रृगाल, अहि, रँगी चोंचवाली कठोर गृध्रिणियाँ,
सब टूटेंगे एक साथ, संघर्ष भयानक होगा।
बड़ी बात होगी, इन तूफानों से अगर बचा कर,
किसी भाँति अन-बुझे दीप वे वापस ले जायेंगे।

(परशुराम की प्रतीक्षा, 1960)

तब भी आता हूँ मैं

टूट गए युग के दरवाजे?
बन्द हो गई क्या भविष्य की राह?
तब भी आता हूँ मैं।

बल रहते ऐसी निर्बलता,
स्वर रहते स्वरवालों के शब्दों का अर्थाभाव!
दोपहरी में ऐसा तिमिर नहीं देखा था।

खिकस गई श्रृंखला सितारों की? प्रकाश के
पुत्र वहाँ अब नहीं, जहाँ पहले उगते थे?

मही छूट सहसा विश्वम्भर के प्रबन्ध से,
सचमुच ही, पड़ गई मनुष्यों के हाथों में?

धुआँ, धुआँ सब ओर, चतुर्दिक् घुटक भरी है;
आँख मूँदने पर भी तो अब दीप्ति न आती।
तिमिर-व्यूह है ध्यान, गीत का मन काला है,
धूम-ध्वान्त फूटता कला की रेखाओं से।

तो यह सब क्या, इसी भाँति, चलता जाएगा?
यह विषपूर्ण प्रवाह? कुटिल यह घुटन प्राण की?
और वायु क्या इसी भाँति भरती जाएगी
वणिक-तुला पर चढ़ी बुद्धि के फूत्कारों से?

ना, गाँधी सेठों का चौकीदार नहीं है,
न तो लौहमय छत्र जिसे तुम ओढ़ बचा लो
अपना संचित कोष मार्क्स की बौछारों से।

इस प्रकार मत पियो, आग से जल जाओगे;
गाँधी शरबत नहीं, प्रखर पावक-प्रवाह था।
घोल दिया यदि इत्र कहीं अपनी शीशी का,
अनलोदक दूषित-अपेय यह हो जाएगा।

ओ विशाल तम-तोम, चतुर्दिक् घिरी घटाओ!
कब जनमेगी अशनि तुम्हारी व्याकुलता से?
धुओं और ऊमस में जो छटपटा रहा है,
वह प्रकाश कब तक खुलकर बाहर आएगा?

दोपहरी का अन्धकार! ओ सूर्य, तुम्हारा
करने को उद्धार व्योम पर आते हैं हम,
आविष्कृत कर क्या नया प्रेम, शब्दों के भीतर
मूर्च्छित अर्थो को फिर आज जिलाते हैं हम।
पढ़ो, सामने के अक्षर क्या कहते हैं ये?

विनय विफल हो जहाँ, वाण लेना पड़ता है।
स्वेच्छा से जो न्याय नहीं देता है, उसको
एक रोज आखिर सबकुछ देना पड़ता है।

टूट गए युग के दरवाजे?
बन्द हो गई क्या भविष्य की राह?
तब भी आता हूँ मैं।

(परशुराम की प्रतीक्षा, 1960)

एक बार फिर स्वर दो-2

एक बार फिर स्वर दो।
जिस गंगा के लिए भगीरथ सारी आयु तपे थे,
और हुई जो विवश छोड़ अम्बर भू पर बहने को
लाखों के आँसुओं, करोड़ों के हाहाकारों से;
लिए जा रहा इन्द्र कैद करने को उसे महल में।
सींचेगा वह गृहोद्यान अपना इसकी धारा से
और भगीरथ के हाथों में डंडा थमा कहेगा,
अगर मार्क्स को मार सके तुम, हम तुमको पूजेंगे;
हार गए तो, गंगा की धारा जो ले आये हो,
उसी धार में बोर-बोर हम तुम्हें मार डालेंगे।

एक बार फिर स्वर दो।
देख रहे हो, गाँधी पर कैसी विपत्ति आयी है?
तन तो उसका गया, नहीं क्या मन भी शेष बचेगा?
चुरा ले गया अगर भाव-प्रतिमा कोई मन्दिर से,
उन अपार, असहाय, बुभुक्षित लोगों का क्या होगा,
जो अब भी हैं खड़े मौन गाँधी से आस लगा कर?

एक बार फिर स्वर दो।
कहो, सर्वत्यागी वह संचय का सन्तरी नहीं था,

न तो मित्र उन साँपों का जो दर्शन विरच हैं
दंश मारने का अपना अधिकार बचा रखने को।

एक बार फिर स्वर दो।
उन्हें पुकारो, जो गाँधी के सखा, शिष्य, सहचर हैं।
कहो, आज पावक में उनका कंचन पड़ा हुआ है।
प्रभापूर्ण होकर निकला यह तो पूजा जायेगा;
मलिन हुआ तो भारत की साधना बिखर जाएगी।

एक बार फिर स्वर दो।
कहो, शान्ति का मन अशान्त है, बादल गुमर रहे हैं,
तप्त, ऊमसी हवा टहनियों में छटपटा रही है।
गाँधी अगर जीत कर निकले, जलधारा बरसेगी,
हारे तो तूफान इसी ऊमस से फूट पड़ेगा।

(परशुराम की प्रतीक्षा, 1960)

लोहे के मर्द

पुरुष वीर बलवान,
देश की शान,
हमारे नौजवान
घायल होकर आए हैं।

कहते हैं, ये पुष्प, दीप,
अक्षत क्यों लाए हो?

हमें कामना नहीं सुयश-विस्तार की,
फूलों के हारों की, जय-जयकार की।

तड़प रही घायल स्वदेश की शान है।
सीमा पर संकट में हिन्दुस्तान है।

ले जाओ आरती, पुष्प, पल्लव हरे,
ले जाओ ये थाल मोदकों से भरे।

तिलक चढ़ा मत और हृदय में हूक दो,
दे सकते हो तो गोली-बन्दूक दो।

(परशुराम की प्रतीक्षा, 1962)

जनता जगी हुई है

जनता जगी हुई है।
क्रुद्ध सिंहिनी कुछ इस चिन्ता से भी ठगी हुई है।
कहाँ गए वे, जो पानी में आग लगाते थे?
बजा-बजा दुन्दुभी रात-दिन हमें जगाते थे?
धरती पर है कौन? कौन है सपनों के डेरों में?
कौन मुक्त? है घिरा कौन प्रस्तावों के घेरों में?
सोच न कर चण्डिके! भ्रमित हैं जो, वे भी आएँगे।
तेरी छाया छोड़ अभागे शरण कहाँ पाएँगे?

जनता जगी हुई है।
भरत-भूमि में किसी पुण्य-पावक ने किया प्रवेश।
धधक उठा है एक दीप की लौ-सा सारा देश।
खौल रहीं नदियाँ, मेघों में शम्पा लहक रही है।
फट पड़ने को विकल शैल की छाती दहक रही है।
गर्जन, गूँज, तरंग, रोष, निर्घोष, हाँक हुंकार!
जानें, होगा शमित आज क्या खाकर पारावार!

जनता जगी हुई है।
ओ गाँधी के शान्ति-सदन में आग लगानेवाले!
कपटी, कुटिल, कृतघ्न, आसुरी महिमा के मतवाले!
वैसे तो, मन मार शील से हम विनम्र जीते हैं,
आततायियों का शोणित, लेकिन, हम भी पीते हैं

मुख में वेद, पीठ पर तरकस, कर में कठिन कुठा
सावधान! ले रहा परशुधर फिर नवीन अवतार!

जनता जगी हुई है।
मूँद-मूँद वे पृष्ठ, शील का गुण जो सिखलाते हैं,
वज्रायुध को पाप, लौह को दुर्गुण बतलाते हैं।
मन की व्यथा समेट, न तो अपनेपन से हारेगा।
मर जाएगा स्वयं, सर्प को अगर नहीं मारेगा।
पर्वत पर से उतर रहा है महा भयानक व्याल।
मधुसूदन को टेर, नहीं यह सुगत बुद्ध का काल।

जनता जगी हुई है।
नाचे रणचण्डिका कि उतरे प्रलय हिमालय पर से,
फटे अतल पाताल कि झर-झर झरे मृत्यु अम्बर से;
झेल कलेजे पर, किस्मत की जो भी नाराज़ी है,
खेल मरण का खेल, मुक्ति की यह पहली बाज़ी है।
सिर पर उठा वज्र, आँखों पर ले हरि का अभिशाप।
अग्नि-स्नान के बिना धुलेगा नहीं राष्ट्र का पाप।

(परशुराम की प्रतीक्षा, 1962)

आज कसौटी पर गाँधी की आग है

(1)

अब भी पशु मत बनो,
कहा है वीर जवाहरलाल ने।

अन्धकार की दबी रौशनी की धीमी ललकार;
कठिन घड़ी में भी भारत के मन की धीर पुकार।
सुनती हो नागिनी! समझती हो इस स्वर को?
देखा है क्या कहीं और भू पर उस नर को—

जिसे न चढ़ता ज़हर,
न तो उन्माद क़भी आता है;
समर-भूमि में भी जो
पशु होने से घबराता है?

(2)

अब भी पशु मत बनो,
कहा है वीर जवाहरलाल ने।

ऊँचाई की बात, किन्तु, कुछ चिन्ता भी है।
क्या मनुष्य मानव होकर लड़ने जाता है?
क्रूर दानवों के दुर्दान्त समूह ने,
वृकों, हिंस्र पशुओं, बाघों के व्यूह ने—
घेर लिया है जिसे, अगर वह नर पशुओं पर,
तुलसी की कंठी छू-छू, रो-रोकर वार करेगा,
पशु की होगी विजय, पराजय मानवता की
और, अन्त में, द्विधाग्रस्त मानव भी स्वयं मरेगा।

(3)

अब भी पशु मत बनो,
कहा है वीर जवाहरलाल ने।

पर, यह सुधा-तरंग कौन पीने देता है?
बिना हुए पशु आज कौन जीने देता है?

शुरू हो गया भैंस-भैंस का खेल,
जानवर तू भी बन ले;
पशु की तरह डकार,
यही वन की भाषा है।
सिर पर तीखे सींग बाँध,
बघनखे पहन ले।

सकुच रहा? क्या बर्बरता का खेल
नहीं खुलकर खेलेगा?
तोड़ेगा सिर नहीं विकट,
विषधर भुजंग का?

भैंसों की हुरपेट
पीठ पर ही झेलेगा?
तो कहता हूँ, सुन रहस्य की बात,
खड्ग सींचा जाता है—
नहीं युद्ध में गंगा के
जल की फुहार से।
अजब बात तू लड़े
आततायी असुरों से
निर्ममता से नहीं,
दया, ममता, दुलार से!

दबा पुण्य का वेग,
अँखड़ियाँ गीली मत होने दे;
कस कर पकड़ कृपाण,
मुट्ठियाँ ढीली मत होने दे।

जहाँ शस्त्रबल नहीं,
शास्त्र पछताते या रोते हैं।
ऋषियों को भी सिद्धि
तभी तप से मिलती है,
जब पहरे पर स्वयं
धनुर्धर राम खड़े होते हैं।

पापी कोई और, चित्त क्यों म्लान करें हम?
भारत में जो निधि मनुष्यता की संचित है,
क्यों पशुत्व-भय से उसका बलिदान करें हम?

किसे लीलने को आई यह लाल लपट है?
गाँधी पर यदि नहीं, और किस पर संकट है?

सकुच गए यदि हम अहिंस्र
हिंसा के हाहाकार से,
कौन बचा पाएगा
गाँधी को पशुओं की मार से?

समय पूछता है, ज्वाला है कहाँ अभय की?
कहाँ सत्य का वज्र, लौहमय रीढ़ विनय की?

कहाँ सिन्धु का अनल,
अधर पर जिसके इतना झाग है?
आज अहिंसा नहीं,
कसौटी पर गाँधी की आग है।

(परशुराम की प्रतीक्षा, 1962)

जौहर

जगता तभी जहान,
उसे जब विपद जगाती है।

हँसी भूल बच्चे चिन्तन करने लगते हैं।
बहनें जाती डूब किसी गम्भीर ध्यान में।
क़ुसुम खोजने लगते अपनी आग,
ऊँघती नदी तेज होकर हहराती है।

पेड़ खड़े कर कान प्रलय की चरण-चाप सुनते हैं,
हवा आँकने को भविष्य की आहट रुक जाती है,
आर-पार अम्बर के जब शम्पा चिल्लाती है।

भारत में जब कभी कड़कता वज्र,
सती भामिनियाँ सहसा हो उठतीं निर्मम, कठोर।
दाँतों से अधर दबा,
आँखों का अश्रु रोक,
बलि-बेला की आरती, पुष्प, रोली सहेज,
पुरुषों को रण में भेज
चण्डिकाएँ सगर्व
सिन्दूर लेप घर-घर उमँग शिखा सजाती हैं।

विजयी अगर स्वदेश,
प्रिया-प्रियतम का फिर नाता है।
विजयी अगर स्वदेश,
पुरुष फिर पुत्र, त्रिया माता है।

किन्तु, पताका झुकी अगर बलिदान की,
गरदन ऊँची रही न हिन्दुस्तान की,
पुरुष पीठ पर लिए घाव रोते रहें,
आँसू से अपना कलंक धोते रहें।

पर, जातीय कलंक
देश की माताएँ सहतीं नहीं;
परम्परा है, चीख-चीख
वे पीड़ाएँ कहतीं नहीं।

हारे नर को देख
देवियाँ दबी ग्लानि के भार से
जल उठती हैं, अगर
काट सकतीं न कंठ तलवार से।

(परशुराम की प्रतीक्षा, 1962)

पाद-टिपणी

[युद्ध-काव्य की]

मेरी कविताएँ सुनकर खुश होनेवाले!
तुझे ज्ञात है, इन खुशियों का क्या रहस्य है?

मेरे सुख का राज? सभ्यता के भीतर से
उठती है जो हूक, बुद्धि को विकलाती है।
कोई उत्तर नहीं। हार कर मैं मन-मारा
चौराहे पर खड़ा जोर से चिल्लाता हूँ।

गर्जन धावा नहीं; स्वरों का घटाटोप है;
परित्राण का शिखर; पलायन उन प्रश्नों से
जिन का उत्तर नहीं, न कोई समाधान है।

तेरे सुख का भेद? कहीं भीतर प्राणों में
तुझ को भी काटते पाप; मन बहलाने को
तू मेरी वारुणी पान कर चिल्लाता है'

कौन पाप? है याद, उचक्के जब मंचों से
गरज रहे थे, तू ने उन्हें प्रणाम किया था?
पहनाया था उसे हार, जिस के जीवन का
कंचन है आराध्य, त्याग सूती चप्पल है।

कौन पाप? है याद, भेड़िये जब टूटे थे
तेरे घर के पास दीन-दुर्बल भेंड़ों पर,
पचा गया था क्रोध सोच कर तू यह मन में
कौन विपद् में पड़े बली से वैर बढ़ा कर?

जब-जब उठा सवाल, सोचने से कतरा कर
पड़ा रहा काहिल तू इस वोदी आशा में,

कौन करे चिन्तन? खरोंच मन पर पड़ती है।
जब दस-बीस जवाब दुकानों में उतरेंगे,
हम भी लेंगे उठा एक अपनी पसन्द का।

जब चुनाव आया, तेरी आवाज बन्द थी;
तू शरीफ था, बड़ा चतुर, नीरव तटस्थ था।
जब भी दो दल लड़े, मंच से खिसक गया तू,
बड़ी बुद्धि के साथ सोच, यह कलह व्यर्थ है।
मुझ को क्या? मैं गन्धमुक्त, सब से अलिप्त हूँ।

अब समझा, चुप्पी कदर्यता की वाणी है?
बहुत अधिक चातुर्य आपदाओं का घर है।
दोषी केवल वही नहीं, जो नयनहीन था,
उस का भी है पाप, आँख थी जिसे, किन्तु, जो
बड़ी-बड़ी घड़ियों में मौन, तटस्थ रहा है।

सीधा नहीं सवाल, युद्ध घनघोर प्रश्न है!
अघी समस्त समाज, बाँध में छेद बहुत हैं।
जो सब से है अनघ, दोष कुछ उस का भी है।

कह सकता है, जो विपत्तियाँ अब आयी हैं,
तू ने उन का कभी नहीं आह्वान किया था
ग़लत हुक्म कर दर्ज संचिकाओं पर अथवा
ग़लत ढँग से अपना घर—आँगन बुहार कर?

सरहद पर ही नहीं, मोरचे खुले हुए हैं
खेतों में, खलिहान, बैठकों, बाजारों में!
जहाँ कहीं आलस्य, वहीं दुर्भाग्य देश का;
जो भी नहीं सतर्क, सभी के लिए विपद् है।

और आज भी जिस पापी का सही नहीं ईमान,
(भले वह नेता हो, शासक हो या दुकानदार हो)
चीनी है, दुश्मन है, सब के लिए काल है!

कल जो किया गुनाह, आग बन कर आया है।
पर, जो हम कर रहे आज, उस का क्या होगा?
समझ नहीं नादान! पाप से छूट गए हम
सुनकर गर्जन-गीत या कि हुंकार उठाकर।

अपनी रक्षा के निमित्त औरों को रण में
कटवाना है पाप; पाप है यह विचार भी,
जगें युवक सीमा पर, हम सोने जाते हैं।

(परशुराम की प्रतीक्षा, 1962)

शान्तिवादी

पुत्र मृत्यु के लिए, पिता रोने को,
माँ धुनने को सीस, वत्स आँसू पीने को,
लुटने को सिन्दूर,
उत्तराएँ विधवा होने को।

सरहद के उस पार हो कि इस पार हो,
युद्ध सोचता नहीं, कौन किसका द्रोही है।
उसका केवल ध्येय, ध्वंस हो मानवता का,
मनुज जहाँ भी हो, यम का आहार हो।

माताओं को शोक, युवतियों को विषाद है;
बेकसूर बच्चे अनाथ होकर रोते हैं।
शान्तिवादियो! यही तुम्हारा शान्तिवाद है?

अब मत लेना नाम शान्ति का,
जिह्वा जल जाएगी,
ले-देकर जो एक शब्द है बचा, उसे भी,
तुम बकते यदि रहे,
धरित्री समझ नहीं पाएगी।

शान्तिवाद का यह नवीन सारथी तुम्हारा
नहीं शान्ति का सखा,
हलाकू है, नीरो, नमरूद है।
और उड़ाये हैं इसने उज्ज्वल कपोत जो,
उनके भीतर भरी हुई बारूद है।

(परशुराम की प्रतीक्षा, 1962)

अहिंसावादी का युद्ध-गीत

हाय, मैं लिखूँ युद्ध के गीत!
बन्धु! हो गई बड़ी अनरीत!
कंठ उर अन्तर के विपरीत;
देशवासी! जागो! जागो!
गाँधी की रक्षा करने को गाँधी से भागो!

(2)

रुधिर में रखें शीत या ताप?
अहिंसा वर है अथवा शाप?
युद्ध है पुण्य याकि दुष्पाप?
आज सारा विवाद त्यागो।
गाँधी की रक्षा करने को गाँधी से भागो।

(3)

सँभालें कहाँ बुद्ध का दाय?
आज छूँछे सब पिटक-निकाय।
कारगर कोई नहीं उपाय।
गिराओ बम, गोली दागो।
गाँधी की रक्षा करने को गाँधी से भागो।

(परशुराम की प्रतीक्षा, 1962)

इतिहास का न्याय

दूर भविष्यत् के पट पर जो वाक्य लिखे हैं,
पढ़ लेना, भवितव्य अगर आगे जीवित रहने दे।

गाँधी, बुद्ध, अशोक नाम हैं बड़े दिव्य स्वप्नों के।
भारत स्वयं मनुष्य-जाति की बहुत बड़ी कविता है।

कह लेना यह कथा, अगर अपनी विषाक्त डाढ़ों से
काल छोड़ दे तुझे और भवितव्य अगर कहने दे।

दर्शन की लहरें मत अधिक उछाल,
विचारों के विवर्त में पड़ा
आदमी बहुत विवश होता है।
मगरमच्छ नोचते देह का माँस और वह
छन्दों में सोचता, ऋचाओं-श्लोकों में रोता है।

दूर क्षितिज के सपने में मत भूल,
देख उस महासत्य को,
जिसकी आग प्रचंड, दाह दारुण, प्रत्यक्ष, विकट है।

गाँधी, बुद्ध, अशोक विचारों से अब नहीं बचेंगे।
उठा खड्ग, यह और किसी पर नहीं,
स्वयं गाँधी, गंगा, गौतम पर ही संकट है।

पशुता के दुर्मद झकोर में हाथ उठाकर
क्या करना आह्वान शील का, सहिष्णुता का, स्नेह का?
आत्मा की तलवार सर्वथा वहाँ व्यर्थ है,
जहाँ अखाड़ा खुला हुआ हो देह का।

द्विधा व्यर्थ, आगे का क्या इतिहास कहेगा।
द्विधा व्यर्थ, युग के चिन्तन का कहाँ ध्यान है।

दर्शन करता सदा मूक अनुसरण क्रिया का।
और जिसे हम कहते हैं इतिहास,
बड़ा ही बुद्धिमान है।

उच्च मनुजता को ठुकराने से तो वह डरता है।
किन्तु, उच्च गुण के कारण जो रण में हार गए हैं,
उन पराजितों की किस्मत पर रोता है इतिहास,
पर, अपाहिजों का कलंक वह क्षमा नहीं करता है।

(परशुराम की प्रतीक्षा, 1962)

एनार्की

(1)

''अरे, अरे, दिन-दहाड़े ही जुल्म ढाता है!
रेलवे का स्लीपर उठाए कहाँ जाता है?''

''बड़ा बेवकूफ़ है, अजब तेरा हाल है;
तुझे क्या पड़ी है? य' तो सरकारी माल है।''

''नेता या प्रणेता! तेरा ठीक तो ईमान है?
पर, दिया जाता अब देश में न कान है।
बने जाते कल-कारखाने आलीशान भी,
साथ-साथ तेरे कुछ अपने मकान भी।''

''भाई, बकने दो उन्हें, तुम तो सुजान हो,
कविता बनाते हो, हमारे अभिमान हो।
मान लो, कभी जो चूर-धुन थोड़ा पाते हैं,
भारत से बाहर तो फेंक नहीं आते हैं।
जो भी बनवाये, अपना ही व' भवन है,
देश में ही रहता है, देश का जो धन है।''

"और, अरे यार! तू तो बड़ा शेर-दिल है,
बीच राह में ही लगा रखी महफ़िल है!
देख, लग जाएँ नहीं मोटर के झटके,
नाचना जो हो तो नाच सड़क से हटके।"

"सड़क से हट तू ही क्यों न चला जाता है?
मोटर में बैठ बड़ी शान दिखलाता है!
झाड़ देंगे, तुझमें जो तड़क-भड़क है,
टोकने चला है, तेरे बाप की सड़क है?

सिर तोड़ देंगे, नहीं राह से टलेंगे हम,
हाँ, हाँ, जैसे चाहें, वैसे नाच के चलेंगे हम।
बीस साल पहले की शेखी तुझे याद है।
भूल ही गया है, अब भारत आज़ाद है।"

(2)

सुनिये क्रोपाटकिन-गोरकी!
भारत में फैली है आज़ादी बड़े ज़ोर की।
सुनता न कोई फ़रियाद है।
देखिए जिसे ही, वही ज़ोर से आज़ाद है।

लोग हैं आज़ाद बिललाने को।
नेता हैं आज़ाद जहाँ चाहें, वहाँ जाने को।
अफ़सर परम स्वतन्त्र हैं।
मन्त्रीजी हजार पढ़ें, लगते न मन्त्र हैं।
साहब तो खुद परीशान हैं।
चपरासी देते उन्हें पानी न तो पान हैं।

अजब हमारा यह तन्त्र है।
नक़ली दवाइयों का व्यापारी स्वतन्त्र है।
पुलिस करे जो कुछ, पाप है।
चोर का जो चाचा है, पुलिस का भी बाप है।

अखबार मुक्त हैं चुपाने को,
विज्ञापनदाताओं का मरम छुपाने को।

और छात्र बड़े पुरज़ोर हैं।
कालिजों में सीखने को आए तोड़-फोड़ हैं।
कहते हैं, पाप है समाज में,
धिक् हम पे! जो कभी पढ़ें इस राज में।
अभी पढ़ने का क्या सवाल है?
अभी तो हमारा धर्म एक हड़ताल है।

कोई नहीं कैद है कपाट में,
हाट में जो आया नहीं, होगा अभी बाट में।
हाथ में हो केक या कि रोटी हो,
सूट में हो लैस या कि पहने लँगोटी हो,
कवि हो कि नेता हो कि छात्र हो,
या कि ठेला हाँकता हो, करुणा का पात्र हो;
एक बात में सभी समान हैं;
दूसरों की बात पे न देते कभी कान हैं।

हलचल बड़ी है बाज़ार में,
कोई पाँव-पैदल, चढ़ा है कोई कार में।
लेकिन, सभी की यह टेक है,
अब किसी में भी नहीं बुद्धि या विवेक है।
सरकार से न यदि ऊबेगा,
डूबेगा, अवश्य, यह सारा देश डूबेगा।

(३)

सोच-सोच आनन मलीन है,
एक ओर पाकिस्तान, एक ओर चीन है।
समझ न पड़ता चरित्र है,
रूस-अमरीका में से कौन बड़ा मित्र है।

दोस्त ही है, देख के डरो नहीं।
कम्यूनिस्ट कहते हैं, चीन से लड़ो नहीं।
चिन्तन में सोशलिस्ट गर्क है,
कम्यूनिस्ट और कांगरेसी में क्या फ़र्क़ है?
जनसंघी भारतीय शुद्ध हैं।
इसीलिए, आज महावीर बड़े क्रुद्ध हैं।

और कांगरेसी भी तबाह है।
ठीक-ठीक जान ही न पाता, कौन राह है।
दायाँ या कि बायाँ? कौन ठीक है?
पूछता है, यार, गाँधीजी की कौन लोक है?

एक कहता है, "चलो रूस को।"
दूसरा है चीखता कि "मारो मनहूस को।
वाणी की स्वतन्त्रता प्रमुख है।
चुप रहने से बड़ा और कौन दुःख है?"

"तो फिर अमेरिका की बात हो?"
"लोभी, मेरे मस्तक पै भारी वज्रपात हो।
गाँधीजी की बात नहीं याद है?
आदमी को यन्त्र कर देता बरबाद है।"

"तो फिर चलाएँ, चलोख तकली।"
"हम गाँधीजी के भक्त होंगे नहीं नक़ली।
दबा नहीं अपने को पायेंगे;
गाँधीजी के पास हरगिज नहीं जायेंगे।"

"तब तुम्हीं बोलो, हम क्या करें?"
"चाय पियें और जी में आये जो, बका करें।
बकना ही असली स्वराज है।
बाक़ी तो जहाँ भी देखो, डाकुओं का राज है।"

भोर में पुकारो सरदार को,
जीत में जो बदल देते थे कभी हार को।
तब कहो, ढोल की य' पोल है,
नेहरू के कारण ही सारा गण्डगोल है।

फिर ज़रा राजाजी का नाम लो।
याद करो जे.पी. को, विनोबा को प्रणाम दो।
तब कहो, लोहिया महान है।
एक ही तो वीर यहाँ सीना रहा तान है।

ऊपर बढ़े जो और गर्मी,
एक बारगी दो छोड़ बची-खुची नरमी।
कहो, राम! तिमिर में राह दो,
डिमोक्रेसी दूर करो, हमें तानाशाह दो।

और फिर माला ले के हाथ में
देवता से माँगो वरदान आधी रात में।
दूर रखो हमको गुनाह से,
देश को बचाये रखो राम! तानाशाह से।

क्षमा करो, क्षमा, मन्द मति है;
नेहरू को छोड़ हमें और नहीं गति है।
और जब पुन : प्रकाश हो;
बोलो, कांगरेसियो! तुम्हारा सर्वनाश हो।

(4)

जहाँ भी सुनो, वहीं आवाज़ है,
भारत में आज, बस, जीभ का स्वराज है।
और मन्त्री भी न अप्रमुख हैं।
एक कैबिनेट के अनेक यहाँ मुख हैं।

एक कहता है, हाहाकार है,
दाम पै लगाम कसो, देश की पुकार है।
दूसरे की मति अति शुद्ध है,
कहता है, नीति यह धर्म के विरुद्ध है।

गाँधीजी की याद नहीं टेक है?
पूँजीपति और जनता का भाग्य एक है।
आज़ादी की धार घहराने दो,
जो भी चाहता हो, उसे छूट के कमाने दो।

(5)

चिन्तकों में अजब उमँग है।
जनता चकित और सारा विश्व दंग है।
एक कहता है, किस बात में
हम हैं स्वतन्त्र, यदि लाठी नहीं हाथ में?

घूम रहा देश किस ध्यान में,
बकरी का दूध पीके शेरों के जहान में?
वही है स्वतन्त्र, जो समर्थ है,
परमाणु-बम जो नहीं तो सब व्यर्थ है।

दूसरा है रोता, विधि वाम है;
सेनाओं का गाँधीजी के देश में क्या काम है?
अहिंसा का तत्व यदि जानते,
हाय नेहरू जो गाँधीजी को पहचानते,
सीमा पर शत्रु कोई आता क्यों?
आँखें दिखला के हमें कोई धमकाता क्यों?
भीति युद्ध-बीज सदा बोती है।
शस्त्र जहाँ रहते हैं, हिंसा वहीं होती है।

(6)

राम जानें, भीतर क्या बल है!
तब भी बखूबी यह देश रहा चल है।
गण, जन, किसी का न तन्त्र है।
साफ़ बात यह है कि भारत स्वतन्त्र है।
भिन्नता सँभाले तार-तार की,
राज करती है यहाँ चैन से 'एनारकी'।

(परशुराम की प्रतीक्षा, 1962)

नंदिग्राम के भरत

नंदिग्राम के भरत, राजसर के निष्कलुष कमल हे,
जय चिरायु भारत-परंपरा के नवीन संबल हे।
राजदंडधर यती, तपोधन, संन्यासी मधुवन के;
जय अभंगव्रत, सिंहासन-शोभित वैराग्य विमल हे।
जनकवंश की विभा, रत्नदीपक अशोक के कुल के,
जय पुनीत गाँधी-गंगा के परम स्रोत उज्जवल हे।
अनल-मुक्त-मन, वर वैष्णव-जन, पर-पीड़न-भयहारी,
जय शीतल, जय निरभिमान, जय-जय निरीह, निश्छल हे!

(दिनकर की डायरी, राजेन्द्र बाबू की राष्ट्रपति-पद
से विदाई के अवसर पर रचित, 1962)

स्वेतलाना

रूस देश से एक भली युवती भारत आयी है।
भोली है, भावुक है, बुद्धिमती है।
देह दीप की शिखा, रूप कंचन-सा।
मुख-सरोज अम्लान,
प्रभा नयनों की पुण्यवती है।
रूस देश में विश्व-प्रेम का जो निर्झर झरता है,
देवी वही अमृत हम सबके लिए साथ लायी है।

भारत के उज्ज्वल अतीत का ध्यान कर,
बुद्ध, अशोक और गाँधी की महिमा को पहचान कर,
धरती के इस शान्ति-लोक पर बहुत चकित होती है।

किन्तु, देखती जब विपन्न भूखों को, अधनंगों को,
अभी जनम कर खड़े हुए जो, ऐसे भिखमंगों को,
बेचारी सोचती व्यथा की कथा और रोती है।

हम स्वदेश में हों अथवा हों किसी दूसरे देश में,
स्वाभाविक है, हंसें, जहाँ पर हंसी-खुशी हो,
और बहाएँ अश्रु, आदमी जहाँ पड़ा हो क्लेश में।

सीमाओं के भेद मात्र मिट्टी की रेखाएँ हैं।
दया-प्रेम के लिए एक ही मानवता सारी है।
उस पर भी सोवियत हमारा हितकामी है।
और स्वेतलाना सुशील है, भावुक है, नारी है।

मुझसे है पूछती कि
यह सब कब तक यहाँ चलेगा?
गुरु जी, कब तक भरत-भूमि से
यह दारिद्र्य टलेगा?

सरल बालिका को प्राणों के दिखा घाव दूं?
या सामने बिखेर मुल्क के नये ख्वाब दूं?
समझ नहीं पड़ता, इसको मैं क्या जवाब दूं?

कल तक हम भी यही प्रश्न पूछा करते थे
अपनी आजादी से, भारत के सौभाग्य नवीन से।
किन्तु, स्वेतलाना! अच्छा है, यह सवाल अब
पूछे सारा जगत् शान्ति के बड़े सिपाही चीन से।

(दिनकर की डायरी, 1962)

परशुराम की प्रतीक्षा

खण्ड एक

गरदन पर किसका पाप वीर! ढोते हो?
शोणित से तुम किसका कलंक धोते हो?

उनका, जिनमें कारुण्य असीम तरल था,
तारुण्य-ताप था नहीं, न रंच गरल था;
सस्ती सुकीर्ति पा कर जो फूल गए थे,
निर्वीर्य कल्पनाओं में भूल गए थे;

गीता में जो त्रिपिटक-निकाए पढ़ते हैं,
तलवार गला कर जो तकली गढ़ते हैं;
शीतल करते हैं अनल प्रबुद्ध प्रजा का,
शेरों को सिखलाते हैं धर्म अजा का;

सारी वसुन्धरा में गुरु-पद पाने को,
प्यासी धरती के लिए अमृत लाने को
जो सन्त लोग सीधे पाताल चले थे,
(अच्छे हैं अब : पहले भी बहुत भले थे।)

हम उसी धर्म की लाश यहाँ ढोते हैं,
शोणित से संतों का कलंक धोते हैं।

खंड दो

हे वीर बन्धु! दायी है कौन विपद का?
हम दोषी किसको कहें तुम्हारे वध का?

यह गहन प्रश्न; कैसे रहस्य समझाएँ?
दस-बीस वधिक हों तो हम नाम गिनाएँ?

पर, कदम-कदम पर यहाँ खड़ा पातक है,
हर तरफ लगाए घात खड़ा घातक है।

घातक है, जो देवता-सदृश दिखता है,
लेकिन, कमरे में ग़लत हुक्म लिखता है।
जिस पापी को गुण नहीं; गोत्र प्यारा है,
समझो, उसने ही हमें यहाँ मारा है।

जो सत्य जान कर भी न सत्य कहता है,
या किसी लोभ के विवश मूक रहता है,
उस कुटिल राजतंत्री कदर्य को धिक् है,
यह मूक सत्यहन्ता कम नहीं वधिक है।

चोरों के हैं जो हितू, ठगों के बल हैं,
जिनके प्रताप से पलते पाप सकल हैं,
जो छल-प्रपंच, सब को प्रश्रय देते हैं,
या चाटुकार जन से सेवा लेते हैं;

यह पाप उन्हीं का हमको मार गया है,
भारत अपने घर में ही हार गया है।

है कौन यहाँ, कारण जो नहीं विपद् का?
किस पर जिम्मा है नहीं हमारे वध का?
जो चरम पाप है, हमें उसी की लत है,
दैहिक बल को कहता यह देश ग़लत है।

नेता निमग्न दिन-रात शान्ति-चिन्तन में,
कवि-कलाकार ऊपर उड़ रहे गगन में।
यज्ञाग्नि हिन्द में समिध नहीं पाती है,
पौरुष की ज्वाला रोज बुझी जाती है।

ओ बदनसीब अंधो! कमजोर अभागो?
अब भी तो खोलो नयन, नींद से जागो।

वह अघी, बाहुबल का जो अपलापी है,
जिसकी ज्वाला बुझ गई, वही पापी है।

जब तक प्रसन्न यह अनल, सुगुण हँसते हैं;
है जहाँ खड्ग, सब पुण्य वहीं बसते हैं।
वीरता जहाँ पर नहीं, पुण्य का क्षय है,
वीरता जहाँ पर नहीं, स्वार्थ की जय है।

तलवार पुण्य की सखी, धर्मपालक है,
लालच पर अंकुश कठिन, लोभ-सालक है।
असि छोड़ भीरू बन जहाँ धर्म सोता है,
पातक प्रचण्डतम वहीं प्रकट होता है।

तलवारें सोतीं जहाँ बन्द म्यानों में,
किस्मतें वहाँ सड़ती हैं तहखानों में।
बलिवेदी पर बालियाँ-नथें चढ़ती हैं,
सोने की ईंटें, मगर, नहीं कढ़ती हैं।

पूछो कुबेर से, कब सुवर्ण वे देंगे?
यदि आज नहीं तो सुयश और कब लेंगे?
तूफान उठेगा, प्रलय-बाण छूटेगा,
है जहाँ स्वर्ण, बम वहीं, स्यात्, फूटेगा।

जो करें, किन्तु, कंचन यह नहीं बचेगा,
शायद, सुवर्ण पर ही संहार मचेगा।
हम पर अपने पापों का बोझ न डालें,
कह दो सब से, अपना दायित्व सँभालें।

कह दो प्रपंचकारी, कपटी, जाली से,
आलसी, अकर्मठ, काहिल, हड़ताली से,
सी लें जबान, चुपचाप काम पर जाएँ,
हम यहाँ रक्त, वे घर में स्वेद बहाएँ।

हम दें तुम को विजय, हमें तुम बल दो,
दो शस्त्र और अपना संकल्प अटल दो।
हों खड़े लोग कटिबद्ध वहाँ यदि घर में,
है कौन हमें जीते जो यहाँ समर में?

हो जहाँ कहीं भी अनय, उसे रोको रे!
जो करें पाप शशि-सूर्य, उन्हें टोको रे!

जा कहो, पुण्य यदि बढ़ा नहीं शासन में,
या आग सुलगती रही प्रजा के मन में;
तामस बढ़ता यदि गया ढकेल प्रभा को,
निर्बन्ध पन्थ यदि मिला नहीं प्रतिभा को,

रिपु नहीं, यही अन्याय हमें मारेगा,
अपने घर में ही फिर स्वदेश हारेगा।

खंड तीन

किरिचों पर कोई नया स्वप्न ढोते हो?
किस नई फसल के बीज वीर! बोते हो?

दुर्दान्त दस्यु को सेल हूलते हैं हम;
यम की दंष्ट्रा से खेल झूलते हैं हम।
वैसे तो कोई बात नहीं कहने को,
हम टूट रहे केवल स्वतन्त्र रहने को।

सामने देशमाता का भव्य चरण है,
जिह्वा पर जलता हुआ एक, बस प्रण है,
काटेंगे अरि का मुंड कि स्वयं कटेंगे,
पीछे, परन्तु, सीमा से नहीं हटेंगे।

फूटेंगी खर निर्झरी तप्त कुंडों से,
भर जाएगा नगराज रुंड-मुंडों से।
माँगेगी जो रणचंडी भेंट, चढ़ेगी,
लाशों पर चढ़ कर आगे फौज बढ़ेगी।

पहली आहुति है अभी, यज्ञ चलने दो,
दो हवा, देश की आग जरा जलने दो।
जब हृदय-हृदय पावक से भर जाएगा,
भारत का पूरा पाप उतर जाएगा;

देखोगे, कैसा प्रलय चंड होता है!
असिवन्त हिन्द कितना प्रचंड होता है!

बाँहों से हम अम्बुधि अगाध थाहेंगे,
धँस जाएगी यह धरा, अगर चाहेंगे।
तूफान हमारे इंगित पर ठहरेंगे,
हम जहाँ कहेंगे, मेघ वहीं घहरेंगे।

जो असुर, हमें सुर समझ, आज हँसते हैं,
वंचक श्रृंगाल भूँकते, साँप डँसते हैं,
कल यही कृपा के लिए हाथ जोड़ेंगे,
भृकुटी विलोक दुष्टता-द्वन्द्व छोड़ेंगे।

गरजो, अम्बर को भरो रणोच्चारों से,
क्रोधान्ध रोर, हाँकों से, हुँकारों से।
यह आग मात्र सीमा की नहीं लपट है,
मूढ़ो! स्वतन्त्रता पर ही यह संकट है।

जातीय गर्व पर क्रूर प्रहार हुआ है,
माँ के किरीट पर ही यह वार हुआ है।
अब जो सिर पर आ पड़े, नहीं डरना है,
जनमे हैं तो दो बार नहीं मरना है।

कुत्सित कलंक का बोध नहीं छोड़ेंगे,
हम बिना लिए प्रतिशोध नहीं छोड़ेंगे,
अरि का विरोध-अवरोध नहीं छोड़ेंगे,
जब तक जीवित हैं, क्रोध नहीं छोड़ेंगे।

गरजो हिमाद्रि के शिखर, तुंग पाटों पर,
गुलमर्ग, विन्ध्य, पश्चिमी, पूर्व घाटों पर,
भारत-समुद्र की लहर, ज्वार-भाटों पर,
गरजो, गरजो मीनार और लाटों पर।

खँडहरों, भग्न कोटों में, प्राचीरों में,
जाह्नवी, नर्मदा, यमुना के तीरों में,
कृष्णा-कछार में, कावेरी-कूलों में,
चित्तौड़-सिंहगढ़ के समीप धूलों में—

सोए हैं जो रणबली, उन्हें टेरो रे!
नूतन पर अपनी शिखा प्रत्न फेरो रे!

झकझोरो, झकझोरो महान् सुप्तों को,
टेरो, टेरो चाणक्य-चन्द्रगुप्तों को;
विक्रमी तेज, असि की उद्दाम प्रभा को,
राणा प्रताप, गोविन्द, शिवा, सरजा को;

वैराग्यवीर, बन्दा फकीर भाई को,
टेरो, टेरो माता लक्ष्मीबाई को।

आजन्म सहा जिसने न व्यंग्य थोड़ा था,
आजिज आ कर जिसने स्वदेश छोड़ा था,
हम हाय, आज तक जिसको गुहराते हैं,
'नेताजी अब आते हैं, अब आते हैं';

साहसी, शूर-रस के उस मतवाले को,
टेरो, टेरो आज़ाद हिन्दवाले को।

खोजो, टीपू सुलतान कहाँ सोए हैं?
अशफ़ाक और उसमान कहाँ सोए हैं?
बमवाले वीर जवान कहाँ सोए हैं?
वे भगतसिंह बलवान कहाँ सोए हैं?

जा कहो, करें अब कृपा, नहीं रूठें वे,
बम उठा बाज़ के सदृश व्यग्र टूटें वे।

हम मान गए, जब क्रान्तिकाल होता है,
सारी लपटों का रंग लाल होता है।
जाग्रत पौरूष प्रज्वलित ज्वाला होता है,
शूरत्व नहीं कोमल, कराल होता है।

वास्तविक मर्म जीवन का जान गए हैं,
हम भलीभाँति अघ को पहचान गए हैं।
हम समझ गए हैं खूब धर्म के छल को,
बम की महिमा को और विनय के बल को।

हम मान गए, वे धीर नहीं उद्धत थे,
वे सही, और हम विनयी बहुत ग़लत थे।
जा कहो, करें अब क्षमा, नहीं रूठें वे;
बम उठा बाज़ के सदृश व्यग्र टूटें वे।

साधना स्वयं शोणित कर धार रही है,
सतलज को साबरमती पुकार रही है।

वे उठें, देश उनके पीछे हो लेगा,
हम कहते हैं, कोई न व्यंग्य बोलेगा।
है कौन मूढ़, जो पिटक आज खोलेगा?
बोलेगा जय वह भी, न खड्ग जो लेगा।

वे उठें, हाय, नाहक विलम्ब होता है,
अपनी भूलों के लिए देश रोता है।

जिसका सारा इतिहास तप्त, जगमग है,
वीरता-वह्नि से भरी हुई रग-रग है,
जिसके इतने बेटे रण झेल चुके हैं,
शूली, किरीच, शोलों से खेल चुके हैं,

उस वीर जाति को बंदी कौन करेगा?
विकराल आग मुट्ठी में कौन धरेगा?

केवल कृपाण को नहीं, त्याग-तप को भी,
टेरो, टेरो साधना, यज्ञ, जप को भी।
गरजो, तरंग से भरी आग भड़काओं,
हों जहाँ तपी, तप से तुम उन्हें जगाओ।

युग-युग से जो ऋद्धियाँ यहाँ उतरी हैं,
सिद्धियाँ धर्म की जो भी छिपी, धरी हैं,
उन सभी पावकों से प्रचण्डतम रण दो,
शर और शाप, दोनों को आमंत्रण दो।

चिन्तको! चिन्तना की तलवार गढ़ो रे!
ऋषियों! कृशानु-उद्दीपन मंत्र पढ़ो रे!
योगियो! जगो, जीवन की ओर बढ़ो रे!
बंदूकों पर अपना आलोक मढ़ो रे!

है जहाँ कहीं भी तेज, हमें पाना है,
रण में समग्र भारत को ले जाना है।

पर्वतपति को आमूल डोलना होगा,
शंकर को ध्वंसक नयन खोलना होगा।
असि पर अशोक को मुंड तोलना होगा,
गौतम को जयजयकार बोलना होगा।

यह नहीं शान्ति की गुफा, युद्ध है, रण है,
तप नहीं, आज केवल तलवार शरण है।
ललकार रहा भारत को स्वयं मरण है,
हम जीतेंगे यह समर, हमारा प्रण है।

खंड चार

कुछ पता नहीं, हम कौन बीज बोते हैं;
है कौन स्वप्न, हम जिसे यहाँ ढोते हैं।

पर, हाँ, वसुधा दानी है, नहीं कृपण है,
देता मनुष्य जब भी उसको जल-कण है;
यह दान वृथा वह कभी नहीं लेती है,
बदले में कोई दूब हमें देती है।

पर, हमने तो सींचा है उसे लहू से,
चढ़ती उमंग की कलियों की खुशबू से।
क्या यह अपूर्व बलिदान पचा वह लेगी?
उद्दाम राष्ट्र क्या हमें नहीं वह देगी?

ना, यह अकाण्ड दुष्काण्ड नहीं होने का,
यह जगा देश अब और नहीं सोने का।
जब तक भीतर की गाँस नहीं कढ़ती है,
श्री नहीं पुनः भारत-मुख पर चढ़ती है,

कैसे स्वदेश की रूह चैन पाएगी?
किस नर-नारी को भला नींद आएगी?

कुछ सोच रहा है समय राह में थम कर,
है ठहर गया सहसा इतिहास सहम कर।

सदियों में शिव का अचल ध्यान डोला है,
तोपों के भीतर से भविष्य बोला है।

चोटें पड़ती यदि रहीं, शिला टूटेगी,
भारत में कोई नई धार फूटेगी।

हम खड़े ध्वंस में जब भी कुछ गुनते हैं,
रथ के घर्घर का नाद कहीं सुनते हैं।
जिसकी आशा में खड़ा व्यग्र जन-जन है,
यह उसी वीर का, स्यात् वज्र-स्यन्दन है।

अम्बर में जो अप्रतिम क्रोध छाया है,
पावक जो हिम को फोड़ निकल आया है,
वह किसी भाँति भी वृथा नहीं जाएगा,
आएगा, अपना महा वीर आएगा।

हाँ, वही, रूप प्रज्वलित विभासित नर का,
अंशावतार सम्मिलित विष्णु-शंकर का।
हाँ, वही, दुरित से जो न सन्धि करता है,
जो संत धर्म के लिए खड्ग धरता है।

हाँ, वही फूटता जो समष्टि के मन से,
संचित करता है तेज व्यग्र जन-जन से।
हाँ, वही, न्याय-वंचित की जो आशा है,
निर्धनों, दीन-दलितों की अभिलाषा है।

विद्युत बनकर जो चमक रहा चिन्तन में,
गुँजित जिसका निर्घोष लोक-गर्जन में,
जो पतन-पुँज पर पावक बरसाता है,
यह उसी वीर का रथ दौड़ा आता है।

गाओ कवियो! जयगान, कल्पना तानो,
आ रहा देवता जो, उसको पहचानो।
है एक हाथ में परशु, एक में कुश है,
आ रहा नए भारत का भाग्यपुरुष है।

अंगार-हार अरपो, अर्चना करो रे!
आँखों की ज्वालाएँ मत देख डरो रे!
यह असुर भाव का शत्रु, पुण्य-त्राता है,
भयभीत मनुज के लिए अभय-दाता है।

यह वज्र वज्र के लिए, सुमों का सुम है;
यह और नहीं कोई, केवल हम-तुम हैं।
यह नहीं जाति का, न तो गोत्र-बंधन का;
आ रहा मित्र भारत-भर के जन-जन का।

गाँधी-गौतम का त्याग लिए आता है,
शंकर का शुद्ध विराग लिए आता है।
सच है, आँखों में आग लिए आता है,
पर, यह स्वदेश का भाग लिए आता है।

मत डरो, संत यह मुकुट नहीं माँगेगा,
धन के निमित्त यह धर्म नहीं त्यागेगा।
तुम सोओगे, तब भी यह ऋषि जागेगा,
ठन गया युद्ध तो बम-गोले दागेगा।

जब किसी जाति का अहं चोट खाता है,
पावक प्रचण्ड हो कर बाहर आता है।
यह वही चोट खाए स्वदेश का बल है,
आहत भुजंग है, सुलगा हुआ अनल है।

विक्रमी रूप नूतन अर्जुन-जेता का,
आ रहा स्वयं यह परशुराम त्रेता का।

यह उत्तेजित, साकार, क्रुद्ध भारत है,
यह और नहीं कोई, विशुद्ध भारत है।

पापों पर बनकर प्रलय-बाण छूटेगा,
यह क्लीव धर्म पर बाज-सदृश टूटेगा।
जो रुष्ट खड्ग से हैं, उनसे रूठेगा,
कृत्रिम विभाकरों का प्रकाश लूटेगा।

वह गरुड़ देश का नाग-पाश काटेगा,
अरि-मुंडों से खाइयाँ-खोह पाटेगा।
विद्युतित जीभ से चाट भीति हर लेगा,
वह तुम्हें आप अपने समान कर लेगा।

रह जाएगा वह नहीं ज्ञान सिखला कर,
दूरस्थ गगन में इन्द्रधनुष दिखला कर।
वह लक्ष्यबिन्दु तक तुम को ले जाएगा,
उँगलियाँ थाम मंजिल तक पहुँचाएगा।

हर धड़कन पर वह सजल मेघ सिहरेगा,
गत और अनागत बीच व्यग्र बिहरेगा।
बरसेगा वन जलधार तृषित धानों पर,
बन तडिद्धार छूटेगा चट्टानों पर।

जब वह आएगा, द्विधा-द्वन्द्व बिनसेगा,
आलिंगन में अवनी को व्योम कसेगा।
विज्ञान धर्म के धड़ से भिन्न न होगा,
भवितव्य भूत-गौरव से छिन्न न होगा

जब वह आएगा, खल कुबुद्धि छोड़ेंगे,
सब साँप आप ही फण अपने तोड़ेंगे,
विषवाह-अभ्र गाँधी पर नहीं घिरेंगे,
शान्ति के नीड़ में गोले नहीं गिरेंगे।

खंड पाँच

(1)

सिखलाएगा वह, ऋत एक ही अनल है,
जिंदगी नहीं वह, जहाँ नहीं हलचल है।
जिनमें दाहकता नहीं, न तो गर्जन है,
सुख की तरंग का जहाँ अंध वर्जन है,
जो सत्य राख में सने, रूक्ष, रूठे हैं,
छोड़ों उनको, वे सही नहीं, झूठे हैं।

(2)

वैराग्य छोड़ बाँहों की विभा सँभालो,
चट्टानों की छाती से दूध निकालो।
है रुकी जहाँ भी धार, शिलाएँ तोड़ो,
पीयूष चन्द्रमाओं को पकड़ निचोड़ो।
चढ़ तुंग शैल-शिखरों पर सोम पियो रे!
योगियों नहीं, विजयी के सदृश जियो रे!

(3)

मत टिको मदिर, मधुमयी, शान्त छाया में,
भूलो मत उज्जवल ध्येय मोह-माया में।
लौलुप्य-लालसा जहाँ, वहीं पर क्षय है;
आनन्द नहीं, जीवन का लक्ष्य विजय है।
जृम्भक, रहस्य-धूमिल मत ऋचा रचो रे!
सर्पित प्रसून के मद से बचो, बचो रे!

(4)

जब कुपित काल धीरता त्याग जलता है,
चिनगी बन फूलों का पराग जलता है,
सौन्दर्य-बोध बन नई आग जलता है,
ऊँचा उठकर कामार्त्त राग जलता है।

अम्बर पर अपनी विभा प्रबुद्ध करो रे!
गरजे कृशानु, तब कंचन शुद्ध करो रे!

(5)

भामा ह्लादिनी-तरंग, तडिन्माला है,
वह नहीं काम की लता, वीर बाला है,
आधी हालाहल-धार, अर्ध हाला है।
जब भी उठती हुंकार युद्ध-ज्वाला है,
चंडिका कान्त को मुंड-माल देती है;
रथ के चक्के में भुजा डाल देती है।

(6)

खोजता पुरुष सौन्दर्य, त्रिया प्रतिभा को,
नारी चरित्र-बल को, नर मात्र त्वचा को।
श्री नहीं पाणि जिसके सिर पर धरती है,
भामिनी हृदय से उसे नहीं वरती है।
पाओ रमणी का हृदय विजय अपना कर,
या बसो वहाँ बन कसक वीर-गति पाकर।

(7)

जिसकी बाँहें बलमयी, ललाट अरुण है,
भामिनी वही तरुणी, नर वही तरुण है।
है वही प्रेम जिसकी तरंग उच्छल है,
वारुणी-धार में मिश्रित जहाँ गरल है।
उद्दाम प्रीति बलिदान-बीज बोती है;
तलवार प्रेम से और तेज होती है।

(8)

पी जिसे उमड़ता अनल, भुजा भरती है,
वह शक्ति सूर्य की किरणों में झरती है।
मरु के प्रदाह में छिपा हुआ जो रस है,
तूफान-अन्धड़ों में जो अमृत-कलस है,

उस तपन-तत्त्व से हृदय-प्राण सींचो रे!
खींचो, भीतर आँधियाँ और खींचो रे!

(9)

छोड़ो मत अपनी आन, सीस कट जाए,
मत झुको अनय पर, भले व्योम फट जाए।
दो बार नहीं यमराज कंठ धरता है,
मरता है जो, एक ही बार मरता है।
तुम स्वयं मरण के मुख पर चरण धरो रे!
जीना हो तो मरने से नहीं डरो रे!

(10)

स्वातन्त्र्य जाति की लगन, व्यक्ति की धुन है,
बाहरी वस्तु यह नहीं, भीतरी गुण है।
नत हुए बिना जो अशनि-घात सहती है,
स्वाधीन जगत् में वही जाति रहती है।
वीरत्व छोड़ पर का मत चरण गहो रे!
जो पड़े आन, खुद ही सब आग सहो रे!

(11)

दासत्व जहाँ है, वहीं स्तब्ध जीवन है,
स्वातन्त्र्य निरन्तर समर, संनातन रण है।
स्वातन्त्र्य समस्या नहीं आज या कल की,
जागृति तीव्र वह घड़ी-घड़ी, पल-पल की।
पहरे पर चारों ओर सतर्क लगो रे!
धर धनुष-बाण उद्यत दिन-रात जगो रे!

(12)

आँधियाँ नहीं जिसमें उमँग भरती हैं,
छातियाँ जहाँ संगीनों से डरती हैं,
शोणित के बदले जहाँ अश्रु बहता है,
वह देश कभी स्वाधीन नहीं रहता है।

पकड़ो अयाल, अन्धड़ पर उछल चढ़ो रे!
किरिचों पर अपने तन का चाम मढ़ो रे!

(13)

जब कभी अहं पर नियति चोट देती है,
कुछ चीज अहं से बड़ी जन्म लेती है।
नर पर जब भी भीषण विपत्ति आती है,
वह उसे और दुर्धर्ष बना जाती है।
चोटें खा कर बिफरो, कुछ अधिक तनो रे!
धधको, स्फुलिंग-से, बढ़ अंगार बनो रे!

(14)

धन-धाम, ज्ञान-विज्ञान मात्र सम्बल है,
बस, एक मात्र बलिदान जाति का बल है।
सिर देने में जो लोग नहीं डरते हैं,
वे ही प्रभजनों पर शासन करते हैं।
जब पड़े विपद्, अपनी उमंग जाँचो रे!
विकराल काल के फण पर चढ़ नाचो रे!

(15)

हैं खड़े हिंस्र वृक-व्याघ्र, खड़ा पशुबल है;
ऊँची मनुष्यता का पथ नहीं सरल है।
ये हिंस्र साधु पर भी न तरस खाते हैं,
कंठी-माला के सहित चबा जाते हैं।
जो वीर काट कर इन्हें पार जाएगा,
उत्तुंग शृंग पर वही पहुँच पाएगा।

(16)

जो पुरुष भूल शायक, कुठार को, असि को,
पूजता मात्र चिन्तन, विचार को, मसि को,
सत्य का नहीं बहुमान किया करता है,
केवल सपनों का ध्यान किया करता है,

बस में उसके यह लोक न रह जाएगा।
है हवा स्वप्न, कर में वह क्यों आएगा?

(17)

उपशम को ही जो जाति धर्म कहती है,
शम, दम, विराग को श्रेष्ठ कर्म कहती है,
धृति को प्रहार, क्षान्ति को वर्म कहती है,
अक्रोध, विनय को विजय-मर्म कहती है,
अपमान कौन, वह जिसको नहीं सहेगी?
सब को असीस, सब का बन दास रहेगी।

(18)

यह कठिन शाप सुकुमार धर्म-साधन का,
रण-विमुख, शान्त जीवन के आराधन का;
जातियाँ पावकों से बच कर चलती हैं।
निर्वीर्य कल्पनाएँ रच कर चलती हैं।
वृन्तों पर जलते सूर्य छोड़ देती हैं,
चुन-चुन कर केवल चाँद तोड़ लेती हैं।

(19)

दो उन्हें राम, तो मात्र नाम वे लेंगी,
विक्रमी शरासन से न काम वे लेंगी;
नवनीत बना देतीं भट अवतारी को,
मोहन मुरलीधर पांचजन्य-धारी को।
पावक को बुझा तुषार बना देती हैं,
गाँधी को शीतल क्षार बना देती हैं।

(20)

है सही, बना पहले पृथ्वी से जल था,
पर, बहुत पूर्व उससे बन चुका अनल था।
जब प्रथम-प्रथम हो उठा तत्व चंचल था,
प्रेरणा-स्रोत पर विनय नहीं थी, बल था।

है अनल ब्रह्म, पावक-तरंग जीवन है,
अब समझा, क्यों ज्वाला अभंग जीवन है?

(21)

भव को न अग्नि करने को क्षार बनी थी,
रखने को, बस, उज्ज्वल आचार बनी थी।
शिव नहीं, शक्ति सर्जन-आधार बनी थी;
जब बनी सृष्टि, पहले तलवार बनी थी।
वह कालकंठ स्रज नहीं, न कुंकुम-रज है।
सत्य ही कहा गुरु ने, अकाल असि-ध्वज है।

(22)

स्वर में पावक यदि नहीं, वृथा वन्दन है,
वीरता नहीं, तो सभी विनय क्रन्दन है।
सिर पर जिसके असिघात, रक्त-चन्दन है,
भ्रामरी उसी का करती अभिनन्दन है।
दानवी रक्त से सभी पाप धुलते हैं,
ऊँची मनुष्यता के पथ भी खुलते हैं।

(23)

सत्य है, धर्म का परम रूप यव-कुश है,
अत्यय-अधर्म पर परशु मात्र अंकुश है,
पर, जब कुठार की धार क्षीण होती है,
स्वयमेव दर्भ की श्री मलीन होती है।
हो धर्म ध्येय, तो भजो प्रथम बाँहों को।
तोलो अपना बल-वीर्य, नहीं आहों को।

(24)

हैं दुखी मेष, क्यों लहू शेर चखते हैं,
नाहक इतने क्यों दाँत तेज़ रखते हैं।
पर, शेर द्रवित हो दशन तोड़ क्यों लेंगे?
मेषों के हित व्याघ्रता छोड़ क्यों देंगे?

एक ही पन्थ, तुम भी आघात हनो रे!
मेषत्व छोड़ मेपो! तुम व्याघ्र बनो रे!

(25)

जो अड़े, शेर उस नर से डर जाता है,
है विदित, व्याघ्र को व्याघ्र नहीं खाता है।
सच पूछो तो अब भी सच यही वचन है,
सभ्यता क्षीण, बलवान हिंस्र कानन है।
एक ही पन्थ अब भी जग में जीने का,
अभ्यास करो छागियो! रक्त पीने का।

(26)

जब शान्तिवादियों ने कपोत छोड़े थे,
किसने आशा से नहीं हाथ जोड़े थे?
पर, हाय, धर्म यह भी धोखा है, छल है;
उजले कबूतरों में भी छिपा अनल है।
पंजों में इनके धार धरी होती है,
कइयों में तो बारूद भरी होती है।

(27)

जो पुण्य-पुण्य बक रहे, उन्हें बकने दो,
जैसे सदियाँ थक चुकीं, उन्हें थकने दो।
पर, देख चुके हम तो सब पुण्य कमा कर,
सौभाग्य, मान, गौरव, अभिमान गँवा कर।
वे पियें शीत, तुम आतप-घाम पियो रे!
वे जपें नाम, तुम बन कर राम जियो रे!

(28)

हैं जिन्हें दाँत, उनसे अदन्त कहते हैं,
यानी शूरों को देख संत कहते हैं,
"तुम तुड़ा दाँत क्यों नहीं पुण्य पाते हो?
यानी तुम भी क्यों भेड़ न बन जाते हो?"

पर कौन शेर भेड़ों की बात सुनेगा,
जिन्दगी छोड़ मरने की राह चुनेगा?

(29)

सुर नहीं शान्ति आँसू बिखेर लाएँगे;
मृग नहीं, युद्ध का शमन शेर लाएँगे।
विनयी न विनय को लगा टेर लाएँगे,
लाएँगे तो वह दिन दिलेर लाएँगे।
बोलती बन्द होगी पशु की जब भय से,
उतरेगी भू पर शान्ति छूट संशय से।

(30)

वे देश शान्ति के सब से शत्रु प्रबल हैं,
जो बहुत बड़े होने पर भी दुर्बल हैं,
है जिनके उदर विशाल, बाँह छोटी हैं,
भोथरे दाँत, पर, जीभ बहुत मोटी है।
औरों के पाले जो अलज्ज पलते हैं,
अथवा शेरों पर लदे हुए चलते हैं।

(31)

सिंहों पर अपना अतुल भार मत डालो,
हाथियो! स्वयं अपना तुम बोझ सँभालो।
यदि लदे फिरे, यों ही, तो पछताओगे,
शव मात्र आप अपना तुम रह जाओगे।
यह नहीं मात्र अपकीर्ति, अनय की अति है।
जानें, कैसे सहती यह दृश्य प्रकृति है!

(32)

उद्देश्य जन्म का नहीं कीर्ति या धन है,
सुख नहीं, धर्म भी नहीं, न तो दर्शन है;
विज्ञान, ज्ञान-बल नहीं, न तो चिन्तन है,
जीवन का अन्तिम ध्येय स्वयं जीवन है।

सब से स्वतन्त्र यह रस जो अन्ध पियेगा,
पूरा जीवन केवल वह वीर जियेगा।

(33)

जीवन गति है, वह नित अरुद्ध चलता है,
पहला प्रमाण पावक का, वह जलता है।
सिखला निरोध-निर्ज्वलन धर्म छलता है,
जीवन तरंग-गर्जन है, चंचलता है।
धधको अभंग, पल-विपल अरुद्ध जलो रे!
धारा रोके यदि राह, विरुद्ध चलो रे!

(34)

जीवन अपनी ज्वाला से आप ज्वलित है,
अपनी तरंग से आप समुद्वेलित है।
तुम वृथा ज्योति के लिए कहाँ जाओगे?
है जहाँ आग, आलोक वहीं पाओगे।
क्या हुआ, पत्र यदि मृदुल, सुरम्य कली है?
सब मृषा, तना तरु का यदि नहीं बली है।

(35)

धन से मनुष्य का पाप उभर आता है,
निर्धन जीवन यदि हुआ, बिखर जाता है।
कहते हैं जिसको सुयश-कीर्ति, सो क्या है?
कानों की यदि गुदगुदी नहीं, तो क्या है?
यश-अयश-चिन्तना भूल स्थान पकड़ो रे!
यश नहीं, मात्र जीवन के लिए लड़ो रे!

(36)

कुछ समझ नहीं पड़ता, रहस्य यह क्या है!
जानें, भारत में बहती कौन हवा है!
गमलों में हैं जो खड़े, सुरम्य-सुदल हैं,
मिट्टी पर के ही पेड़ दीन-दुर्बल हैं।

जब तक है यह वैषम्य समाज सड़ेगा,
किस तरह एक होकर यह देश लड़ेगा।

(37)

सबसे पहले यह दुरित-मूल काटो रे!
समतल पीटो, खाइयाँ-खड्ग पाटो रे!
बहुपाद वटों की शिरा-सोर छाँटो रे!
जो मिले अमृत, सबको समान बाँटो रे!
वैषम्य घोर जब तक यह शेष रहेगा,
दुर्बल का ही दुर्बल यह देश रहेगा।

(38)

यह बड़े भाग्य की बात! सिंधु चंचल है,
मथ रहा आज फिर उसे मंदराचल है।
छोड़ता व्यग्र फूत्कार सर्प पल-पल है,
गर्जित तरंग, प्रज्वलित वाडवानल है।
लो कढ़ा जहर! संसार जला जाता है।
ठहरो, ठहरो, पीयूष अभी आता है।

(39)

पर, सावधान! जा कहो उन्हें समझा कर,
सुर पुनः भाग जाएँ मत सुधा चुरा कर।
जो कढ़ा अमृत, सम-अंश बाँट हम लेंगे,
इस बार जहर का भाग उन्हें भी देंगे।
वैषम्य शेष यदि रहा, क्षान्ति डोलेगी,
इस रण पर चढ़ कर महा क्रान्ति बोलेगी।

(40)

झंझा-झकोर पर चढ़ो, मस्त झूलो रे!
वृन्तों पर बन पावक-प्रसून फूलो रे!
दाएँ-बाएँ का द्वन्द्व आज भूलो रे!
सामने पड़े जो शत्रु, शूल हूलो रे!

वृक हो कि व्याल, जो भी विरुद्ध आएगा,
भारत से जीवित लौट नहीं पाएगा।

(41)

निर्जर पिनाक हर का टंकार उठा है,
हिमवन्त हाथ में ले अंगार उठा है,
ताण्डवी तेज फिर से हुँकार उठा है,
लोहित में था जो गिरा, कुठार उठा है।
संसार धर्म की नई आग देखेगा,
मानव का करतब पुनः नाग देखेगा।

(42)

माँगो, माँगो वरदान धाम चारों से,
मन्दिरों, मस्जिदों, गिरजों, गुरुद्वारों से।
जय कहो वीर विक्रम की, शिवा वली की,
उस धर्मखड्ग, ईश्वर के सिंह, अली की।
जब मिले काल, जय महाकाल!' बोलो रे! सत्
श्री अकाल! सत श्री अकाल! बोलो रे!

(परशुराम की प्रतीक्षा, 1963)

जगा हुआ आदमी

नव युग की तराई में काँटे और फूल हैं।

ओ इस उद्यान में घूमने वाले प्राणियो,
घूमते-घामते कभी उस व्यक्ति पर भी
तुम्हारी दृष्टि पड़ी है,
जो तुम्हारे बीच जन्म लेकर भी
तुम से दूर है;
जैसे देवदार की फुनगी

उसकी जड़ से दूर होती है;
जैसे गौरीशंकर की चोटी
हिमालय के कटक से दूर है;
जैसे महत्तम गणित के औसत से
दूर होता है?

चोटी!
हाँ, तुम तलहटी में हो
और वह अपने चरणों से
चोटी को रौंद रहा है।
तुम धरती के आंगन में सुरक्षित
और क्रीड़ा-निमग्न हो।
वह धरती के छोर पर
पाँव लटका कर बैठा हुआ है;
धरती का वह छोर, जिसके आगे कुछ नहीं है।

तुम अतीत में बसते हो,
वह भविष्य के गह्वर से आया है।

तुम्हारी चेतना के सात अंश
अकूल सागर में निमग्न हैं।
उसकी चेतना के आठों अंश
पानी के ऊपर आ गए हैं।

चेतना का जागरण बड़ा ही क्रूर होता है।
अच्छे हो तुम, जिसकी चेतना का अधिकांश
सोया हुआ है।

अच्छे हो तुम, जो काल के हृदय की
निस्सीमता को नहीं देख सकते।

अच्छे हो तुम, क्योंकि समृद्धि तुम्हें दंश नहीं मारती,
कामिनी तुम्हें भुलाए रखती है

और कीर्ति की गुदगुदी
तुम्हें दर्द तक जाने नहीं देती।

लेकिन सारी चेतना को अन्धकार से खींच कर
ऊपर लाने वाले उस अभागे को देखो,
वह कितना विषण्ण और निःसंग है!

अन्धकार से बाहर निकलने की हर कोशिश
अपने आपको उस आनन्ददायिनी जड़ता से
छुड़ाने का प्रयास है, जो मनुष्य को अपनी
गोदी में निश्चेत और प्रसन्न रखती है।

अन्धकार से बाहर निकलने का हर प्रयास
मनुष्य को इतिहास की गोद से अलग कर देता है।
इतिहास के पेट से जनमा यह प्राणी
अनैतिहासिक हो गया है।

उसका निर्मोक छूटा है अथवा वह परम्परा
के बन्धन से छिन्न है?

वह जहाँ खड़ा है, वह तो शून्यता का कल है।
क्या आगे की चीजें इसी शून्यता से
जन्म लेंगी?

परम्परा से टूट जाना पाप है।
अनैतिहासिक होना भी पाप है।
तो क्या यह जगा हुआ आदमी भी पापी है?

नहीं,
उसने पाप नहीं किया है।
वह चेतना के सभी सोपानों पर पाँव धरता
आया है।

अतीत की कर्मभूमि में उसके लिए जो
कर्त्तव्य थे, उन्हें उसने पूरा कर दिया।

बढ़ता-बढ़ता अब वह चेतना के उच्चतर
शिखर पर आ पहुँचा है।

इस शिखर से नीचे की धरती का कोई
मिलान नहीं है।

यह आदमी गूँगा हो गया है, क्योंकि वह
अगर बोलेगा, तो नीचे के लोग उसकी
हँसी उड़ाएँगे।

केवल अतीत के तिरस्कार से वर्तमान
की चेतना उत्पन्न नहीं होती।

आगे की ओर छलाँग भरने के लिए
थोड़ा पीछे जाना ही पड़ता है।

इसीलिए यह आदमी अपने को आधुनिक
नहीं कहता, पुराना ही समझता है।

ऐसा मत कहो कि हम इतिहास की पूर्णता हैं,
हम अनन्त शताब्दियों की आशा की पूर्ति हैं।

वास्तव में हम रिक्तता की प्रतिमा हैं, हममें
आकर मानवता की आशाएँ झूठी हो गयी हैं।
हम इतिहास की पराजय के लेख हैं।

हम चरम परिणति भी हैं और चरम ह्रास भी।
ठीक विज्ञान और प्रविधि की तरह
जो पूर्णता भी है और विनाश भी।

सुनिश्चितता की खोज करते-करते हम
सन्देह के गर्त में गिर गए।

भीतर का जीव जो कुछ चाहता है,
उसे बाहर का जीव नहीं चाहता।
इसीलिए हम अपने आप
से लड़ाई लड़ रहे हैं।

(दिनकर की डायरी, 1963)

बोरिस पास्तरनेक

मेरी प्रशस्ति में राजनीति का स्पर्श नहीं।
पर, कैसे चौंके नहीं, भीड़ के महारण्य
में पेड़ अगर कह उठे, "इन्हीं के लिए खिलूँ?
तो महाराज! दे दें अनन्त आकाश मुझे।"

या वातायन पर से बाहर झाँकते हुए;
"बच्चो! सड़कों पर कौन सदी यह गुजर रही?
भूल ही गया, देखो तो, मुझको देश-काल,
'बायरन' और 'पो' से बातें करते-करते।"

किरणें उतरें जब नहीं, वायु-वीणा लेकर
जब गिरा ऊँघने लगे बादलों के वन में,
तब उचित, अगर कोई ऊपर पत्थर फेंके,
ओ नभश्चारिणी, नीचे यह मिट्टी भी है।

पर, लौह फाँस में हों सब के जब पंख बँधे,
तब उस शकुंत की जय बोलो, जिसके स्वर में
भर उठे व्योम; वन्दी युग का प्राचीर तोड़
सारी शताब्दियाँ उमड़ सिन्धु-सी छा जाएँ।

यह कौंध उठी आभा जड़ता का तिमिर भेद
यह कला नहीं, प्रस्तरीभूत मानव-मन के
नीचे से आत्मा की पुकार ऊपर आई
कहती, "जो कुछ भी करो, नहीं मैं मरती हूँ।"

किस ऊँचाई पर खड़ी हुई इस बार कला!
राजे कमन्द फेंकते रहे, पर, झंकारें
फैल ही गईं सर्वत्र; और तालियाँ पीट
मानवता के प्रहरी गीतों पर छा न सके।

लो, एक बार फिर छिटक कंस के हाथों से
उड्डीन योगमाया अम्बर में लीन हुई;
फिर पूछ रहे सब ग्वाल-बाल, "क्या हुआ अरे!
मुरलीवाला हम से क्यों रूठा जाता है?"

राजाओं पर मुरलीवाले का रोष नहीं,
आसक्ति-मोह त्यों नहीं असीम प्रजाओं से;
पर, मैं भविष्य को निकट खींच लाने आया,
तुम दोनों आओ वहाँ, जहाँ में जाता हूँ।

मोड़ो न धार स्वर की अकीर्तियों के भय से,
रोको मत अपना कंठ कीर्तियाँ पाने को,
रह जाती मर कर यहाँ कुसुम की भी सुगन्ध,
पत्थर की भी आवाज दूर तक जाती है।

सत्य ही, जहाँ तुम थे कवि! उस ऊँचाई पर
जय और पराजय में कोई भी भेद नहीं;
है कला समर्पण जहाँ, वहाँ अनुकूल रोर,
यश के निनाद, दैहिक जय से क्या होता है?

तम में प्रकाश झनझना उठा, आ रहा काल
भौतिक प्रतिमा में आत्मा के अभिषेक का;

बीता प्रयोग, आयस युग, शायद, बीत चला,
आगे जो है, वह युग है पास्तरनेक का।

(कोयला और कवित्व, प्र. सं.)

भविष्य

सूर्य, एक क्षण को मेरी पुतली में समा सकोगे
सारी रश्मि समेट, बिन्दु में सारा सिन्धु समो कर?

दूर-दूर तक भेद भविष्यत् के घन-गहन तिमिर को
देखा मैं चाहता, कहाँ, किसका, क्या भाग्य लिखा है?

इस युग का सौभाग्य, रोशनी जिसकी उलट गई है;
जो अपने को नहीं, चन्द्रमा को ललकार रहा है।

अन्तरिक्ष में सड़क खुलेगी? या वह भी टूटेगी
जो पेरिस से रूस और फिर पीकिंग तक जाती है?

नक्षत्रों पर राज करेगी मही? कि भूमि अभागी
एक रोज बन धूल खमंडल में खुद उड़ जाएगी?

मैं देखा चाहता, भविष्यत् की घन-अन्ध गुहा में
टँगा हुआ है मानचित्र जो विपुल, विशाल जगत् का,
अंकित है यह मही कहीं उस नक्शे के कोने में?

यदि हाँ, तो जब हुआ सभ्य मानव, तब कौन सदी थी?
अगर नहीं, तो मरी, अन्त में, वसुधा किस पीड़ा से?
जनसंख्या की वृद्धि याकि उदजन बम, क्या कारण था?

(कोयला और कवित्व, प्र. सं.)

तंगी

राजा
तुम्हारे अस्तबल के
घोड़े मोटे हैं।
प्रजा भूखी और नंगी है।
घोड़ों को कोई अभाव नहीं।
लेकिन लोगों को हर तरह की तंगी है।

(प्रण-भंग तथा अन्य कविताएँ, क्षणिकाएँ, 1969)

साँपों से होगी मही मुक्त, हिंसा से मुक्त पवन होगा!

[राजधानी में बादशाह खाँ के नागरिक अभिनन्दन के अवसर पर पढ़ी गई कविता]

तूफानों में भी झुका नहीं
तिल भर को नीचे उच्च भाल।
सब के प्रदीप बुझ गए,
तुम्हारी जलती है अब भी मशाल।

हे निर्वासित, हे तपःपूत,
हे जगदीश्वर की विभा,
धर्म की मूर्ति विमल,
हे अटल, अभय, अक्रूर
क्रान्ति के आराधक,
हे क्षमावान्,
हे मानवता के मुकुट,
मही के शान्ति-दूत!

जब लगी आग, जल उठा देश,
छा गयी चतुर्दिक ज्वाल-माल,

अम्बर में उड़ने लगीं उग्र
कुत्सा की लपटें लाल-लाल,

तब भी तुमने व्रत से न तनिक भी मुँह मोड़ा।
जिन विश्वासों पर थी अपनी साधना खड़ी,
उन विश्वासों का दामन कभी नहीं छोड़ा।

हे महाश्चर्य! आदर्शों को
तुमने किस तरह जिलाया है,
निश्चय ही तुमने उन्हें स्वयं
अन्तर का रुधिर पिलाया है।
यह महादेश टूटा, लेकिन
तुम टूटे नहीं, अखंड रहे;
घनघोर तिमिर में भी धारे
एकता-ध्वजा का दंड रहे।

आनेवाली सदियाँ कृतज्ञ
चरणों मे सीस झुकाएँगी,
तुमसे लेकर आलोक, बुझे
वे अपने दीप जलायेंगी।

बाईस वर्ष पहले का वह इतिहास
धर्म से दीप्त, वीरता से प्रदीप्त,
जो हार गया,
वह तुम्हें देख कर आज
जगा-सा पड़ता है।
चुन राजघाट के फूल
आँसुओं से गीले,
गाँधी-गृह में गाँधी का
स्वागत करता है।

पर यही पराजित, पराभूत इतिहास
धर्म की शरण,
हमारी आशाओं का विमल स्रोत।
है जहाँ पुण्य की हार,
वहाँ खिलता प्रकाश।
जो हठी सत्यविक्रमी
पुण्यवेदी पर प्राण गँवाते हैं,
जब-जब घिरता है तिमिर,
पुण्य के अन्वेषी
रोशनी इन्हीं हारे सन्तों से पाते हैं।

हे सन्त!
धर्म के अन्वेषी,
साधक सुजान,
एक ही समय में गाँधी के अवतार अमर!
था कौन मन्त्र जिससे तुमने
सरहदी शूरमाओं का हृदय हिलाया था?
वीरों को भावुक भक्त
और दुर्घर्ष तेज
से भरे हुए सिंहों को
सन्त बनाया था?

क्या कथा खुदाई खिदमतगारों की कहिए?
वे अन्त अन्त तक मैदानों में अड़े रहे।
हम जहाँ खड़े थे जान हथेली में लेकर,
सीना ताने वे उसी पंक्ति में खड़े रहे।

पर हमने जो कुछ किया, हाय वह दारुण था।
जब पड़ा दिखाई तट, नौका को मोड़ दिया।
खुद उतर गए हम पार, किन्तु, हा धिक्! हमने
उन पख्तूनों को बीच भँवर में छोड़ दिया।

इतिहास पूछता है कलंक
यह किस प्रकार धुल सकता है?
किस कुर्बानी से भाग्य
वीर पख्तूनों का खुल सकता है?

एक ही पंथ, करुणा की शीतल बाँह गहो,
लौटो गाँधी के पास, धर्म की छाँह गहो।
शक्तियाँ कठिन कोमलता में लय होती हैं,
है जहाँ प्रेम की विभा, वहाँ जय होती है।

हम फटे हुए पन्नों की कविता जोड़ेंगे।
दीवारें हों भी जहाँ, उन्हें हम तोड़ेंगे।
मानवता के ऊँचे शिखरों पर छाएँगे,
है जहाँ आग, हम सुधावृष्टि बरसाएँगे।

दिग्वधुओं के मुख पय से धुले-धुले होंगे,
मानव के हैं जो लक्ष्य, दूर उन स्वप्नों के
सर्वत्र इसी पृथ्वी पर द्वार खुले होंगे।

साँपों से होगी मही मुक्त,
हिंसा से मुक्त पवन होगा,
गाँधियों और गफ्फारों के
रहने के योग्य भुवन होगा।

(असंकलित, 1969)

अवकाशवाली सभ्यता

मैं रात के अँधेरे में
सितारों की ओर देखता हूँ,
जिनकी रोशनी भविष्य तक जाती है।

अनागत से मुझे खबर आती है
कि चाहे लाख बदल जाये,
मगर भारत भारत रहेगा।

जो ज्योति दुनिया में
बुझी जा रही है,
वह भारत के दाहिने करतल पर जलेगी।
यन्त्रों से थकी हुई धरती
उस रोशनी में चलेगी।

साबरमती, पाण्डिचेरी, तिरुवण्णमलइ
और दक्षिणेश्वर,
ये मानवता के आगामी
मूल्य-पीठ होंगे।
जब दुनिया झूलसने लगेगी,
शीतलता की धारा यहीं से जायेगी।
रेगिस्तान में दौड़ती हुई संततियां
थकने वाली हैं।
वे फिर पीपल की छाया में
लौट आयेंगी।

आदमी अत्यधिक सुखों के
लोभ से ग्रस्त है।
यही लोभ उसे मारेगा।
मनुष्य और किसी से नहीं,
अपने आविष्कार से हारेगा।

गांधी कहते थे,
अवकाश बुरा है।
आदमी को हर समय
किसी काम में लगाये रहो।
जब अवकाश बढ़ता है,

आदमी की आत्मा ऊँघने लगती है।
उचित है कि ज्यादा समय
उसे करघे पर जगाये रहो।

अवकाशवाली सभ्यता
अब आने ही वाली है।
आदमी खायेगा, पियेगा
और मस्त रहेगा।

अभाव उसे और किसी चीज का नहीं,
केवल काम का होगा।
वह सुख तो भोगेगा,
मगर अवकाश से त्रस्त रहेगा।
दुनिया घूम कर
इस निश्चय पर पहुँचेगी
कि सारा भार विज्ञान पर डालना बुरा है।

आदमी को चाहिए कि वह
खुद भी कुछ काम करे।
हाँ, यह अच्छा है
कि काम से थका हुआ आदमी
आराम करे।

(हारे को हरिनाम, प्र.सं.)

युद्ध

विविधता जब प्रबल होती है,
युद्ध के देवता रोते हैं।
दुनिया को एक करने की सनक से
युद्ध उत्पन्न होते हैं।

(दिनकर की डायरी, 1970)

लेनिन

लेनिन, आप से मिलने के पूर्व
मैं गाँधी से मिला था।
भारत के अध्यात्म का फूल
राजनीति में खिला था।
वह फूल गाँधी थे।
गाँधी अंग में मंद-मंद लगने वाली
शीतल बयार थे।
आप तो तूफान और आंधी थे।
पहाड़ों से आपने झुकने को भी
नहीं कहा।
धक्का मारा और सीधे
उन्हें जड़ से उखाड़ दिया।
साँप और साँप के बच्चे,
दोनों को
जमीन के नीचे गाड़ दिया।
बापू ने हमें अहिंसा सिखायी थी,
मगर शर्म है कि वह हमसे नहीं चली।
माचिस को हमने छाती पर
बार-बार घिसा,
लेनिन-गाँधी वाली आग
नहीं जली।
अब तो गाँधी के बच्चे भी
उस पुरुष के इन्तजार में हैं,
जो उजले घोड़े पर चढ़ा
रक्त-रंजित करवाल लिये आएगा,
जो लोग धर्म का हुक्म मानने से
इनकार करते हैं,
पृथ्वी को उनसे मुक्त कर जाएगा।
मौका था कि भगवान अब आते
और पाप के विरुद्ध युद्ध ठानते।

लेनिन, आपने अगर
भारत में जन्म लिया होता,
हम आपको कल्कि का अवतार मानते।

(दिनकर की डायरी, 1970)

बापू

स्थान में संघर्ष हो, तो क्षुद्रता भी जीतती है।
पर समय के युद्ध में वह हार जाती है।
जीत लें दिक् में जिना, पर अन्त में बापू, तुम्हारी
जीत होगी काल के चौड़े अखाड़े में।

(दिनकर की डायरी, 1971)

युद्ध की कविता

युद्ध की कविता कैसी होनी चाहिए?
तो सुनो, हम बतलाते हैं।
हम अक्सर औरतों की सभाओं में जाते हैं
और कहते हैं,
माताओ, दुनिया बदल गयी है।
छाती और पीठ में
अब कोई भेद नहीं है।
न अब यही फर्क रहा
कि कौन घर पर है
और कौन लाम पर है।
नापाम उसे भी जला देगा,
जो दूकान पर बैठा है,
जो खेती के काम पर है।
पुराना आल्हा जल गया है।

वीरता का रूप बदल गया है।
इसलिए भगवान अगर दया दिखाए
और बच्चा तुम्हारे पेट में आए,
तो खुद अर्जुन बन जाओ
और अभिमन्यु को यह सिखलाओ
कि कुरुक्षेत्र का जमाना बीत गया।
द्वापर को भूल कर
वह कलियुग की आवाज बने।
धनुष और बाण
अब किसी काम के नहीं हैं।
जवान होकर वह हवाबाज बने।
जिन नगरों के नाम
उसने स्कूल में पढ़े हैं,
वे अगर जद में आ जाएँ,
तो उन्हें गोलों से पाटे।
चील की तरह आकाश में चक्कर काटे।
और जान पर बन आए,
तो पैराशूट लेकर कूद पड़े।
धरती और आकाश के बीच
ठहरना सीखे।
अधर में अटका हुआ
ध्यान करना सीखे।
पुरानी पट्टी को पोंछ कर
वीरता का यह मार्ग तुम उसे
शुरू में ही दिखा सकती हो।
और यह सबक लड़कों को ही क्यों?
लड़कियों को भी सिखा सकती हो।

(दिनकर की डायरी, 1971)

युद्ध

वह समय चला गया,
जब एक सिपाही
अपने आप में
पूरा युद्ध होता था।
निहत्थों को वीर नहीं मारते थे।
शत्रु अगर निरस्त्र हो,
तो उसे वे शस्त्र देते थे
और कहते थे, अब लड़ो।
तुम मुझे मार डालो
या मेरे हाथों मरो।

(दिनकर की डायरी, 1971)

युद्धांत

एक तटस्थ चिन्तन जहाँ तक संभव हुआ

युद्ध की संध्या समाप्त हो गई।
अब दो घरों में दीवाली,
तीसरे में मातम की रात है।
लड़ाई में हिन्दू मुसलमान नहीं,
आदमी मरे हैं।
मौत सरहद के इधर हो या उधर,
इनसानियत के लिए एक ही बात है।
दो आदर्शों की टकराहट से
एक तीसरा आदर्श जनमा है।
निर्वासित सत्य लहू की नदी तैर कर
वापस आ गया।
आखिर गाँधी जीते और जिन्ना हार गए।
बांग्लादेश के रूप में

गाँधी के सपनों का
भारतवर्ष जनमा है।
गाँधी प्रेम की प्रतिमा और एकता के पिता थे।
मुजीब उन्हीं का मानस-पुत्र है।
बांग्लादेश की महिमा को ठीक से समझो।
यह दो देशों को मिलानेवाला नया सेतु
जनमा है।
यह धर्मों के बीच अनुस्यूत एकता का सूत्र है।
नोआखाली का पाप धुल गया है।
बंगालियों ने उस पहाड़ को तोड़ फेंका,
जो हमारी छाती पर पड़ा था।
दूर पर कहीं एक रोशनी टिमटिमाती है।
भारत के भविष्य का द्वार
शायद खुल गया है।
और यह भविष्य केवल भारत का नहीं,
पाकिस्तान का भी है,
केवल हिन्दू का नहीं, मुसलमान का भी है,
भुट्टो, वह आवाज तुम्हें सुनाई पड़ती है,
जो भविष्य के गह्वर से आती है?
एकता फाँसी के मंच से
जीवित उतर आई।
अंधेरे में चमकता हुआ
यह उसी के पैरों का निशान है।
कमल का नाल टूट कर जुड़ गया है।
हर बुलबुल की आँखों में अकबर की तस्वीर
और हर भौंरे के कंठ में गाँधी का गान है।
ठंडे दिल से सोचो कि हमने
तुम्हारा क्या बिगाड़ा है।
तुमने झपट्टा मारा,
हमने तुम्हारी पाँखें तोड़ दीं।
तुम छुरे ले कर दौड़े थे,
हमने तुम्हारी कलाइयाँ मरोड़ दीं।

उन तमाम लोगों का यही हश्र है,
जिन्हें ताकत कम है,
गुस्सा ज्यादा आता है।
और सबसे बड़ी बात तो यह है–
कि उधार के सींगों से
कहीं युद्ध जीता जाता है?
मगर जो भी आग से खेलता है,
जरूर जलता है।
और युद्ध सब से बड़ी ज्वाला है,
सबसे विकट ताप है।
फिर भी जीत छोटी बुराई है,
पराजय सबसे बड़ा पाप है।
तुम पराजित हो कर
अपना घाव चाटते हो।
हम जीत कर भी अपने और तुम्हारे
घावों के लिए रोते हैं।
यह सोच कर बेचैन होते हैं
कि तुम्हारा अंहकार क्यों नहीं टूटता?
सत्य तुम्हारे मुख से पश्चात्ताप बन कर
क्यों नहीं फूटता?
तुम्हारे भीतर अमृत की कोई छोटी बूँद
जरूर छिपी है।
नहीं तो यहिया के रास्ते से
तुम मुँह नहीं मोड़ते,
हमने जिसकी मुक्ति की आशा छोड़ दी थी,
बांग्लादेश के उस सूर्य को
अपनी कैद से नहीं छोड़ते।
भूट्टो, मैं तुम्हारे ही नाम पर तुम्हें जगाता हूँ
जो अमृत तुम्हारे भीतर छिपा है,
उसे आँसूओं में घोलो
और आँखों पर रूमाल धर कर बोलो–
''या खुदा, हमने बड़ा भारी गुनाह किया है,

हिन्दूओं और ईसाइयों की कौन कहे?
मुसलमान होकर मुसलमानों को तबाह किया है।
हमने बच्चे मारे हैं, नर मारे हैं,
मादाएँ मारी हैं।
हौवा की इज्जत आदम के सामने उतारी है।
लाशों पर लाशें रख कर
हमने मीनार बनाई है।
गढ़ों और नालों में
मुर्दों पर मुर्दे धर दिए हैं।
कुतुबखानों में दुबके बुद्धिजीवियों का
हमने चुन-चुन कर शिकार किया है।
गाँव के गाँव हमने अनाथों
और बेवाओं से भर दिए हैं।
"नादिरशाही हम से थर्राती है।
हम देख कर
हिटलर और चंगेज को
उबकाई आती है।
"तेरा इंसाफ सही है।
हम उसके आगे अपना सर झुकाते हैं।
हम मान गए कि
शैतानियत हमेशा मजे नहीं करती।
इतिहास करवट बदलता है।
बाज हारता है
और कबूतर जीत जाते हैं।
"शस्त्र रहते एक लाख सेना का आत्मसमर्पण
तेरी महिमा की दलील है।
अगर हमारा गरूर नहीं टूटता
या सारी उम्मीदों के खिलाफ
मुजीब हमारी मुट्ठी से नहीं छूटता,
तो इस अँधेरे युग में
तेरी गुमसुम तलवार को
कौन पहचानता?

अल्लाह आखिरी अदालत है,
इस पुराने सत्य को कौन मानता?"
भुट्टो, अपनी मुजरिम रूह को
बहलाने के लिए
गुस्से का नकाब मत पहनो।
जब्त छोड़ कर ढार मार कर रोओ।
क्योंकि रोना ही एक राह है।
आँसू केवल बिरहियों की ही नहीं,
पापियों की भी आखिरी पनाह है।
आँसू बहाने से पाप गलता है,
राहत की कली खिलती है।
आँसू दुश्मनी को दोस्ती में बदल देता है।
आँसू बहाने से अल्लाह की माफी मिलती है।
जरा आँख खोल कर देखो,
भारत महाद्वीप का कैसा हाल है?
बंगाल के गाँवों में बेवाएँ भरी हैं।
भारत में नदियों के किनारे श्मशान
जलते हैं।
तीनों देशों में जख्मी सिपाही कराह रहे हैं।
और जो अच्छे हो गए,
वे लड़की की टाँगों पर चलते हैं।
गम के मारे हवा खुल कर चलने से
घबराती है।
तीनों देशों से बुझी हुई बारूद की
दुर्गंध आती है।
क्या यह सब हमें दुहराना पड़ेगा?
तुम फिर से झपट्टे मारोगे?
तुम्हारे डैने तोड़ने को हमें
फिर से आना पड़ेगा?
ना मेरे भाई, अब होश में आओ।
और मेरी एक बात तुम मान जाओ।
यह सच है कि लड़ाई में आदमी जब
मरता है,

उसके पेट के जोंक भी मर जाते हैं।
तो क्या जोंकों को मारने के लिए
हमें आदमी को मारना चाहिए?
या कोई ऐसा तरीका निकालना चाहिए
जिससे आदमी बचे
और जोंको का नाश हो;
धरती पर ऊँचे गुणों का विकास हो?
प्रेम की राह सीधी, दुश्मनी का रास्ता
कठोर है।
तुम्हारे मन के भीतर जो चोर है
उसे जोर से पकड़ो
और मुजीबवाले सेल में डाल दो।
अपने मत के अमृत को अब और मत दबाओ।
उसे बाहर उछाल दो और कहो
कि लड़ाई इसलिए हुई कि भाग्य हमारे
विरुद्ध था।
नहीं तो भारत के साथ हमारा
यह आखिरी युद्ध था।

(असंकलित, 1972)

रजत-रश्मि

[जब स्वतन्त्रता आयी थी, उसके स्वागत में मैंने 'अरुणोदय' शीर्षक कविता लिखी थी। अब स्वतन्त्रता की रजत-जयन्ती के उपलक्ष्य में यह 'रजत-रश्मि' शीर्षक कविता लिख रहा हूँ।]

(1)

अरुणोदय से इस रजत-रश्मि तक क्या बीता?
सीखे हमने क्या नए गान?
हो गयी तिरोहित कौन तान?

जनमे नव पादप कौन? कौन तरु सूख गए?
हो गया पराजित कहाँ? कहाँ भारत जीता?

(2)

गरजा पूरब में अनाचार,
नारियाँ गिरीं खाकर पछाड़।
पशुता भी लज्जित हुई, मगर सभ्यता न कुछ बोली थी।
जब था अशब्द सारा जहान,
जागा भारत का धर्म-ज्ञान।
अमरीकी शस्त्रों के समक्ष हमने छाती खोली थी।

(3)

भारत का है यह सहज भाव,
सहते जाओ, जो लगें घाव।
पर पड़े धर्म पर यदि विपत्ति, हम अपना सीस कटाते हैं।
इससे भी ऊपर गुण विशेष,
भारत सचमुच है महा देश।
मच कर रहता है कुरुक्षेत्र, जब चीर उतारे जाते हैं।

(4)

जल उठा हमारा जब खगोल,
धरती क्षण भर को उठी डोल।
"है यही देश जिसका करतल चन्दन से रँगा हुआ था?"
प्रकटे पौरुष ले कर प्रकाम
तब त्रिया-रूप धर परशुराम,
धो दिया भाल पर जो कलंग सदियों से लगा हुआ था।

(5)

अब विजय-तिलक-भूषित ललाट,
सम्मुख भविष्य उज्ज्वल, विराट।
यह देश धरेगा जहाँ चरण, बालुका मृत्ति बन जाएगी।

पथ के पाषाण नरम होंगे,
काँटे कठोर कुछ कम होंगे।
आगे-आगे अनुकूल नियति कर्दम में कमल खिलाएगी।

(6)

होगी अशब्द समराग्नि-क्रान्ति,
उतरेगी भू पर धवल शान्ति।
फिर कोई नूतन अमृत मनुजता के अतीत से आएगा।
जड़ता का राज अचिर होगा,
जो था पहले, वह फिर होगा,
फूटेगा पूरब से प्रकाश पश्चिम को वह फिर जाएगा।

(7)

पर हाय, देख विपरीत रीति
भौतिक समृद्धि पर अतुल प्रीति,
जो हैं भविष्यदर्शी उनकी चेतना चकित घबराती है।
जागा है जितना ही शरीर,
मन उतना ही आकुल अधीर।
हो गया भोगरत प्राण, देश की आत्मा डूबी जाती है।

(8)

जलती बलि की क्यों आग नहीं?
क्यों रहा शेष तप-त्याग नहीं?
कितनी जल्दी हम भूल गए गाँधी के विमल विचारों को?
लिप्सा का जब आए प्रवाह,
छोड़ो न पुण्य की कभी राह।
धारा के भीतर अड़ा पाँव रक्खो अभंग आचारों को।

(9)

केवल अपना मत सुख देखो,
है जहाँ कहीं भी दुख, देखो।

जो बिन्दु तुम्हारा लक्ष्य, वहीं सम्पूर्ण विश्व को जाना है।
हो सुलभ सभी के लिए अन्न,
खाओ तुम भी होकर प्रसन्न।
भूखों को भूल स्वयं खाना औरों का ग्रास चुराना है।

(10)

ये जीव-जन्तु, पादप, पहाड़,
चाहिए इन्हें भी कृपा, प्यार।
आदमी और ये वृक्ष, परस्पर अपने भाई-भाई हैं।
अपना जब विभव-विकास करो,
मत हरियाली का नाश करो।
धरती माँ की ओढ़नी हरी यह सुन्दर है, सुखदायी है।

(11)

पर हम पर्वत को फाड़ रहे,
धरती का उदर विदार रहे।
है जहाँ कहीं भी छिपा तेल, हम कण-कण उसे निचोड़ेंगे।
वन हो जाएँ चाहे श्मशान,
पर हम होंगे सम्पत्तिवान।
धरती में हैं जो छिपे रत्न, हम नहीं एक भी छोड़ेंगे।

(12)

पाया शरीर आत्मा खोकर,
यन्त्रों का दास अगर होकर,
तो हम मनुष्य हैं कहाँ? जीव भी नहीं, यन्त्र के भाई हैं।
पी जिसे जगत के सुखभोगी
हो गए महारुज के रोगी,
हम भी पागल करनेवाली उस मदिरा के सौदाई हैं।

(13)

हो गया बड़ा कितना अन्तर?
चन्द्रिका-चन्द्र-सेवित अम्बर,

दिन में ही केवल नहीं, रात में भी ज्वाला से जलता है।
विषमय पृथ्वी का पवन-पवन,
जलता है प्रकृति-परी का तन,
वह भून रहा सबको, मशीन-मुख से जो ताप निकलता है।

(14)

लहलहा रही अंगूर लता,
पर यन्त्रपुरुष को नहीं पता
जो आग भट्ठियाँ उगल रहीं, आकाश नहीं सह पाता है।
देवता प्राण के तृषा-विकल,
पर कौन उन्हें दे गंगा-जल?
मन्दिर का तुलसी का पौधा जल बिना सूखता जाता है।

(15)

थी जहाँ पेड़ की छाँव, मशीनें गाती हैं।
थे जहाँ गाँव, चिमनियाँ वहाँ चिल्लाती हैं।
भारत का पग अब नहीं फूल, चन्दन पर है।
वह भी सवार अब तेज लौह-स्पन्दन पर है।

(16)

वह भी दे बम की चोट शैल को तोड़ेगा,
जो राह इधर है, उसे उधर से जोड़ेगा।
राकेट उड़ा दुनिया में नाम कमाएगा।
क्यों रहे अछूता चाँद हमारे ही पग से?
भारत भी निश्चय कभी चांद पर जाएगा।

(17)

हैं जो समृद्धि के स्वप्न सभी जग के सम्मुख,
क्या बुरा अगर हम भी उनके मतवाले हैं?
क्या बुरा अगर कंगाल देश भारत को हम
जर्मनी और जापान बनानेवाले हैं?

(18)

जर्मनी और जापान! ख्वाब में मत भूलो?
बस इसी ख्वाब ने मानवता को मारा है।
धन के टापू दस-पाँच भले हों जहाँ-तहाँ,
निर्धनता का भीषण समुद्र जग सारा है।

(19)

धरती का था जो कोष, लूट कर उस धन को
दस-पाँच देश हो सुखी आज इठलाते हैं।
पर नहीं जानते वे, उन मदहोशों के भी
निर्धनता के दिन निकट दौड़ते आते हैं।

(20)

जग गए जगत के सभी देश, जिस दिन अपनी
धरती पर वे अपना अधिकार जमाएँगे,
ये बड़े देश अपने विलास के लिए खनिज,
या तूल, तेल, धन, रतन कहाँ से लाएँगे?

(21)

आदमी करेगा इस प्रकार दोहन भू का,
यह बात विधाता की न दृष्टि में आयी थी।
जिस तरह जी रहे बड़े देश उसकी खातिर
विधि ने छोटी यह धरती नहीं बनायी थी।

(22)

सुख की अनन्त लिप्साओं ने जब जन्म लिया,
वे ही जगती के शोकों का बन बीज गयीं।
विज्ञानवान् देशों ने इसे मथा इतना,
धरती के भीतर छिपी धरोहर छीज गयी।

(23)

सब मिल कर भोगें इसे न्याय से तो वसुधा
अब भी सबका बस उदर मात्र भर सकती है।
पर धरती में इतनी ताकत अब शेष नहीं,
वह नहीं सभी को अमरीका कर सकती है।

(24)

विज्ञान-यान पर चढ़ो और कुछ सुख खोजो,
गाँधी समीप हों, तो इतना चल सकता है।
लेकिन लिप्सा ने अगर देश को गरस लिया,
तो शेष विश्व भारत से भी जल सकता है।

(25)

दारिद्र्य देश का पाप, इसे धोना होगा।
ऊँचे टीलों को समतल हमें बनाना है।
पर ध्यान रहे, अति-सुख की लिप्सा के समीप
इस पुण्यभूमि को कभी नहीं ले जाना है।

(26)

सुख की अति से संतप्त देश यह देख रहे,
देखें, गाँधी का नया देश क्या करता है।
जीता है वह अपना अमोघ अमृत पी कर
या नकल हमारी ही करके वह मरता है?

(27)

हैं यही बिन्दु, निर्भर हैं जिस पर हार-जीत।
यह देश ध्वंसकारी सुख का क्रेता होगा?
या फूँक मुक्त अम्बर में कोई नया मन्त्र
विज्ञान-विकल जग का भारत नेता होगा?

(असंकलित, 1972)

मोम का गीत

तुम्हारी वीणा के तारों पर उँगली बढ़ाता हूँ।
जो रागिनी अँधेरे में खोयी हुई हो,
सदियों से नींद में सोयी हुई हो,
चाहता हूँ कि उसे पाऊँ और छेड़ूँ
गुदगुदा कर जगाऊँ और गान करूँ।
गंगा जल से ही गंगा की पूजा और सम्मान करूँ।

लेकिन यह मेरा अहम् है,
उस कवि का वहम है,
जो सोचता है कि अब भी कोई सत्य है,
जो किसी को नहीं दिखा था,
इतिहास के धुएँ में कहीं कोई कविता है,
जिसे किसी ने नहीं लिखा था।

तुम्हारी वीणा में छिपी रागिनियों को बहुत पहले
गाँधी जगा गए हैं,
ऐसे अलौकिक सुर में
रवीन्द्र गा गए हैं,
जिस सुर में उन्हें
अब और कोई नहीं गाएगा।
और आगे जो गीतकार आएगा,
वह भी तुम्हें तभी समझेगा,
जब वह गाँधी को जानेगा
और रवीन्द्र को गुजरे हुए कल का नहीं,
आने वाले भविष्य का कवि मानेगा।

जब गाँधी और रवीन्द्र जीवित थे,
तुम्हारा रूप
पूरा का पूरा सज चुका था।
दासता में भी दुनिया

तुम्हें प्रणाम करती थी।
भारत की कीर्ति से
सारा जगत निनादित था।
हिमालय की चोटी से
तुम्हारा शंख बज चुका था।
आज एक शंख फिर बजा है,
जो तुम्हारे सन्त नहीं,
सेनानी का शंख है।
उस दानी का शंख है,
जो जान देकर देश की इज्जत बचाता है।
जो बलिदान को बेचता नहीं
अपने लहू से तुम्हारी कीर्ति को चमकाता है।
माँ, तुम्हें सदियों के बाद
विजय का मुकुट पहना है।
जान देने वाले बड़े बेटे
तुमने कम पैदा नहीं किए।
लेकिन यह मुकुट
एक बेटी का दिया गहना है।
माँ, आशिष दो कि तुम्हारी यह बेटी
खुश रहे, कायम रहे, शाद रहे।
नहाते समय भी
उसके सिर के बाल न टूटें।
और यह देश,
सच्चे अर्थों में आजाद रहे।

आजादी जब तुम्हारे गर्भ में थी,
भविष्यत् से एक सन्देश आया था।
और कवि ने उसे बड़े विश्वास से गाया था।
'चित्त येथा भयशून्य, उच्च येथा शिर
ज्ञान येथा मुक्त येथा गृहेर प्राचीर
आपन प्रांगणतले दिवस शर्वरी
वसुधारे राखे नाई क्षुद्र खंड करी।'

रवीन्द्र ने जो स्वप्न देखा था,
गाँधी और जवाहर
उसे सच बना गए हैं।
हमें ऊँचाई का वह शिखर दिखा गए हैं
जहाँ चिन्तक के मन को
लक्ष्मण-रेखा नहीं घेरती है,
न कविता देहली से कदम
बाहर धरते समय
किसी की भौं की ओर हेरती है।
जहाँ राजा कवि के कंठ को दबाता नहीं,
उसे खुलकर गाने देता है :
प्रजा अपनी जिन पीड़ाओं की
भाषा नहीं जानती,
उन्हें पैगम्बरों के मुख से
आने देता है।
सिपाही जहाँ जजों को
आदेश नहीं देते :
न भेड़िये कलम उठाकर
फरमान लिखते हैं।
(भेड़ियों के एक नहीं
अनेक रूप हैं।
मगर शुक्र है कि रावण और कंस
चाहे जो भी वेश धारण करें,
वे रावण और कंस ही दिखते हैं।)
ऊँचाई का वह लोक
जहाँ नीचता
पाँव धरने से डरती है
समाज के ठुकराए हुए लोग
जहाँ जनता के नेता नहीं बनते
न प्रजा को चोरों की जयकार करनी पड़ती है।

माँ, माँ की हैसियत से

संसार को पहले जो कुछ
तुमने दिया था,
वह एक बार फिर देना होगा।
उन तमाम बच्चों को
अपनी गोद में लेना होगा,
जो अपना जीवन
पूरी स्वतन्त्रता से जीते थे,
लेकिन आत्मा के उत्थान के लिए
तुम्हारी छाती का दूध पीते थे।
जहाँ भी स्वतन्त्रता मर रही है,
हम नया जीवन भेजेंगे।
मशीनों ने जिन देशों को
रेगिस्तान कर दिया,
वहाँ हम हिमालय की शीतलता,
नीलगिरि की हरियाली
और विंध्य का वन भेजेंगे।

समाज की असली ताकत लोहा नहीं,
साहस है, संयम है, श्रम है।
हम किसी नयी राह की
तलाश में निकले हैं।
वह देश हमारा आदर्श नहीं हो सकता,
जिसके एक हाथ में सोने की ईंट
और दूसरे हाथ में बम है।
विज्ञान ने आदमी के
शरीर को तो जगाया
मगर आत्मा को सुला दिया है।
इस सत्य को भुला दिया है
कि जरूरत से ज्यादा सुख भोगना
उनके प्रति पाप है
जो अरबों की संख्या में
गरीबी से मर रहे हैं

जन्म से लेकर मृत्यु तक
भूख से लड़ रहे हैं।

आश्चर्य है कि सभ्यता का
सबसे अग्रणी देश ही
इस सत्य को भूल गया।
दान देते समय भी उसका कदम
पुण्य नहीं, पाप की ओर मुड़ता है।
और हैरत की बात तो यह है
कि वह पाँच सौ हार्स पावर की
मोटर बनाता है
और मामूली जहाज पर नहीं,
सुपर सॉनिक पर उड़ता है।

मगर क्यों?
इतनी जल्दी करने से
वह क्या पा जाएगा?
अगर घंटे दो घंटे
देर से ही पहुँचा,
तो उसका क्या बिगड़ जाएगा?
सब को सुख देनेवाली सभ्यता
भोग से नहीं, त्याग से बनती है।
दूसरों को सुखी बनानेवाले
अपना सुख नहीं खोजते हैं।
सच्ची सभ्यता सबके प्रति
ममता और अनुराग से बनती है।

ऋषियों के पास कोठियाँ नहीं थीं,
न लिंकन के पास दो सौ जोड़े बूट थे।
गाँधी के पास न पचास जोड़ी धोतियाँ थीं,
न लेनिन के पास दो सौ जोड़े सूट थे।

दुनिया की यह कैसी प्रकृति है
जो धनियों को धनी
और गरीबों को गरीब बनाती है;
सीजर के लिए महल
और ईसा के लिए सलीब बनाती है?

मशीनों के भीतर कोई प्रेत घुसा है।
वह हमें तोड़ चुका है,
वह हमें और भी तोड़ेगा।
आदमी के भीतर जो अब भी
थोड़ी आदमियत बची है,
वह उसे भी जिन्दा नहीं छोड़ेगा।
इस प्रेत को भगाने के लिए
किसी योगी को बुलाना पड़ेगा।
सम्भव है, विज्ञान के खिलाफ
विज्ञान ही कोई ईजाद करे।
या गाँधी, थूरो और तॉलस्ताय को
वापस आना पड़ेगा।

जब स्वराज्य नहीं हुआ था,
हम गीतों को इस्पात बनाते थे।
लेकिन लगता है, अब कोई
और सुर अपनाना होगा।
मशीनों के रेगिस्तान में
हरियाली फैलानी होगी।
और लोहे को
मोम का गीत बनाना होगा।

(असंकलित, 1973-74)